복음과 은혜의 진리에 관한 바울의 가르침의 정수

율법이냐 은혜냐
Law or Grace

M. R. 디한 지음 | 이용화 옮김

생명의말씀사

LAW OR GRACE
by M. R. DeHaan, M.D.

Korean version is translated and reproduced by special permission of
Radio Bible Class, Grand Rapids, Michigan, U.S.A.

Korean Edition published by Word of Life Press, Seoul ⓒ 1971, 1992, 2005, 2021
All rights reserved.
Printed in Korea.

율법이냐 은혜냐

ⓒ 생명의말씀사 1971, 1992, 2005, 2021

1971년 6월 30일 1판 1쇄 발행
1991년 5월 25일   16쇄 발행
1992년 3월 30일 2판 1쇄 발행
2003년 4월 25일   16쇄 발행
2005년 1월 10일 3판 1쇄 발행
2018년 11월 27일   9쇄 발행
2021년 11월 10일 4판 1쇄 발행

펴낸이 | 김창영
펴낸곳 | 생명의말씀사

등록 | 1962. 1. 10. No.300-1962-1
주소 | 서울시 종로구 경희궁1길 6 (03176)
전화 | 02)738-6555(본사) · 02)3159-7979(영업)
팩스 | 02)739-3824(본사) · 080-022-8585(영업)

기획편집 | 태현주, 신유리
디자인 | 조현진
인쇄 | 영진문원
제본 | 정문바인텍

ISBN 978-89-04-03178-8 (03230)

저작권자의 허락없이 이 책의 일부 또는 전체를
무단 복제, 전재, 발췌하면 저작권법에 의해 처벌을 받습니다.

율법이냐 은혜냐

내가 율법이나 선지자를 폐하러 온 줄로 생각하지 말라

폐하러 온 것이 아니요 완전하게 하려 함이라

진실로 너희에게 이르노니

천지가 없어지기 전에는 율법의 일점일획도

결코 없어지지 아니하고 다 이루리라.

마태복음 5장 17-18절

서문

사도행진 15장에 기록된, 예루살렘에서 있었던 최초의 교회 회의는 모세의 율법과 믿는 자와의 관련성에 대한 의문점이 그 동기가 되었습니다. 바울 사도는 제1차 전도 여행에서 율법의 행위를 요구하지 않고, 하나님의 은혜의 복음을 전파했습니다. 그는 제1차 전도 여행에서 돌아오자 곧 안디옥 교회에서 '하나님이 함께 행하신 모든 일과 이방인들에게 믿음의 문을 여신 것'을 고했습니다(행 14:27).

바울은 그 교회에서 보고할 때, 이방인들이 모세의 율법을 지키지 않고 할례를 받거나 유대교로 개종하지도 않고 구원받은 사실을 이야기했습니다. 그때 안디옥 교회의 성도들은 값없이 주시는 하나님의 은혜로운 기쁜 소식을 찬양했습니다.

율법을 지키지 않고 은혜로만 구원받은 이방인에 관한 소식이 예루살렘에 전해지자, 그곳에 있는 율법주의적인 유대인의 무리들은 구원받으려면 율법을 지켜야 된다고 주장했습니다. 그리고 몇몇 율법주의자들은 안디옥에 가서 믿는 자들에게 율법을 가르치기 시작했습니다.

"……너희가 모세의 법대로 할례를 받지 아니하면 능히 구원을 받지 못하리라 하니"(행 15:1).

이것은 바울과 바나바 측과 율법을 전하는 무리 사이에 커다란 논쟁을 일으켰습니다. 과연 소동이 일어나고 말았습니다. 이 사실을 의사 누가는 다음과 같이 기록합니다.

"바울 및 바나바와 그들 사이에 적지 아니한 다툼과 변론이 일어난지라……"(행 15:2).

이 문제를 해결할 수 없게 되자, 그들은 결국 그 문제를 예루살렘에 있는 장로와 사도들에게 의뢰하기로 결정했습니다. 바울과 바나바를 포함한 위원들이 예루살렘에 있는 사도들에게 가도록 임명되었습니다. 예루살렘에 도착한 바울과 바나바는 환영을 받고 성도들에게 하나님의 은혜의 복음이 이방인 가운데 어떻게 역사했는지를 알려 주었습니다.

그러자 곧 율법주의적인 바리새인들이 반대하며 "이방인에게 할례를 행하고 모세의 율법을 지키라 명하는 것이 마땅하다."라고 주장했습니다(행 15:5). 사도들이 온 교회와 더불어 그 논쟁을 결말지으려 했으나 오히려 혼란만 일어나고 결과적으로는 열띤 논란의 수라장을 만들고 말았습니다.

우리가 잘 아는 것처럼 이른바 '은혜파'와 '율법파' 사이에 큰 다툼이 일어났습니다. 그때 베드로가 처음으로 그의 경험을 증거했는데, 그는 하나님이 "믿음으로 그들의 마음을 깨끗이 하사 그들이나 우리나 차별하지 아니하셨느니라"(행 15:9)라고 말하면서, 자기가 하나님의 말씀을 듣고 이방 사람 고넬료의 집을 방문했던 일을 고했습니다. 베드로는 율법을, 유대인인 자신도 멜 수 없는 멍에라고 하면서(행 15:10) 그 사건에 대해 결론을 내렸습니다.

"……우리는 그들이 우리와 동일하게 주 예수의 은혜로 구원받는 줄을 믿노라……"(행 15:11).

베드로의 말은 율법의 전문가인 율법주의자들에게 커다란 놀라움이 아닐 수 없었으나, 그들은 별 분쟁 없이 베드로의 관점을 확증하는 바울과 바나바의 간증에 조용히 귀를 기울였습니다. 다음으로는 야고보가 말할 차례였는데, 사실 그가 그 회의의 의장이었습니다.

베드로와 바울과 바나바의 간증으로 회의가 조용하게 되었기 때문에 그들의 반대 세력은 말문이 막혀 버렸습니다. 그런데 또 심각한 문제가 일어났습니다.

만일 예수님이 천국에 계시는 동안 유대인과 이방인으로 구성되는 그의 몸 된 교회를 세우신다면, 왕국과 지상에서의 메시아 통치에 관한 성경의 약속은 어떻게 된 것입니까?

모든 선지자들이 메시아가 올 것이며, 그가 이스라엘 민족을 이방인의 속박의 멍에에서 구원하여 이스라엘 왕국을 회복하실 것이며, 이스라엘은 한 국가를 이룩하여 그들이 다시 찾은 영토에서 살 것을 분명히 예언한 바 있습니다. 이 모든 예언들이 땅에 떨어졌단 말입니까? 우리는 이것을 영적으로 해석하여 현 교회에 적용해야 한단 말입니까? 만일 하나님이 이방인들 가운데서 한 몸, 즉 교회를 선택하신다면 그것은 하나님이 이스라엘 민족을 버리신다는 말입니까?

이런 문제들 역시 해답이 필요했습니다. 그래서 때에 맞게 야고보가 등장했습니다.

야고보가 설명한 것은 매우 간단한 기본적인 사실이었습니다. 그런데도 바리새 학자들은 납득하지 못했습니다. 야고보는 이스라엘에게 주신 왕국에 관한 약속은, 문자 그대로 이루어질 것이나 지금 현재 이루어지지는 않았다고 했습니다. 즉 첫째로, 예수님은 그 당시까지도 하나의 신비로 남아 있던 그의 계획의 일부를 이루어 나가시는 중이며, 그다음에 이스라엘에게 약속하신 왕국을 실현시키실 것이라고 말했습니다.

"하나님이 처음으로 이방인 중에서 자기 이름을 위할 백성을 취하시려고 그들을 돌보신 것을 시므온이 말하였으니"(행 15:14).

그는 계속해서 말했습니다. "하나님은 지금 그 일을 하고 계신 것입니다. 하나님은 왕국에 관한 것은 잠깐 보류하시고 지금은 그의 이름을 위해서, 그리스도의 몸인 교회를 위해서 한 백성을 이방인 중에서 불러내시고 계십니다."

야고보가 말한 것은, 다음과 같은 왕국과 관련된 예언과 일치하는 것이었습니다.

"……기록된 바 이 후에 내가 돌아와서 다윗의 무너진 장막을 다시 지으며 또 그 허물어진 것을 다시 지어 일으키니 이는 그 남은 사람들과 내 이름으로 일컬음을 받는 모든 이방인들로 주를 찾게 하려 함이라……"(행 15:15-17).

'이후에 내가 돌아와서'에서 '이후'란 무엇을 한 후에란 말입니까? 그것은 주님이 그의 이름을 위해 이방인 가운데서 한 백성을 모으신 후에, 즉 교회의 몸이 완성되고 이방인으로 충만하게 된 후라는 말입니다. 그다음에 주님은 돌아오셔서 이스라엘 나라를 회복하시고, 이 지상에 왕국을 세우실 것이며, 그럼으로써 메시아 통치의 모든 예언들을 문자 그대로 이루실 것입니다.

이제 그들에게 제시된 문제의 해답이 나왔습니다. 교회 시대의 성도들이 왕국의 율법 아래 있습니까? 이스라엘 민족에게 모세를 통해 주신 율법을 이 은혜의 시대의 성도들이 지켜야 한다는 말입니까?

그것에 대해 야고보는 다음과 같이 선언합니다.

"그러므로 내 의견에는 이방인 중에서 하나님께로 돌아오는 자들을 괴롭게 하지 말고 다만 우상의 더러운 것과 음행과 목매어 죽인 것과 피를 멀리하라고 편지하는 것이 옳으니"(행 15:19-20).

모세의 율법을 지키라는 말이나 할례에 대한 말은 하나도 없고 다만 세 가지, 즉 우상 숭배와 음행과 피를 먹는 것을 피하라고 충고합니다.

이 세 가지 일에 대한 금기는 율법적 근거에서 주어진 것이 아니라 은혜의 근거에서 주어진 것입니다.

이 이방인들은 원래 우상 숭배자들이었고 따라서 그런 경우에 음행은 하나의 종교적 예식이었으며, 또한 그들은 피의 신성함을 알지 못했습니다. 그러므로 이방인들에게는 아무렇지도 않지만 유대인들에게는 혐오스러운 이 세 가지 일은 특별히 금할 필요가 있었으므로 이방인들에게 이것을 경고한 것입니다.

그래서 안디옥에 있는 이방인 성도들에게 편지를 써서 바울과 바나바 일행 편에 보냈습니다. 그 편지는 "믿는 자들(특히 이방인 성도들)이 모세의 율법 아래 있습니까?"라는 질문에 대한 답서였습니다. 여기 예루살렘 장로들이 안디옥에 보낸 편지의 사본이 있습니다.

"들은즉 우리 가운데서 어떤 사람들이 우리의 지시도 없이 나가서 (할례를 받고 율법을 지키라는) 말로 너희를 괴롭게 하고 마음을 혼란하게 한다 하기로"(행 15:24, 괄호 안의 구절은 영어 성경에는 있으나 한글 개역개정 성경에는 번역되어 있지 않다-역자 주).

다시 한 번 문제를 생각해 봅시다. 예루살렘에서 온 율법주의자들이, 안디옥에 있는 이방 그리스도인들은 할례를 받고 율법을 지킴으로써 유대인이 되어야 한다고 주장했습니다. 그럼 어떻게 결정됐나 봅시다. '우리의 지시도 없이' 그들 마음대로 주장한 것이라고 되어 있습니다(행 15:24).

이방인 성도를 율법 아래 있으라고 가르친 그 율법주의자들은 하나님의 은혜에서 벗어난 사람들입니다. '우리는 결코 그런 것을 시키지 않았다.'라고 사도와 장로들이 안디옥 교회에 편지했습니다. 율법주의적 안식일 수호자(sabbatarian)들은 권위가 부여되지 않은 자들이었으므로, '우리의 지시도 없이' 주장된 그들의 요구를 거부한다는 것입니다. 이것이 바로 안디옥 교회에 주어진 메시지였으니 곧 '이방 그리스도인이 율법 아래 있지 않다.'라는 것입니다.

결국 편지는 안디옥 교회에 전해졌고, 그것을 읽었을 때 성도들은 그 위로의 말과 격려로 기뻐했습니다(행 15:31). 그 일은 그렇게 일단락되었으나, 율법 선생들은 바울이 가는 곳마다 따라다니면서 바울이 전파하는 은혜를 파괴하려고 계속 노력했습니다. 여행하는 곳곳마다 바울은 반대를 받았습니다. 신약에서 세 권 이상이 주로 율법에 관한 오류를 시정하기 위해 기록되었습니다. 사도 시대로부터 시작되어 온 오류에는 세 가지가 있습니다. 그것은 율법주의, 반(反)율법주의, 갈라디아주의입니다.

첫째로, 율법주의는 사람이 율법을 지킴으로써 구원받는다고 가르치는데, 이 오류에 대한 대답이 바로 바울 사도의 로마서입니다. 둘째 오류는 첫째 것의 정반대로, 모든 것이 은혜이므로 우리가 어떻게 살든 상관할 바가 아니라고 가르칩니다. 이 오류에 대한 답변은 야고보서가 담당하고 있습니다. 셋째 오류인 갈라디아주의는 가장 사특한 것으로서, 우리가 은혜로 구원을 받지만 율법을 완전히 지킴으로써 그 구원을 보존해 나가야 한다고 가르칩니다. 즉 우리가 믿음으로 구원을 받기는 하지만 궁극적인 구원은 우리의 행위에 의해 결정된다는 것입니다. 이 오류를 갈라디아주의라고 부르는 것은 이러한 사상이 갈라디아 교회에 창궐했기 때문입니다. 이 오류를 반증하기 위해 바울이 쓴 것이 바로 갈라디아서입니다.

이 세 가지 오류는 현재 우리 가운데도 있습니다. 비록 최초의 교회 회의에서 이 문제가 명확하게 규정되었으며 서신서에도 해설되어 있지만, 이 오류들은 계속 주장되어 왔습니다.

주님이 율법의 두려움과 속박으로부터 귀중한 영혼들을 인도해 내셔서 하나님의 은혜의 자유로 이끌어 들이시는 데에 본서의 각 장을 사용하시고 이를 널리 전파해 주시기를 바라고 기도합니다.

이는 "주는 영이시니 주의 영이 계신 곳에는 자유가 있느니라"(고후 3:17)라는 말씀을 확실히 믿기 때문입니다.

목차

서문　6

제1장　율법의 뜻　16
제2장　율법의 시작　27
제3장　율법의 배경　38
제4장　죄를 드러내는 율법　49
제5장　율법에서 건져 냄　60
제6장　율법의 능력　71
제7장　율법의 제한성　81
제8장　한 계명　92
제9장　율법의 의　102
제10장　율법, 심판자　112
제11장　율법, 요구하는 남편　122
제12장　율법, 사형 집행인　132
제13장　율법, 초등교사　142

제14장 율법이 못하는 일   152

제15장 육신으로 인한 연약함   163

제16장 대제사장과 율법   172

제17장 아브라함이 받은 복음   181

제18장 용서를 위한 하나님의 조건   192

제19장 사랑이 해답이다   202

제20장 거룩한 선생   211

제21장 산 제사   221

제22장 디딤돌인가 걸림돌인가   232

제23장 심판의 날이 다가온다   243

제24장 주께서 그 사랑하시는 자를   254

제25장 양심을 위하여   264

제26장 끝을 맺으면서   276

제1장

율법의 뜻

"그리스도를 믿는 사람은 율법 아래 있는가? 은혜 아래 있는가? 혹은 양편에 다 속해 있는가?" 하는 문제는 이미 2,000년 전에 해결된 것임에도 불구하고 아직도 수많은 그리스도인들이 이 문제를 혼동하고, 율법의 역할과 은혜의 역할을 명확하게 구별하지 못하고 있습니다.

그러나 성경은 이 문제에 대해서 조금도 의문을 남기지 않습니다. 율법은 결코 어느 누구를 구원하기 위해서 주어진 것이 아닙니다. 인류 역사상 하나님의 법을 지킴으로써 구원을 얻은 사람은 한 사람도 없습니다. 사실 하나님은 이스라엘 백성에게 율법을 주시고 이를 지키라고 명령하시기 전에 이미 그들 중 아무도, 주 예수님 외에는 그 누구도 하나님의 율법을 완전하게 지킬 사람이 없다는 것을 알고 계셨습니다.

그리고 어느 누구에게도 이 율법을 완전하게 지킬 것을 기대하지 않으셨습니다. 율법은 죄인 중 단 한 사람도 구원할 수 없으며, 성도 중 단 한 사람도 율법으로 그의 구원을 유지할 수 없다는 성경적인 근거는 얼마든지 찾아낼 수 있습니다. 수많은 성경 구절 가운데 로마서 3장 19-20절에서 바울은 이렇게 말합니다.

"우리가 알거니와 무릇 율법이 말하는 바는 율법 아래에 있는 자들에게 말하는 것이니 이는 모든 입을 막고 온 세상으로 하나님의 심판 아래에 있게 하려 함이라 그러므로 율법의 행위로 그의 앞에 의롭다 하심을 얻을 육체가 없나니 율법으로는 죄를 깨달음이니라"(롬 3:19-20).

로마서 3장 28절에서는 이렇게 말합니다.

"그러므로 사람이 의롭다 하심을 얻는 것은 율법의 행위에 있지 않고 믿음으로 되는 줄 우리가 인정하노라"(롬 3:28).

또한 갈라디아서에서는 이렇게 말했습니다.

"사람이 의롭게 되는 것은 율법의 행위로 말미암음이 아니요 오직 예수 그리스도를 믿음으로 말미암는 줄 알므로 우리도 그리스도 예수를 믿나니 이는 우리가 율법의 행위로써가 아니고 그리스도를 믿음으로써 의롭다 함을 얻으려 함이라 율법의 행위로써는 의롭다 함을 얻을 육체가 없느니라"(갈 2:16).

바울은 결론적으로 말했습니다.

"내가 하나님의 은혜를 폐하지 아니하노니 만일 의롭게 되는 것이 율법으로 말미암으면 그리스도께서 헛되이 죽으셨느니라"(갈 2:21).

이 밖에도 다른 말씀들이 많이 있지만 한 구절만 더 인용해 보겠습니다.

"무릇 율법 행위에 속한 자들은 저주 아래에 있나니 기록된 바 누구든지 율법 책에 기록된 대로 모든 일을 항상 행하지 아니하는 자는 저주 아래에 있는 자라 하였음이라 또 하나님 앞에서 아무도 율법으로 말미암아 의롭게 되지 못할 것이 분명하니 이는 의인은 믿음으로 살리라 하였음이라……그리스도께서 우리를 위하여 저주를 받은 바 되사 율법의 저주에서 우리를 속량하셨으니 기록된 바 나무에 달린 자마다 저주 아래에 있는 자라 하였음이라"(갈 3:10-13).

이 성경 구절은 다만 사람이 하나님의 율법을 지키는 것으로 또는 행위로 구원 얻을 가망은 전혀 없다는 것을 가르칠 뿐입니다. 율법으로 구원 얻을 사람이 있다면 그는 이 율법을 '완전하게' 그리고 중단 없이 '항상' 지켜야 됩니다.

'누구든지'라는 말은 예외가 없다는 것을 의미합니다. 아무리 작은 죄일지라도 그 죄를 범한 사람은 율법의 저주 아래에 있게 됩니다. 단 한 번의 중단이나 실수도 없이 모든 일을 완전하게 지켜야 합니다.

성경은 분명히 율법으로 사람이 구원받을 수 없고 죄인이 의롭게 될 수 없으며 성도가 성결케 될 수 없다고 가르치고 있습니다. 거듭 말하지만, 그렇기 때문에 하나님은 율법을 인간에게 주실 때 이 율법을 완전하게 지킬 사람은 한 사람도 없다는 것을 아셨으며 또 기대하지도 않으셨습니다.

따라서 우리는 이런 질문에 직면하게 됩니다. "만일 율법이 인간을 더 선하게도 할 수 없으며 인간의 마음을 변화시킬 수도 없다면 왜 하나님은 이 율법을 인간에게 주셨을까?"하는 것입니다. 이 문제에 대해서는 후에 더 자세히 생각해 보겠습니다만, 우선 이 율법이란 말 자체에 대해 사람들이 몇 가지 잘못 이해하고 있는 것을 설명해야 할 것 같습니다. 즉 '하나님의 율법'이란 말과 '모세의 율법'이란 말을 우리는 어떻게 이해해야 할까요?

많은 사람들이 성경에서 말하는 율법이란 '십계명'만을 가리킨다고 생각합니다. 그러나 성경은 이 율법이란 말을 다른 뜻으로도 쓰고 있습니다. 어떤 때는 하나님의 말씀 전체를 가리키고, 또 어떤 때는 모세 오경을 다른 성경과 구별하여 율법이라고 할 때도 있습니다. 예수님도 율법과 선지자에 관하여 말씀하셨습니다(마 7:12).

예수님 당시의 유대인들은 구약성경을 (1) 율법서 (2) 시가서 (3) 예언서 셋으로 구분했습니다. 여기서 말하는 율법서는 모세 오경을 가리키는데 일반적으로 구약성경의 처음 다섯 책을 다른 예언서들과 구별해서 율법서라고 부릅니다.

좁은 의미로는 하나님이 모세를 통해서 시내산에서 이스라엘 백성에게 주신 계명들을 율법이라고 합니다. 이스라엘 백성들이 애굽에서 구원을 받은 다음 시내산에서 하나님께로부터 받은 이 율법은 하나의 단원으로 되어 있지만, 각각 다른 계명들을 포함하고 있습니다.

많은 사람들이 모세가 산에서 가지고 내려온 율법은 돌판에 새겨진 십계명뿐이라고 생각하지만 그것뿐만은 아니었습니다. 하나님은 모세에게 절기와 성일(聖日)과 희생과 제사와 음식에 관한 법과 민법 그리고 성막의 모형을 함께 주셨습니다. 모세가 시내산에서 받은 이 모든 계명들과 규례를 포함하는 율법은 십계명을 받을 때 동시에 받은 것이고, 이 말씀은 출애굽기 20장부터 34장까지에 자세히 기록되어 있습니다.

이 모든 법들, 즉 민법과 음식에 관한 법과 제사와 그리고 도덕적인 법들은 다 함께 율법서를 이루고 있습니다. 이 하나님의 율법은 하나의 단원입니다. 거기에는 여러 가지의 계명들이 있으나 그것들은 모두 율법서의 한 부분인 것입니다.

율법은 둘이 아니다

하나님의 은혜를 깨닫지 못하고 율법의 목적을 모르는 사람들은 모세의 율법과 하나님의 율법 또는 여호와의 율법이 각각 다르다고 여겼습니다. 십계명은 여호와의 율법이고 그 밖에 다른 규례와 제사와 절기와 음식에 관한 법들은 모세의 율법이라는 것입니다. 그래서 그들은 예수님이 완성하신 것은 규례로 되어 있는 모세의 율법뿐이고 십계명은 포함되지 않는다고 말합니다.

그러나 모세의 율법과 하나님의 율법은 다 한가지입니다. 따라서 모세의 율법은 갈보리산에서 완성되어 폐해졌고, 여호와의 율법은 그렇지 않다고 말하는 것은 성경을 완전히 잘못 이해하는 것입니다. '모세의 율법'과 '여호와의 율법'이란 말은 서로 같은 의미입니다.

율법의 세 가지 분야

바로 여기서 우리는 넓은 의미에서 율법서가 취급하는 세 가지 분야를 알아야 할 것입니다. 율법의 세 가지 분야는 다음과 같습니다.

1. 도덕적인 법의 계명(출 20:1-26)
2. 재판(민법, 출 21:1-36)
3. 의식(儀式, 출 24-31장)

계명의 율법은 이스라엘의 도덕적인 행위를 취급하는 것으로 십계명에 명시되어 있습니다. 두 번째는 백성의 민법을 다루며, 세 번째는 이스라엘의 종교적 의식과 의무를 다룹니다. 세 번째에는 성일과 희생 그리고 제사가 포함되어 있습니다. 그러나 이 모든 것들은 하나님이 같은 장소에서, 같은 시간에, 같은 목적으로 한 백성에게 모세를 통해 주신 하나의 율법의 일부분인 것입니다.

모세의 율법이란 말과 십계명 속에 있는 여호와의 율법이란 말을 구별해서 사용하는 잘못을 지적하기 위해 가장 확실한 사실 하나를 보여 드리고자 합니다.

성경 말씀은 모세의 율법이란 말과 하나님의 율법이란 말에 아무런 구별을 두지 않습니다. 예를 들어, 누가복음 2장 22절의 말씀을 인용해 보겠습니다. 이 말씀은 예수님의 모친 마리아가 율법을 지킨 사실을 기록한 말씀입니다.

"모세의 법대로 정결 예식의 날이 차매 아기를 데리고 예루살렘에 올라가니 이는 주의 율법에 쓴 바 첫 태에 처음 난 남자마다 주의 거룩한 자라 하리라 한 대로 아기를 주께 드리고 또 주의 율법에 말씀하신 대로 산비둘기 한 쌍이나 혹은 어린 집비둘기 둘로 제사하려 함이더라"(눅 2:22-24).

이 말씀을 자세히 보면, 마리아가 아기 예수를 '주의 율법'에 순종해서 주님께 드리려고 성전에 데려갔다고 했고, '주의 율법'에 따라 제물을 바쳤다고 했습니다.

그러면 이제 제가 여러분에게 묻겠습니다. 십계명 중 어디에 있는 말씀대로 마리아가 제물을 드렸단 말씀입니까? 이 말씀은 분명히 모세의 의식적 율법(the ceremonial law of Moses)에 있는 말씀입니다. 그러나 이 율법을 '주의 율법'이라고도 부르는 것입니다. 또 누가복음 2장 39절에도 다음과 같이 적혀 있습니다.

"주의 율법을 따라 모든 일을 마치고 갈릴리로 돌아가……"(눅 2:39).

모세의 율법과 하나님의 율법 그리고 주의 율법을 구별하는 것은 사람이 멋대로 만들어 낸 것이며 성경을 모독하는 것입니다. 그리스도께서는 율법의 어느 부분뿐 아니라 온 율법을 완성하셨고, 그러므로 믿는 자는 율법 아래 있지 않고 은혜 아래 있게 되었습니다(롬 6:14). 우리는 율법에서 구원받았고(롬 7:6), 율법에서 자유함을 받았으며(롬 8:2), 율법에 대해서 죽은 것입니다(갈 2:19).

그렇다면 왜 율법을 주셨는가?

이제 율법이 사람을 의롭게도 못하고 거룩하게도 못한다고 한다면, 필연적으로 이런 의문을 갖게 될 것입니다. 그렇다면 아무도 지킬 수 없을 뿐 아니라 죄인을 오히려 정죄하는 율법을 하나님이 왜 주셨느냐는 것입니다. 은혜 문제의 위대한 해설자인 바울은 이러한 질문이 나올 것을 미리 알고 갈라디아서 3장 19절에서 이렇게 말했습니다.

"그런즉 율법은 무엇이냐……"(갈 3:19).

바울은 앞 장에서 율법이 인간을 구원하는 데 아무런 도움도 주지 못하고 또 인간을 변화시킬 수도 없다고 말했기 때문에 이러한 질문은 필연적인 것입니다. 다시 말하면 그 질문은 "그러면 왜 하나님이 율법을 주셨는가? 율법이 선하다는 것은 무엇인가? 율법의 목적은 무엇인가?" 하는 것입니다.

여기에 대해서 바울은 즉시 간략하면서도 포괄적인 설명으로 답변합니다. 만일 율법이 사람을 구원할 수도 없고 의롭게 할 수도 없으며 거룩하게 할 수도 없다면, 하나님은 무엇 때문에 그 율법을 주셨는가? 여기에 그 해답이 있습니다.

"그런즉 율법은 무엇이냐 범법하므로 더하여진 것이라 천사들을 통하여 한 중보자의 손으로 베푸신 것인데 약속하신 자손이 오시기까지 있을 것이라"(갈 3:19).

세 가지 사실

이러한 바울의 답변에는 세 가지 사실이 명백히 설명되어 있습니다.

첫째, 율법의 시작은 '더하여진 것이라.'라는 말씀대로 그 이전에 있었던 그 무엇에 더해지면서 시작되었다는 사실입니다.

둘째, 율법의 마지막은 '약속하신 자손이 오시기까지'라는 말씀대로 그 자손(예수 그리스도)이 오셨을 때 끝났다는 사실입니다.

율법은 그 시작이 있었을 뿐 아니라 약속하신 자손이 오실 때까지 그 임무가 있었습니다. 그 시작은 더해진 그때를 말하고, 그 마지막은 약속하신 자손이 오시기까지를 말합니다. 약속하신 자손은 갈라디아서 3장 16절에 설명되어 있습니다.

"이 약속들은 아브라함과 그 자손에게 말씀하신 것인데 여럿을 가리켜 그 자손들이라 하지 아니하시고 오직 한 사람을 가리켜 네 자손이라 하셨으니 곧 그리스도라"(갈 3:16).

약속하신 자손이란 그리스도를 말합니다. 그러므로 '약속하신 그리스도께서 오시기까지 더한 것이라.'라고 읽을 수도 있습니다. 율법의 사명은 시대적인 것이었습니다. 세례 요한은 이 율법의 시대적인 기한에 대해서 분명히 밝혔습니다.

"율법은 모세로 말미암아 주어진 것이요 은혜와 진리는 예수 그리스도로 말미암아 온 것이라"(요 1:17).

이 중요한 구절은 나중에 다시 보기로 하고, "율법은 무엇이냐?"라는 질문에 대해 바울이 언급한 세 번째 것을 생각해 봅시다. 첫 번째 대답은 율법은 시작이 있다는 것이었고, 그다음은 율법에 끝이 있다는 것이었습니다. 이제 그 세 번째 대답은 다음과 같습니다.

셋째, 그 율법의 목적은 범법함을 인하여 '더하여진 것이라.'라고 했습니다. 다시 말하면 그것은 '죄는 범법(犯法)이라는 것을 드러내기 위해서'라고 읽을 수도 있습니다. 그러니까 율법이 주어지기 전에는 법을 어겼다는 말을 할 수 없습니다. 다만 죄가 있을 뿐이지 있지도 않은 법을 어겼다는 말은 할 수 없는 것입니다. 바울은 분명히 로마서 4장 15절에서 이렇게 말했습니다.

"율법은 진노를 이루게 하나니 율법이 없는 곳에는 범법도 없느니라"(롬 4:15).

즉 율법이 오기 전에는 범법도 없었다는 것입니다. 그렇다면 율법이 오기 전에는 죄가 없었다는 말인가라는 질문이 나오게 될 것입니다. 율법이 오기 전에도 물론 죄는 있었으며, 그 죄는 오늘날과 마찬가지로 나쁜 것이었습니다. 그리고 율법이 오기 전이나 온 후에나 마찬가지로 죄는 무서운 것입니다. 바울은 또 이렇게 말했습니다.

"죄가 율법 있기 전에도 세상에 있었으나 율법이 없었을 때에는 죄를 죄로 여기지 아니하였느니라"(롬 5:13).

율법이 세상에 왔을 때, 그 율법은 죄에 대해서 새로운 의미를 부여했습니다. 즉 죄를 짓는다는 말이 율법을 범했다는 말과 같게 되었다는 것입니다. 그러므로 율법의 목적은 죄가 하나님께 대한 반역임을 드러내고 죄를 짓는 것은 범법임을 드러내는 데 있습니다. 성경 말씀 어느 한 구절도 율법이 인간을 죄에서 구원한다고 하지 않습니다.

그런고로 죄인이 먼저 알아야 할 것은, 율법을 지키려고 노력해서 구원 얻을 사람은 한 사람도 없다는 사실입니다. 단 하나의 해결책은 율법 앞에서 죄를 깨닫고 하나님이 은혜로 주시는 구원을 받기 위해 그리스도께 나가는 것뿐입니다.

내가 공을 세우나 은혜 갚지 못하네.
쉼이 없이 힘쓰고 눈물 근심 많으나
구속 못할 죄인을 예수 홀로 속하네.
찬송가 494장 2절

제2장

율법의 시작

"그리스도인이 율법 아래 있는가?" 하는 것은 바울 당시에도 크게 논란이 되었던 문제였습니다.

이러한 질문에 대해서 성령의 감동으로 쓰인 성경이 그리스도인은 율법 아래 있지 않고 은혜 아래 있음을 밝혀 줌에도 불구하고, 아직도 인간의 교만한 마음은 하나님의 은혜를 받아들이지 않고 오히려 자기의 선과 행위로써 자신을 구원해 보려고 애씁니다.

바로 사탄은 인간이 이렇게 노력하기를 바라고 있습니다. 우리 영혼의 원수인 사탄은 우리에게 종교적이고 또 도덕적인 선을 행하고 있습니다. 그래서 사탄은 인간에게 자신들이 노력해서 더 나아지고, 율법에 복종하기를 힘쓰며, 계속해서 행하고, 온 힘을 다해 계명들과 안식일을 지켜서 하나님의 긍휼하심을 입기에 합당한 자가 되라고 요구함으로써, 진정한 하나님의 놀라운 은혜를 받아들이지 못하게 합니다.

그러나 바울은 이러한 것을 '다른 복음'이라고 하면서, 우리 영혼의 원수는 교묘한 속임수로 우리가 그리스도께 나아가지 못하게 하여 불쌍하고, 소망 없고, 구원받을 수 없는 죄인으로 그대로 머물러 있게 하려 한다고 했습니다. 바울은 율법이란 우리를 구원하기 위해서가 아니라, 죄가 얼마나 무서운가를 보여 주고 구원의 필요성을 가르치기 위해서 있는 것이라고 말했습니다.

이것은 앞장에서 제기했던 질문으로 다시 돌아가게 하는데, 바울은 이러한 질문을 미리 예측하고 갈라디아서 3장 19절에서 이렇게 말했습니다.

"그런즉 율법은 무엇이냐……"(갈 3:19).

이 중대한 질문에 대해 바울은 즉각적으로 해답을 제시합니다.

"……범법하므로 더하여진 것이라……약속하신 자손이 오시기까지 있을 것이라"(갈 3:19).

이 해답을 통해서, 율법에는 시작과 끝이 있음을 알게 됩니다. '더하여진 것이라.'라는 말과 '……까지'라는 말이 곧 율법의 목적을 잘 설명해 줍니다. 그렇다면 먼저 율법은 언제 더한 것이며 무엇에 더한 것인가 하는 질문이 나오게 됩니다. 무엇을 더한다고 할 때에는 반드시 더하기 이전에 다른 무엇이 있어야 하는 것입니다. 가령 요리법에 '두 개의 달걀 노른자를 밀가루 두 컵에 더하라.'라고 쓰여 있다면 우선 밀가루 두 컵이 있고 거기에 나머지 재료를 더하라는 뜻으로 이해할 수 있습니다.

바울은 율법을 더한 것이라고 말했습니다. 그렇다면 무엇에 더한 것이겠습니까? 갈라디아서 3장 19절의 전후 문맥을 잘 살펴보면 그 해답을 얻을 수 있습니다.

율법은 바로 하나님의 은혜에 더해진 것입니다. 여기서 바울은 아브라함이 은혜 아래 살았고 율법 아래 살지 않았다고 밝히고 있습니다. 그렇다면 바울은 무엇이라고 말했는지 살펴보겠습니다.

"내가 이것을 말하노니 하나님께서 미리 정하신 언약을 사백삼십 년 후에 생긴 율법이 폐기하지 못하고 그 약속을 헛되게 하지 못하리라 만일 그 유업이 율법에서 난 것이면 약속에서 난 것이 아니리라 그러나 하나님이 약속으로 말미암아 아브라함에게 주신 것이라"(갈 3:17-18).

이 말씀이 바로 요점입니다. 바울은 하나님이 아브라함과 은혜의 언약을 세우신 다음 430년이 되기까지 율법은 없었다고 말합니다. 즉 아브라함 때에는 율법이 없었으며 따라서 아브라함 자신은 순전히 은혜 아래서 살았다는 것입니다. 하나님이 아브라함과 언약을 세우신 후 430년이 되기까지 율법이 없었다는 것은 명백한 사실입니다. 아브라함에게 세워 주신 은혜의 언약은 무조건적이었습니다.

430년이 지난 후에 비로소 하나님은 율법을 더하셨습니다. 아브라함을 비롯해서 이삭과 야곱 그리고 온 이스라엘 자손들은 애굽에서 종살이를 하는 동안에도 은혜 아래 있었습니다. 은혜로 그들은 애굽에서 구원받았고 또한 은혜로 홍해를 건넜으며, 그다음 그들이 시내산에 도달했을 때 하나님은 율법을 더하셨던 것입니다.

그렇다고 해서 율법이 은혜를 밀어낸 것은 아니었습니다. 또한 율법이 은혜를 대신한 것도 아니었습니다.

율법은 은혜의 약속을 폐하지 않았습니다.

율법은 단순히 더한 것이며, 이스라엘은 하나님이 그 율법을 더하셨을 때에도 여전히 은혜 아래 있었습니다. 다시 한 번 갈라디아서 3장 17절 이하의 말씀을 읽어 보십시오.

율법을 주심으로써 이스라엘과 맺은 은혜의 약속을 폐하신 것이 아닙니다. 율법이 은혜에 더해짐으로써 이스라엘은 율법의 저주 아래 있게 되었으나, 감사한 것은 이스라엘이 율법을 범할 것을 대비해서 하나님이 그 백성을 여전히 은혜 아래 있게 하셨다는 것입니다.

만일 율법을 주실 때 은혜를 폐하셨다면 이스라엘은 하나도 남김없이 다 멸망하고 말았을 것입니다.

언제 어디서 더하셨는가?

하나님이 은혜에 율법을 더하신 이유를 알기 위해서, 우리는 율법이 주어진 배경과 율법이 필요하게 된 그 당시의 환경을 잠시 생각해 보지 않을 수 없습니다. 출애굽기 19장과 20장을 보면 그것에 대한 자세한 기록이 나와 있습니다. 이스라엘 백성이 율법을 받게 되기까지의 상황을 잘 아는 그리스도인은 그리 흔하지 않은 것 같습니다. 우선 여러분에게 출애굽기 19장을 자세히 읽어 보도록 권하고 싶습니다.

오늘날 교회에서는 보통 십계명만 낭독하고 그치지만 그 십계명 앞에 있는 구절이나 그다음에 오는 구절들도 중요한 하나님의 말씀입니다. 이제 출애굽기 19장을 펴 보십시오. 그 장에는 이스라엘이 애굽을 벗어난 지 석 달이 된 때의 상황이 나와 있습니다(출 19:1).

그 석 달은 참으로 폭풍우와 같은 나날들이었습니다. 노예 생활에서 풀려나와 죽음에서 건짐을 받고 은혜로 구원받아 겨우 애굽을 벗어났을 때 이스라엘은 하나님을 거역했습니다. 애굽에서 나온 지 불과 사흘 되던 날에 일은 터지고 말았습니다.

"백성이 모세에게 원망하여 이르되 우리가 무엇을 마실까 하매"(출 15:24).

그들의 원망도 개의치 않고, 하나님은 그들을 다시 은혜로 샘물 열둘과 종려 일흔 그루가 있는 엘림으로 인도하셨습니다. 그렇다고 그들이 하나님의 은혜에 감사했습니까? 그들은 하나님의 은혜를 배신했던 무서운 죄를 깨달았습니까? 그렇지 못했습니다. 엘림의 오아시스를 떠나서 약 두 달이 지난 다음 시내산에 도착했을 때, 그들은 또다시 원망하기 시작했습니다.

"이스라엘 자손 온 회중이 그 광야에서 모세와 아론을 원망하여 이스라엘 자손이 그들에게 이르되 우리가 애굽 땅에서 고기 가마 곁에 앉아 있던 때와 떡을 배불리 먹던 때에 여호와의 손에 죽었더라면 좋았을 것을 너희가 이 광야로 우리를 인도해 내어 이 온 회중이 주려 죽게 하는도다"(출 16: 2-3).

한번 상상해 보십시오. 하나님이 그들을 종살이에서 구해 주시고, 강물에 빠져 죽을 위기에서 건져 내시고, 그들을 멸절시키려는 바로왕의 계획에서 구원해 주셨음에도 불구하고, 이처럼 하나님을 배반하는 몹쓸 백성이 어디에 있겠습니까? 애굽의 속박에서 벗어난 지 석 달도 못 되어 하나님께 그리고 모세와 아론에게 왜 이처럼 광야로 이끌어 내어 주려 죽게 하느냐고 비난한다는 것은 상상도 못할 일입니다.

그런데 왜 하나님은 그들을 멸하지 않으셨습니까? 어찌하여 하나님은 하늘에서 불을 내려 그들을 살라 버리시지 않으셨습니까? 이 악한 백성을 그대로 두신 이유는 도대체 무엇입니까? 그것은 그들이 율법 아래 있던 것이 아니라 은혜 아래 있었기 때문입니다. 그들이 만일 율법 아래에만 있었다면, 즉석에서 지옥으로 떨어지는 저주를 받았을 것이고 이스라엘의 영광스런 역사는 결코 기록되지 못했을 것입니다.

은혜는 풍성하다

이스라엘은 여전히 은혜 아래 있었습니다. 하나님은 이스라엘의 조상 아브라함과 더불어 은혜의 언약을 세우셨기 때문에, 그들이 어리석은 요구를 하고 하나님께 도전했다고 해서 멸하지 않으시고 오히려 그와 반대로 하늘에서 양식을 내려 주셨습니다. 이것이 곧 하나님의 자비와 은혜의 양식입니다.

목마른 백성

그러나 그들은 여전히 하나님의 은혜를 감사할 줄 몰랐습니다. 이런 일이 있은 지 얼마 되지 않아 그들은 또다시 하나님을 원망했습니다.

출애굽기 17장에 이스라엘 백성이 하나님을 배반한 사실이 기록되어 있습니다.

"거기서 백성이 목이 말라 물을 찾으매 그들이 모세에게 대하여 원망하여 이르되 당신이 어찌하여 우리를 애굽에서 인도해 내어서 우리와 우리 자녀와 우리 가축이 목말라 죽게 하느냐"(출 17:3).

이 얼마나 어리석은 원망입니까? 그러나 하나님은 이를 심판하지 않고 오히려 은혜로 응답하셨습니다.

이 모든 일은 주님이 그들을 구원해 주신 지 석 달 안에 있었던 일입니다. 그러면 도대체 어째서 이 백성은 그 모양이 됐습니까? 그 대답은 간단합니다. 그들은 그들의 죄가 얼마나 무서운 것이며 중한 것인지를 알지 못했기 때문입니다. 그들은 죄의 특성을 이해하지 못했습니다.

그들은 배반의 대가가 무엇인지 몰랐습니다. 그들을 구해 준 것이 바로 하나님의 자비와 은혜였다는 사실에 대해서 감사할 줄 몰랐습니다. 그들은 그들의 죄가 크다는 것과 하나님을 기쁘시게 하지 못했다는 것을 인식하지 못했습니다. 그들은 오히려 하나님의 뜻을 완전하게 준행할 수 있다고 생각했습니다. 그들이 목마르고 주린 것은 그들의 잘못이 아니라 하나님의 잘못이라고 생각했던 것입니다.

이러한 이유 때문에 하나님은 이스라엘에게 율법을 주시게 되었습니다. 그 율법은 완전했기 때문에 이스라엘 백성에게 죄의 참모습을 보여 주기에 충분했습니다.

하나님이 율법을 주시게 된 배경

하나님이 시내산에서 이스라엘 백성에게 율법을 주시게 된 배경에는 원망과 배반과 배은망덕이 있었습니다. 하나님은 모세를 산으로 부르시고 이스라엘을 위해 경고의 말씀을 주셨습니다.

"모세가 하나님 앞에 올라가니 여호와께서 산에서 그를 불러 말씀하시되 너는 이같이 야곱의 집에 말하고 이스라엘 자손들에게 말하라 내가 애굽 사람에게 어떻게 행하였음과 내가 어떻게 독수리 날개로 너희를 업어 내게로 인도하였음을 너희가 보았느니라"(출 19:3-4).

이 말씀은 하나님이 이스라엘 백성에게 십계명을 주시기 전에 그들로 지난 일을 생각해 보라고 하신 내용입니다. 그들이 은혜 아래 있었다고 일깨워 주시는 말씀입니다. 그들에게 있었던 모든 일들, 즉 종살이와 죽음의 애굽에서 구원받은 사실은 모두 하나님의 은혜 아래서 이루어진 것임을 알게 하려는 말씀입니다. 만일 하나님이 그들을 율법대로 공정하게 다루셨다면 그들은 멸망했을 것입니다.

그러므로 하나님은 그들이 은혜를 모르고 오히려 율법을 택하는 과오를 범하기 전에, 모든 축복이 순수한 은혜였다는 사실을 그들에게 알리신 것입니다. 그리고 하나님은 은혜 아래 있는 그들의 위치를 알려 주시면서 '……하면'이라는 말을 더하셨습니다. 하나님의 은혜는 조건이 없었지만, 이제 하나님은 조건을 제시하셨습니다.

"세계가 다 내게 속하였나니 너희가 내 말을 잘 듣고 내 언약을 지키면 너희는 모든 민족 중에서 내 소유가 되겠고"(출 19:5).

이제 하나님은 새로운 한 가지 사실, 즉 조건부 축복을 제시하셨습니다. 하나님은 그들의 순종이라는 조건 위에서 축복하시겠다고 하셨습니다. 만일 그들이 하나님의 말씀을 '잘 듣고' 그의 언약을 '지키면' 그들을 축복하시겠다고 하셨습니다.

그들은 참으로 어리석은 백성이 아닐 수 없습니다. 애굽을 나온 후 3개월 동안의 역사는 그들이 하나님의 말씀에 완전히 순종할 수 없었음을 증명하고도 남습니다. 그들은 하나님을 거듭거듭 저버렸으나 하나님은 그들을 거듭거듭 용서해 주셨습니다.

두말할 나위 없이 그들은 그들의 죄가 참으로 무섭다는 사실을 몰랐습니다. 그들은 은혜에 감사할 줄 몰랐을 뿐 아니라, 오히려 주님이 요구하시는 모든 것을 준행할 수 있다고 믿었던 것입니다.

그러나 한번 이렇게 생각해 봅시다. 하나님이 그들에게 율법을 주실 것을 제시하고 그들의 완전한 순종이라는 조건 위에 축복을 내리겠다고 하셨을 때, "아! 아닙니다. 모세여, 아닙니다! 다시 산으로 올라가서 하나님께 말씀해 주십시오. 우리는 지킬 수도 없는 율법 아래 매이기를 원치 않습니다. 우리의 완전한 순종이나 우리의 공로와 행실을 조건으로 우리에게 축복하시는 것을 원치 않습니다. 우리는 하나님의 뜻을 완전하게 실행할 수 없는 부족한 사람들입니다. 하나님께 말씀해 주십시오, 우리는 그대로 은혜 아래 머물러 있겠습니다." 이렇게 말했다면 얼마나 좋았겠습니까?

그러나 이스라엘 백성의 대답은 정반대였습니다.

"백성이 일제히 응답하여 이르되 여호와께서 명령하신 대로 우리가 다 행하리이다 모세가 백성의 말을 여호와께 전하매"(출 19:8).

이 얼마나 가엾고 어리석은 백성입니까? 그들은 하나님의 계명들을 다 지킬 수 있다고 생각했기 때문에 "여호와께서 명령하신 대로 다 행하리이다."라고 말했던 것입니다.

그들은 "오, 주님, 우리는 당신의 말씀에 완전히 순종할 수도 없고 완전하게 지킬 수도 없다고 증명되었으니, 율법이 아니라 은혜와 자비가 계속 필요합니다."라고 말했어야 하는 것입니다. 그러나 그들은 조건이 붙은 축복을 선택했고 율법 아래 있기를 원했습니다.

그래서 하나님은 "너희가 내 계명들을 지킬 수 있다고 생각하느냐? 좋다. 그러면 이제 내가 그 율법을 주마. 내가 너희에게 하나님의 뜻이 가장 완전하게 표현되고 하나님의 거룩하심이 완전하게 나타난 계명을 주겠다!"라고 말씀하셨습니다.

이렇게 해서 하나님은 죄의 근성을 드러나게 하는 율법을, 완전하고 지속적이며 끊임없는 순종을 요구하심으로써 이스라엘 민족에게 그것을 지키는 것이 불가능함을 보여 줄 율법을 주신 것입니다. 하나님은 이렇게 말씀하셨을지도 모릅니다. "너희들이 내 계명을 다 지킬 수 있다고 생각하느냐? 자. 여기 있다. 할 수 있나 해 봐라!"

하나님이 태도를 바꾸셨다

모세는 하나님께 이스라엘 백성의 대답을 전했습니다. "여호와께서 명령하신 대로 우리가 다 행하리이다." 그래서 하나님은 하나님의 명하심을 다 준행할 수 있다고 하는 이스라엘 백성의 무지한 생각이 완전히 어리석은 것임을 보여 주시기 위해서 율법, 즉 인간이 율법을 지킴으로 구원 얻는 것이 아니라 하나님의 은혜로 구원 얻는다는 확신을 가지게 할 율법을 그들에게 주시게 되었습니다. 이것이 곧 율법을 그들에게 주시게 된 배경입니다.

이렇게 해서 이스라엘은 은혜 대신 율법을 택하게 되었고, 하나님의 이스라엘에 대한 태도도 즉시 달라졌습니다. 이제 하나님은 그의 얼굴을 빽빽한 구름으로 가리시고(출 19:9), 금지령과 위협과 죽음과 벌과 옷을 빠는 의식과 우레와 번개 가운데서 율법을 주셨으며, 산은 연기로 뒤덮였고, 무서운 지진이 일어났습니다.

출애굽기 19장 9-24절의 기록을 보면 율법을 주실 때의 상황을 잘 알 수 있습니다. 이 장면은 곧 심판의 장면입니다. 이 장면이 바로 율법의 역할을 나타낸 것입니다. 율법은 하나님이 죄를 미워하신다는 것을 보여 줄 뿐이지 죄에서 구원하는 능력은 없습니다.

제3장
율법의 배경

만일 머리끝이 쭈뼛이 올라갈 만큼 끔찍하고 극적이며 천지가 뒤집히는 듯한 무서운 얘기를 듣기 원한다면, 시내산에서 모세가 십계명 받을 때의 장면을 한번 읽어 보십시오.

"셋째 날 아침에 우레와 번개와 빽빽한 구름이 산 위에 있고 나팔 소리가 매우 크게 들리니 진중에 있는 모든 백성이 다 떨더라……시내산에 연기가 자욱하니 여호와께서 불 가운데서 거기 강림하심이라 그 연기가 옹기 가마 연기같이 떠오르고 온 산이 크게 진동하며"(출 19:16, 18).

이러한 극적인 장면에서 하나님은 이스라엘에게 계명들로 되어 있는 거룩한 율법을 주셨습니다. 이것은 곧 이스라엘에 대한 하나님의 태도의 결정적인 변화를 의미합니다.

이 일이 있기 전에 하나님은 순전한 은혜와 자비로 이스라엘을 대해 오셨으나, 이스라엘은 하나님께 감사하지도 않았고 하나님의 선하고 자비하신 참뜻을 알지도 못했으며 그들 자신의 능력과 행위로 하나님을 기쁘시게 할 수 있다고 생각했습니다.

모세가 그들에게 율법 아래 있게 된다는 것을 선포했을 때 그들은 "여호와께서 명령하신 대로 다 행하리이다."라고 말했으며, 주님은 "너희들은 전혀 그것을 준행할 수 없음을 알아야 한다. 그러므로 아주 완전한 율법을 너희에게 줄 터이니 지킬 수 있는지 해 봐라."라고 하셨습니다. 이렇게 이스라엘 백성이 하나님의 은혜를 거절하고 자신들이 이행할 수 있고 지킬 수 있다고 하자마자, 여호와 하나님의 태도는 달라지셨습니다. 이제 보십시오.

"여호와께서 모세에게 이르시되 내가 빽빽한 구름 가운데서 네게 임함은……"(출 19:9).

구름에 덮여 하나님의 얼굴은 가리어졌고 이어서 주님은 모세에게 말씀하셨습니다.

"……너는 백성에게로 가서 오늘과 내일 그들을 성결하게 하며 그들에게 옷을 빨게 하고"(출 19:10).

율법이 주어진 것입니다. 그것은 형식주의와 의식을 가져왔고, 하나님과 그의 백성 사이에 장벽을 세우게 했습니다. 이제 그 기록의 나머지를 보면 다음과 같습니다.

"너는 백성을 위하여 주위에 경계를 정하고 이르기를 너희는 삼가 산에 오르거나 그 경계를 침범하지 말지니 산을 침범하는 자는 반드시 죽임을 당할 것이라"(출 19:12).

죽임을 당할 것이라! 그렇습니다. 율법은 죽음의 사자로 왔습니다. 가까이 오지 말라, 죽을까 하노라 하는 이 말은 다음의 은혜의 말씀과 얼마나 대조가 됩니까?

"수고하고 무거운 짐 진 자들아 다 내게로 오라 내가 너희를 쉬게 하리라"(마 11:28).

"……내게 오는 자는 내가 결코 내쫓지 아니하리라"(요 6:37).

"……목마른 자도 올 것이요 또 원하는 자는 값없이 생명수를 받으라 하시더라"(계 22:17).

이 말씀들은 모두 은혜의 말씀입니다. 그러나 율법은 "백성을 위하여 주위에 경계를 정하고 이르기를 그 경계를 침범하지 말지니 산을 침범하는 자는 반드시 죽임을 당할 것이라."라고 말했습니다. 이처럼 율법은 죽이는 것이요, 은혜는 살리는 것입니다.

"그런 자에게는 손을 대지 말고 돌로 쳐 죽이거나 화살로 쏘아 죽여야 하리니 짐승이나 사람을 막론하고 살아남지 못하리라……"(출 19:13).

그 산을 범하는 날에는 죽음을 당한다는 말입니다. 이것이 바로 율법입니다. 그러나 은혜는 "형제들아 사람이 만일 무슨 범죄한 일이 드러나거든 신령한 너희는 온유한 심령으로 그러한 자를 바로잡고……"(갈 6:1)라고 말합니다. 이것이 바로 은혜입니다. 율법과 은혜는 서로 완전히 다를 뿐 아니라 죄를 다루는 데 있어서도 전혀 다른 역할을 합니다.

그다음 두 절 출애굽기 19장 14, 15절 말씀에는 의식적인 명령이 추가되어 있습니다. 즉 이스라엘 민족은 "여인을 가까이 말라."라는 명령을 받은 것입니다. 그러나 은혜는 "모든 사람은 결혼을 귀히 여기고 침소를 더럽히지 않게 하라."라고 말합니다(히 13:4). 이렇게 우리는 얼마든지 율법과 은혜를 비교해 나갈 수 있습니다.

출애굽기 19장을 보면 율법이 주어질 때의 상황이 더 자세히 기록되어 있는데, 자욱한 연기와 산이 진동한 것과 백성들이 심히 떨었다는 것 등으로 곧 율법이 어떤 것인가를 알 수 있습니다. 율법은 사람을 속박하는 것이고, 신약성경에 기록되어 있는 '멍에', 곧 '우리 조상과 우리도 능히 메지 못하던' 바로 그 '멍에'인 것입니다(행 15:10).

이어서 출애굽기 20장에는 돌판에 새긴 율법에 대해서 기록되어 있습니다. 1, 2절에서 하나님은 지금 율법을 주시는 하나님이, 바로 이스라엘 백성들을 애굽에서 은혜로 인도해 낸 그 하나님이심을 그들에게 상기시켜 주고 있습니다.

"하나님이 이 모든 말씀으로 말씀하여 이르시되 나는 너를 애굽 땅, 종 되었던 집에서 인도하여 낸 네 하나님 여호와니라"(출 20:1-2).

이 말씀은 곧 그들이 은혜 아래 있었다는 사실을 생각나도록 하는 말씀입니다. 그리고 그것은 그 백성이 뻔뻔스럽게도 "여호와께서 명령하신 대로 우리가 다 행하리이다."라고 대답한 데 대한 날카로운 꾸짖음도 되는 것입니다. 그리하여 하나님은 "오, 이스라엘 자손들아, 너희들이 행함으로 구원 얻을 수 있다면 여기 내가 준 율법을 보라. '말지니라.', '말라.', '지키라.'라는 명령과 금지, 이것들이 곧 너희가 요구한 율법이다. 이대로 살아 보아라."라고 하셨던 것입니다.

이렇게 해서 하나님은 이스라엘에게 율법을 주셨는데, 그것은 그 이상 가내할 수 없을 만큼 완전하고 신한 율법이었습니다. 그리고 그 율법은 완전하고 의롭기 때문에, '그 율법의 가장 작은 부분을 지키지 못했다 할지라도 처벌되지 않으면 안 되는 것'입니다.

"……기록된 바 누구든지 율법 책에 기록된 대로 모든 일을 항상 행하지 아니하는 자는 저주 아래에 있는 자라 하였음이라"(갈 3:10).

하나님은 이렇게 그들에게 율법을 주셨는데, 이는 곧 사람을 저주하는 것입니다. 이스라엘이 은혜를 거절했을 때 이 율법은 '더하여진' 것입니다. 이 율법은 사람을 구원하는 것이 아니라 죽이는 역할을 하고, 행함으로 구원 얻고자 애쓰는 자들을 저주 아래 있게 하는 것입니다.

그다음 구절들은 이 율법을 주신 다음 일어난 결과에 대해 기록된 말씀입니다. 많은 교회들이 주일 아침 예배 시간에 십계명을 외우면서도, 그 십계명 다음에 기록된 이 말씀을 읽는 일은 극히 드뭅니다. 그러나 그 말씀들도 율법에 포함됩니다.

십계명이 주어진 다음 우레와 번개가 치고 연기가 자욱이 산을 뒤덮자, 백성들은 떨면서 모세에게 부르짖었습니다.

"……당신이 우리에게 말씀하소서 우리가 들으리이다 하나님이 우리에게 말씀하시지 말게 하소서 우리가 죽을까 하나이다"(출 20:19).

여러분이 만일 굳이 율법을 지키기 원한다면, 그 율법에 딸린 모든 말씀도 주의 깊게 보아야 합니다. 여기서 우리는 율법이 심판과 저주의 우렛소리 가운데서 시작되었다는 사실을 보게 됩니다. 그것은 곧 사람이 행함으로 구원을 얻을 수 없다는 것을 보여 줍니다.

그것은 우리를 하나님께로 인도하지 못하고 오히려 우리를 하나님에게서 멀어지게 할 뿐입니다. 하나님이 주신 율법은 완전하기 때문에 불완전한 인간은 지킬 수 없습니다. 율법은 거룩하기 때문에 불완전한 인간은 지킬 수 없습니다. 율법은 거룩하기 때문에 그 율법으로 말미암아 범죄한 인간은 처벌받게 됩니다. 그것은 율법이므로, 그것을 범한 자는 응징을 받는 것입니다.

이처럼 사람이 율법을 지킴으로써 구원받지 못한다면 도대체 어떻게 구원받는다는 말입니까? 그 대답은 간단합니다. 바로 은혜로 구원받습니다. 이 은혜로 이스라엘은 애굽에서 구원받았습니다. 하나님이 이스라엘에게 율법을 주신 다음에도 이 은혜는 여전히 남아 있었고 이스라엘의 유일한 소망이 되어 왔습니다. 율법은 은혜를 대신해서 들어선 것이 아닙니다. 율법을 주실 때 은혜가 없어진 것이 아닙니다. 하나님의 은혜는 변함없이 남아 있었습니다.

만일 이스라엘 백성이 단지 율법 아래에만 있었다면, 그들은 한 사람도 남김없이 즉시 멸망하고 말았을 것입니다. 그런고로 갈라디아서에서 "그런즉 율법은 무엇이냐?"라는 의문에 바울은 아주 강조해서 "더하여진 것이라."라고 대답했던 것입니다. 즉 은혜 위에 율법을 더하셨다는 말입니다.

1,600년간이나 이스라엘은 완전한 율법 아래 있었으나, 그들 중 단 한 사람도 그 율법을 지켜서 구원 얻은 사람이 없었을 뿐 아니라, 결국 그들은 인류 최대의 범죄, 즉 하나님의 율법을 가장 완전하게 지킨 단 한 분인 예수 그리스도를 십자가에 못 박는 죄를 저지르고야 말았습니다.

율법은 사람이 이를 지켜 구원 얻을 수 없음을 보여 주는 동시에, 그에게 하나님의 은혜를 받아들일 마음이 일어나게 해줍니다. 여기에서 율법은 시작됩니다.

율법은 시내산에서 더해진 것인데, 그것은 은혜를 대신한 것이 아니라 은혜에 더해진 것입니다. 모든 이스라엘 백성은 시내산으로부터 갈보리산에 이르기까지 온 율법 시대를 살아오는 동안 은혜로 구원받은 것입니다.

이제 율법의 마지막은 무엇인지 살펴보겠습니다.

"그런즉 율법은……더하여진 것이라……약속하신 자손이 오시기까지 있을 것이라"(갈 3:19).

'자손'이라는 말의 뜻은 갈라디아서 3장 16절에 설명되어 있습니다.

"이 약속들은 아브라함과 그 자손에게 말씀하신 것인데 여럿을 가리켜 그 자손들이라 하지 아니하시고 오직 한 사람을 가리켜 네 자손이라 하셨으니 곧 그리스도라"(갈 3:16).

갈보리산에서 율법의 시대는 끝났습니다. 예수님은 30년간 그 계명을 완전히 지키시고 완전한 인간으로서, 즉 마지막 아담으로서 율법을 어긴 대가를 치르기 위해 갈보리산으로 가셨으며 "다 이루었다."라고 외치셨습니다. 이렇게 예수님은 죄의 삯인 죽음을 완전히 갚으시고 사흘 만에 무덤에서 살아나셨습니다. 그 결과 오늘날 우리 믿는 자들은 '율법에서의 자유'(롬 8:2), '율법에서의 구원'(롬 7:6) 그리고 '율법에 대해서의 죽음'(갈 2:19)을 얻을 수 있게 되었습니다. 율법이 죽은 것이 아니라 우리가 율법에 대해서 죽은 것입니다.

율법은 아직도 엄연히 살아 있습니다. 율법은 아직도 하나님의 완전한 신성을 보여 주고 있으며, 죄인을 심판하고 있습니다. 그러나 믿는 자의 죄의 값은 그리스도께서 대신 갚아 주셨기 때문에 이제 우리는 더 이상 죄의 심판을 두려워하지 않고 주님을 섬길 수 있습니다. 그것은 바로 그처럼 놀라운 구원을 베풀어 주신 주님의 사랑 때문입니다.

그렇다면 "율법은 우리에게 죄가 얼마나 무서운지를 보여 준다는 의미에서 필요한 것이 아니겠는가?"라고 질문하실 분이 있을 것입니다. 그렇기는 합니다. 즉 율법은 죄를 범법으로 드러냅니다. 그러나 이것으로 만족할 대답은 되지 못합니다. 언뜻 보기에는 그런 의미에서 율법이 필요한 것 같습니다. 그러나 인간의 죄성을 율법 이상으로 더 명백하게 보여 주는 것이 있습니다. 그것은 바로 십자가입니다.

십자가를 바라보십시오. 죄가 주님께 무슨 짓을 했는지 잘 보여 줄 것입니다. 당신은 인간의 타락한 성품을 보기 원하십니까? 십자가 밑에서 아우성치는 사람들을 보십시오.

만일 죄가 무엇이며 그 죄가 무슨 일을 저지를 것인지 알기 원한다면, 이제 시내산에서 발을 옮겨 갈보리산으로 가 보십시오. 바로 그곳에서 죄의 결과들을 볼 수 있습니다.

1,600년 동안 율법을 자랑해 왔던 한 민족이 드디어, 하나님의 아들을 나무에 매달아 죽이는 죄를 범하고 말았습니다.

겟세마네 동산에서 피와 땀을 흘리며 고뇌하신 주님을 보십시오. 무엇이 주님을 그곳으로 가게 했습니까? 그것은 바로 우리의 죄입니다. 하나님이 그에게 마시게 했던 잔을 보십시오. 그 잔 속에는 바로 당신의 죄와 허물 그리고 거짓말한 것과 간음한 모든 죄들이 담겨 있습니다.

그의 등은 잔혹한 채찍에 맞아 패였고 그의 옆구리는 무자비하게 찢겼습니다. 우리는 그에게 침을 뱉었고 뺨을 때렸습니다. 갈보리로 이끌려 가는 주님을 따라가 보십시오. 움푹 들어간 눈과 불룩 튀어나온 가슴팍은 "하나님이 죄를 알지도 못하신 이를 우리를 대신하여 죄로 삼으신 것은 우리로 하여금 그 안에서 하나님의 의가 되게 하려 하심이라"(고후 5:21)라는 말씀을 생각나게 합니다.

또한 우리의 혼을 꿰뚫는 주님의 부르짖음을 들어보십시오. "나의 하나님, 나의 하나님, 어찌하여 나를 버리셨나이까?"

당신은 마지막으로 남기신 "다 이루었다."라는 말씀이 무엇을 의미하는지 아십니까? 우리 모두는 그곳에서 죄가 무엇인지 볼 수 있습니다. 만일 그곳에서 죄가 무엇인지 찾지 못한다면 율법으로도 죄를 깨달을 수 없습니다. 믿는 자에 관한 한 율법의 역할은 끝났습니다. 왜냐하면 율법도 감히 따를 수 없을 만큼 완전하게 죄를 밝혀내는 다른 무엇이 율법을 대신하게 되었기 때문입니다.

보십시오. 주님은 죄가 없으신 분입니다. 그가 바로 세상을 창조하셨습니다. "세상이 있기 전에 내가 있었다."라고 말씀하셨으며, "태초부터 하나님과 함께 있었다."라고 하셨습니다.

그러나 우리의 죄 때문에 그가 어떻게 되었나 보십시오. 거기서 죄의 적나라한 모습을 발견하게 됩니다. 우리는 십자가에서 우리의 죄를 볼 뿐만 아니라 우리의 구속을 바라봅니다. 십자가상에서 율법의 저주는 끝나 버렸고 그 사명은 다 성취되었습니다.

오늘날까지도 율법에 매달려 있는 사람이 있다면, 이는 그 사람이 아직도 십자가의 밝은 구원의 빛을 발견하지 못했기 때문입니다. 만일 갈보리 동산의 십자가가 사람의 죄를 깨닫게 하지 못한다면 율법도 아무 소용없습니다. 누구든지 십자가 앞에서 하나님의 아들에게 저질러 놓은 자기의 무서운 죄를 발견하지 못하는 사람은 율법으로도 깨달을 수 없습니다. 십자가를 내세우지 않고는 아무리 율법을 외쳐 설교해도 한 영혼도 구원할 수 없습니다.

예수님은 "율법이 그들에게 영생을 주노니"라고 말씀하지 않으시고 "내가 그들에게 영생을 주노니 영원히 멸망하지 아니할 것이요"라고 하셨으며, 바울은 "모세의 율법 외에 결코 자랑할 것이 없으니"라고 말하지 않고 "우리 주 예수 그리스도의 십자가 외에 결코 자랑할 것이 없으니"라고 말했습니다.

율법을 설교하면 두려움과 떨림을 가져와서 교회는 교인들의 떨림으로 가득 찰 뿐이지만, 십자가의 도를 설교하면 구원에 이르게 하는 하나님의 능력으로 넘치게 됩니다.

당신이 자신의 행위와 의로움으로 구원받고자 한다면, 하나님이 죄인에게 행하라고 하신 것의 영구적인 표시인 율법으로 가 보셔도 좋습니다.

그러나 진정으로 구원받기 원한다면, 당신 자신의 무익한 노력으로부터 발걸음을 돌려 십자가에서 다 이루어 놓으신 그리스도의 구속 사업으로 돌아오십시오. 율법은 당신이 죄인임을 알려 줄 수는 있지만, 당신의 죄를 없게 하지는 못합니다. 그것은 은혜가 하는 일입니다. 바로 거기에 구원의 길이 있습니다.

제4장
죄를 드러내는 율법

　믿는 자가 율법 아래 있는가? 이 문제는 바울 당시에 이미 격렬한 논쟁을 일으켰습니다. 여기에 대해서 성경은 분명하게 대답하는데도 불구하고 성실하고 열심 있는 수많은 그리스도인들도 이를 잘못 이해하고 있습니다. 심지어 어떤 사람은 "네, 그렇습니다. 우리는 구원받기 위해 율법 아래 있습니다. 구원을 받으려면 율법을 잘 지켜야 하지요."라고 말합니다. 그러나 성경은 이렇게 말합니다.

　"사람이 의롭게 되는 것은 율법의 행위로 말미암음이 아니요 오직 예수 그리스도를 믿음으로 말미암는 줄 알므로 우리도 그리스도 예수를 믿나니 이는 우리가 율법의 행위로써가 아니고 그리스도를 믿음으로써 의롭다 함을 얻으려 함이라 율법의 행위로써는 의롭다 함을 얻을 육체가 없느니라"(갈 2:16).

또 어떤 사람은 은혜로 구원받기는 하지만 율법을 잘 지킴으로써 우리의 구원이 유지되는 것이라고 말하기도 합니다. 그러나 성경을 보십시오.

"……누구든지 율법 책에 기록된 대로 모든 일을 항상 행하지 아니하는 자는 저주 아래에 있는 자라 하였음이라"(갈 3:10).

만일 우리의 구원이 율법으로 보존되는 것이라면, 우리의 율법적인 행위는 가장 완전하게 그리고 한 번도 실수하는 일 없이 계속되어야 하는데, 이에 따라 필연적으로 일어나지 않을 수 없는 질문에 대해서 앞으로 계속 생각해 보기로 하겠습니다.

그 질문은 다름이 아니라 "율법의 선함이 무엇인가? 왜 율법을 주셨는가? 율법이 사람을 구원하지 못하고 또 믿는 자를 보존하거나 사람을 더 선하게 하지 못할 뿐 아니라 오직 사람을 정죄할 뿐이라면, 율법의 목적은 무엇인가?" 하는 것입니다. 이것은 곧 여러 번 말씀드린 대로 바울이 미리 알고 기록한 질문과 같습니다.

"그런즉 율법은 무엇이냐……"(갈 3:19).

그 대답은 "범법하므로 더하여진 것이라."라고 했습니다. 다시 말하면, 율법은 죄를 하나님께 대한 범법이라고 들춰내기 위해서 그 무엇에 더하여진 것이란 뜻입니다. 율법이 있기 전에도 죄는 세상에 있었습니다. 그러나 율법이 없었으므로 율법을 어긴 것(범법)이라고는 할 수 없었습니다. 이에 대해 바울은 로마서에 분명히 기록했습니다.

"아브라함이나 그 후손에게 세상의 상속자가 되리라고 하신 언약은 율법으로 말미암은 것이 아니요 오직 믿음의 의로 말미암은 것이니라 만일 율법에 속한 자들이 상속자이면 믿음은 헛것이 되고 약속은 파기되었느니라 율법은 진노를 이루게 하나니 율법이 없는 곳에는 범법도 없느니라"(롬 4:13-15).

"율법이 없는 곳에는 범법도 없느니라."라고 하신 이 말씀에는 조금도 애매한 데가 없습니다. 거듭 말씀드립니다만, 율법이 있기 전에도 죄는 세상에 있었으며 그 죄의 값은 사망이었습니다. 이에 대해서 바울은 분명히 밝혔습니다.

"그러므로 한 사람으로 말미암아 죄가 세상에 들어오고 죄로 말미암아 사망이 들어왔나니 이와 같이 모든 사람이 죄를 지었으므로 사망이 모든 사람에게 이르렀느니라 죄가 율법 있기 전에도 세상에 있었으나 율법이 없었을 때에는 죄를 죄로 여기지 아니하였느니라"(롬 5:12-13).

죄의 본질이 진정 무엇인지 알게 하기 위해 하나님은 사람들에게 율법을 주셨습니다. 히브리 말로 '죄'는 세 가지로 표현되는데 가장 흔한 것은 하타(hattah)로서 그 문자적인 뜻은 '과녁을 벗어나다.'입니다. 하나님은 한 과녁을 설정해 놓으시고 사람으로 쏘아 맞추게 하셨습니다. 만일 잘못 쏘아 그 과녁을 벗어나면 모든 것이 다 틀려 버리는 것입니다.

그런데 인간은 바로 그 과녁을 잘못 맞추었습니다. 하나님이 설정해 놓으신 과녁이 곧 율법입니다. 율법은 하나님의 완전한 뜻을 가장 잘 표현한 것입니다. 그러므로 그 목표의 중심을 맞추지 못한다면 소용없는 것입니다. 털끝만치도 어긋나서는 안 됩니다. 하나님이 마련해 놓으신 과녁, 즉 율법은 너무도 차원이 높은 것이기 때문에 죄 있는 인간은 도저히 그대로 살 수 없습니다. 과녁은 명중시키지 않으면 안 되는 것입니다. 비슷하게 맞는 정도로는 안 됩니다.

"……기록된 바 누구든지 율법 책에 기록된 대로 모든 일을 항상 행하지 아니하는 자는 저주 아래에 있는 자라 하였음이라"(갈 3:10).

이 요구는 절대적입니다. 완전한 복종, 즉 계속적인 순종을 요구하는 것이 율법입니다. 여기에 대해서 야고보는 이렇게 말했습니다.

"누구든지 온 율법을 지키다가 그 하나를 범하면 모두 범한 자가 되나니" (약 2:10).

율법은 하나로 묶여 있습니다. 마치 쇠사슬에는 여러 고리가 있지만 서로 연결되어 한 개의 쇠사슬로 되어 있기 때문에 그중 한 개의 고리만 파괴되어도 끊어져 버리는 경우와 같습니다. 율법을 '거의 완전하게' 지키는 것으로 충분하다고 생각하지 마십시오. 모든 계명을 다 지키다 한 계명만 빠뜨려도 안 되고, 전 생애를 바쳐 율법을 지켜 오다가 한순간의 실수로 이를 범해도 곧 저주를 받게 되는 것입니다. 율법은 완전한 명중을 요하는 과녁의 중심과 같습니다. 따라서 죄란 하나님의 이러한 완전한 요구에 '이르지 못하는 것'을 의미합니다.

'죄'라는 말의 두 번째 히브리어 단어로는 아본(*avon*)이 있는데 그 뜻은 '결함' 또는 '반칙'입니다. 그것은 곧은 선으로부터의 탈선을 뜻하며 구부러졌다는 의미를 나타냅니다.

율법은 우리에게 완전히 곧은 선 위를 걷기를 요구합니다. 한 발자국이라도 잘못 디디면 곧 죄인이 되는 것입니다. 하나님의 곧은 선, 즉 율법에서 조금이라도 벗어나면 심판을 받게 됩니다.

법을 어김

'죄'라는 말의 세 번째 히브리어 단어로는 페샤(*pesha*)라는 단어가 있는데, 그 뜻은 '법을 어김', 즉 금지된 땅에 침범해 들어간다는 것입니다. 다시 말하면 경계선을 넘어선다는 말입니다. 율법은 거룩함과 완전함이라는 경계선을 쳐 놓고 있습니다. 그리고 그것은 마치 길가에 '군사 보호 구역, 접근을 금함'이라고 표시해 놓고 사람들이 들어오지 못하게 하는 것과 같습니다.

그런데 만일 울타리나 알아보기 쉬운 선이 그어져 있지 않다면 사람들은 이를 침범하고도 깨닫지 못할 것입니다. 이와 마찬가지로 율법이 있기 전에도 죄는 죄대로 있었으나, 그 한계선이 명확히 그어져 있지 않았기 때문에 사람들은 죄를 지은 것인지 아닌지 분간하지 못했습니다.

그러자 하나님은 이스라엘에게 십계명이라는 율법을 주심으로써 분명한 울타리를 쳐 놓으셨습니다. 그 율법은 분명한 한계가 있었으므로 이것을 넘어서는 것을 죄라고 규정하게 된 것입니다. 율법이 있기 전에도 죄는 있었지만 율법을 어긴 것은 아니었다는 것입니다.

지금까지 우리는 죄와 율법의 관계를 자세히 생각해 봤습니다. 왜냐하면 어떤 율법주의자들은 다음의 성경 구절을 인용하여 계속해서 공격하려 하기 때문입니다.

"……죄는 불법(법을 어김)이라"(요일 3:4).

언뜻 보기에 이 성경 구절은 모든 죄는 율법을 어기는 것 그 자체라고 하는 듯이 보입니다. 그러나 율법을 어김, 즉 율법에 대한 적극적인 불순종은 죄의 한 가지 형태에 지나지 않습니다. 죄의 소극적인 한 형태가 있는데, 그것은 율법의 요구에 '이르지 못함'을 말합니다.

'태만'의 죄도 '범함'의 죄와 마찬가지로 죄입니다. '선한 일을 하지 못한 것도 악한 일을 한 것과 마찬가지로 죄가 된다.'라는 말입니다. 그러므로 요한일서 3장 4절에는 "죄는 불법(법을 어김)이라."라는 말씀만 있는 것이 아니라 같은 절에 이런 말씀도 있는 것입니다.

"죄를 짓는 자마다 불법을 행하나니……"(요일 3:4).

율법을 범하는 것만이 죄는 아닙니다. 율법이 있기 전에도 죄는 여전히 죄였습니다. 그러니까 율법이 주어졌을 때 비로소 죄가 불법이 된 것뿐이고, 죄는 불법 이상의 것임을 기억해야 합니다. 불법이라는 것은 죄의 법률 용어에 지나지 않습니다. 그러나 죄 자체는 법률상의 문제와 상관없이 언제나 도덕적으로 잘못된 것이었습니다. 이것을 바로 율법이 문제 삼게 되었습니다.

거듭 말씀드리는 것은 도덕적인 잘못이 반드시 어떤 율법을 어긴 것이라고 말할 수는 없다는 사실입니다.

노예 제도

예를 하나 들겠습니다. 약 100년 전만 해도 미국에서 노예를 소유하거나 사고파는 것은 극히 합법적인 일이었습니다. 노예를 소유한 사람은 자기 마음대로 노예를 부려 먹을 수 있고 마음에 안 들면 시장에 내다 팔 수도 있었습니다. 미국의 어느 법률 책도 이것을 불법이라고 하지 않았습니다.

그러나 노예 해방이 선포되고 이를 위반하는 자에 대한 적절한 처벌이 규정된 법률이 공포되자, 그 후부터 노예 제도는 법으로 금지되었습니다. 노예 제도 자체는 언제나 잘못된 일이었습니다. 그러나 법에는 어긋나는 일이 아니었던 시대도 있었습니다. 다시 말하면, 노예 제도가 불법이라고 규정되기 전에도 그 자체는 잘못된 것이었다는 말입니다. 도덕적으로 볼 때 그것은 언제나 그릇된 것이었습니다. 금지하는 법률이 생겼을 때 그 제도가 그릇된 것으로 바뀐 것이 아니라, 본래부터 그릇된 제도였는데 그때 비로소 불법으로 드러난 것뿐입니다.

다른 예를 하나 더 들어 보겠습니다. 제1차 세계 대전 전 미국에서는 술을 사고파는 일이 법에 어긋나는 일이 아니었는데, 전쟁 후에 주류 판매 금지령이 내려져 위스키나 맥주 그 밖의 술을 제조하거나 매매하는 것이 불법이 되었고 벌금 또는 구류에 처해지게 되었습니다. 그 후 미국으로서는 영원히 수치스런 일이 되고 말았습니다만, 그 수정 헌법 제18조는 폐지되고 주류 제조 판매는 또다시 합법화되었습니다.

이렇게 해서 술을 금하는 법은 없어지고 말았습니다. 그 법령이 통과되거나 폐지되거나 하는 문제는, 주류 제조 판매 자체의 옳고 그름에 대해서 조금도 영향을 줄 수 없습니다. 금지령이 내려 있는 동안 그것은 부도덕한 것인 동시에 불법(법을 어김)이었습니다. 그러나 오늘날 주류 제조 판매가 합법화되었다고 해서 그것이 부도덕한 것이 아니라고 말할 수는 없습니다. 그것을 금지하던 시대와 마찬가지로 그 결과에 있어서는 그릇된 일입니다. 본래부터 잘못되어 있는 것을 법률이 아무리 합법화한다 할지라도 그 도덕적인 성격까지도 변경시키지는 못합니다.

몇 해 전만 해도 어린이의 노동을 금하는 법은 없었습니다. 물론 도덕적으로는 잘못된 일이지만 법이 없으니 불법이라고 말할 수는 없었습니다. 그러나 법률이 생겼을 때, 도덕으로만 잘못이라고 해 오던 것이 법률적으로도 판단을 받게 되었습니다.

이처럼 불법의 뜻을 여러 모양으로 자세히 생각해 봄으로써 도덕은 법률로 정할 수 없는 것임을 알았으며, 인간의 마음 바탕은 법률이나 규칙 같은 것으로 변화시킬 수 없다는 것도 분명히 알게 되었습니다.

법률은 사람의 마음을 변화시키지 못한다

법률은 죄를 억제할 수는 있으나 죄를 짓고자 하는 마음을 없애지는 못합니다. 법을 어겼을 때 가해지는 처벌이 엄해지면 그로 인해 약간 억제되며 감소하기는 하지만 죄를 짓고 싶은 욕망 자체를 없애지는 못합니다. 만일 감금당하거나 고소당하는 일이 없다면 사람들은 예사로 법을 어길 것입니다. 주류 판매 금지령은 술을 만들고 파는 일을 금지할 수는 있을지 모르나, 술에 대한 사람의 욕구를 없애거나 변화시킬 수는 없습니다.

오히려 숨어서 행함으로 법의 처벌을 피하려는 노력을 일으킬 뿐입니다. 법이 강력한 처벌을 가함으로써 주류 판매 금지를 강조했을 때 약간의 실효를 거두는 것처럼 보였지만 술에 대한 갈증을 없애지는 못했으므로, 인간의 그릇된 욕망에 종지부를 찍어 주지 못했고 오히려 밀조주 전성시대를 이루게 하여 뒷골목의 극악한 폭력배를 길러 냈을 뿐이었습니다.

마음의 변화가 선결 문제

이러한 모든 일은 법이 선하지 못하거나 옳지 못해서가 아닙니다. 우리가 살고 있는 이 세상에는 범죄를 막기 위해 억제하고 구속하는 법이 꼭 필요합니다. 그러나 법 이상으로 사람의 마음을 변화시킬 수 있는 무엇이 있어야 합니다. 그것은 법으로는 되지 않기 때문입니다.

죄성이 가득한 인간의 마음을 개선하는 일에서 법이 할 수 있는 것은 아무것도 없습니다. 법의 궁극적인 목적은 법이 선을 만들어 내지 못한다는 것을 증명하는 데에 있습니다. 우리는 사람으로 하여금 이웃을 사랑하고 하나님을 기쁘시게 할 만한 어떠한 법도 만들어 낼 수 없습니다. 사도 바울도 로마서에서 다음과 같이 요약해 말했습니다.

"율법이 육신으로 말미암아 연약하여 할 수 없는 그것을 하나님은 하시나니 곧 죄로 말미암아 자기 아들을 죄 있는 육신의 모양으로 보내어 육신에 죄를 정하사 육신을 따르지 않고 그 영을 따라 행하는 우리에게 율법의 요구가 이루어지게 하려 하심이니라"(롬 8:3-4).

'율법이⋯⋯할 수 없는 그것을'이라는 말은 율법을 지켜야 구원 얻는다고 말하는 사람에게는 놀라운 일이 아닐 수 없습니다. 만일 흠 없고 완전하게 그리고 일생 동안 쉼 없이 율법을 지켜 온 사람이 있다면, 그 사람은 자기의 완전함과 거룩함 그리고 율법의 준수에 구원의 근거가 있다고 주장할 것입니다. 그러나 그런 사람은 하나도 없습니다. 우리는 아담의 죄를 가지고 태어났으며 죽음의 선고 아래 놓여 있습니다. 다윗은 말했습니다.

"내가 죄악 중에서 출생하였음이여 어머니가 죄 중에서 나를 잉태하였나이다"(시 51:5).

솔로몬도 말했습니다.

"범죄하지 아니하는 사람이 없사오니⋯⋯"(왕상 8:46).

다윗은 시편 14편에서 이렇게 썼습니다.

"여호와께서 하늘에서 인생을 굽어살피사 지각이 있어 하나님을 찾는 자가 있는가 보려 하신즉"(시 14:2).

인생들을 내려다보신 하나님은 무엇을 발견하셨겠습니까?

"다 치우쳐 함께 더러운 자가 되고 선을 행하는 자가 없으니 하나도 없도다"(시 14:3).

하나님은 사람이 아무도 그의 선행으로 구원받을 수 없다고 말씀하셨으며, 율법을 지켜 구원을 얻을 사람은 하나도 없다고 말씀하셨습니다. 단지 유일한 희망이 있다면 그것은 은혜뿐입니다.

당신이 만일 구원받기 원한다면 무엇보다도 먼저 당신 자신이 전적으로 죄로 물들어 있다는 것과, 율법의 행위로는 하나님을 전혀 기쁘시게 할 수 없다는 것을 깨달으십시오. 그다음 자기 스스로 구원해 보려는 노력을 완전히 포기하고 하나님의 자비와 은혜에 당신 자신을 맡겨 버리십시오.

만세 반석 열리니 내가 들어갑니다.
창에 허리 상하여 물과 피를 흘린 것,
내게 효험 되어서 정결하게 하소서.
내가 공을 세우나 은혜 갚지 못하네.
쉼이 없이 힘쓰고 눈물 근심 많으나
구속 못할 죄인을 예수 홀로 속하네.

바로 여기에 당신의 희망이 있습니다. 자신을 완전히 버리고 이렇게 고백하십시오.

빈손 들고 앞에 가 십자가를 붙드네.
의가 없는 자라도 도와주심 바라고
생명 샘에 나가니 나를 씻어 주소서.
찬송가 494장

제4장 죄를 드러내는 율법

제5장

율법에서 건져 냄

"그런즉 율법은 무엇이냐 범법하므로 더하여진 것이라……약속하신 자손이 오시기까지 있을 것이라"(갈 3:19).

지금으로부터 약 3,500년 전에 하나님은 시내산에서 이스라엘에게 율법을 새긴 두 개의 돌판을 주셨는데, 그때부터 오늘날까지 그 율법을 완전하게 지킨 사람은 한 사람도 없습니다. 그 율법에는 하나님의 거룩하신 뜻이 흠 없이 표현되어 있기 때문에 죄 있는 인간은 지킬 수가 없었던 것입니다. 하나님이 이스라엘에게 율법을 주신 다음 1,500년이 지나도록 이 율법에 완전히 복종했다고 주장한 사람은 한 사람도 없었습니다. 이것은 곧 모든 사람이 다 범법자라는 것을 의미합니다. 왜냐하면 단 한 가지 죄만 범했어도 율법의 저주 아래 있게 되기 때문입니다.

"무릇 율법 행위에 속한 자들은 저주 아래에 있나니 기록된 바 누구든지 율법 책에 기록된 대로 모든 일을 항상 행하지 아니하는 자는 저주 아래에 있는 자라 하였음이라"(갈 3:10).

이 말씀은 일반적으로나 개인적으로나 누구에게든지 적용되는 말씀입니다. 왜냐하면 이 세상에서 가장 선하다고 하는 사람일지라도 이 율법의 요구에는 이르지 못하기 때문입니다. 부패한 마음을 가지고 태어난 죄인인 인간이, 하나님의 완전하고 거룩한 율법을 순종함으로써 하나님을 기쁘시게 한다는 것은 도저히 불가능한 일입니다. 거듭거듭 성경은 율법의 행위로 의롭다 함을 얻을 육체가 없다고 말합니다.

"……만일 능히 살게 하는 율법을 주셨더라면 의가 반드시 율법으로 말미암았으리라 그러나 성경이 모든 것을 죄 아래에 가두었으니……"(갈 3:21-22).

이 말씀을 한번 깊이 생각해 봅시다. 만일 죄인인 인간이 하나님의 율법을 완전히 순종하는 생활을 해서 하나님 보시기에 합당하다고 인정되는 것이 가능한 일이라면, 하나님의 은혜와 자비는 전혀 필요 없을 것입니다. 그리고 그리스도의 죽음도 헛된 것이 되고 말았을 것입니다. 그러므로 바울은 이렇게 말했습니다.

"내가 하나님의 은혜를 폐하지 아니하노니 만일 의롭게 되는 것이 율법으로 말미암으면 그리스도께서 헛되이 죽으셨느니라"(갈 2:21).

사람이 율법을 지켜 의롭게 되는 것이 가능한 일이라면, 하나님이 그의 아들을 세상에 보내셔서 십자가에서 죽게 하신 것은 큰 잘못이 아닐 수 없습니다. 다시 말씀드립니다만, 사람이 자신의 공적이나 행위 그리고 하나님의 율법을 지키는 것으로 구원받을 수 있다면, 하나님의 아들이 그들을 구원하기 위해 희생당할 필요가 전혀 없습니다.

"······만일 의롭게 되는 것이 율법으로 말미암으면 그리스도께서 헛되이 죽으셨느니라"(갈 2:21).

그렇다면 십자가 위에서의 그리스도의 죽음은, 전적으로 필요 없고 아무 쓸데도 없는 것입니다. 그러므로 다음과 같은 의문이 일어나지 않을 수 없습니다. 즉 아무도 그 율법을 지킬 수 없다는 것을 알고 계셨다면 왜 하나님은 그 율법을 인간에게 주셨는가? 율법이 죄인을 구원하지 못한다고 하면 율법을 모독하는 것이 아니겠는가? 죄인을 구원하는 데 있어서 율법이 할 수 있는 일이 아무것도 없다면 하나님의 거룩한 율법 그 자체에 어떤 잘못이 있는 것이 아닌가?

그러나 보십시오. 율법에는 그릇된 점이 없습니다. 문제는 죄인 자신에게 있는 것입니다. 율법의 표준은 완전과 거룩에 있다는 것을 잊어서는 안 됩니다. 바울은 로마서 7장에서 이렇게 말했습니다.

"이로 보건대 율법은 거룩하고 계명도 거룩하고 의로우며 선하도다"(롬 7:12).

율법은 거룩합니다. 그러므로 거룩하지 못한 죄인들은 이를 지킬 수 없습니다. 또한 율법은 의롭기 때문에 이를 지키지 못하는 의롭지 못한 죄인들을 정죄할 수밖에 없습니다. 그리고 율법은 선합니다. 그러므로 율법은 악한 자를 정죄하며 죄의 근성을 가지고 태어난 인간을 죽이는 것입니다. 율법은 죄를 죄로 드러나게 하기 위해서 주어진 것이지 결코 사람의 죄를 없애는 수단으로 주신 것이 아닙니다. 율법은 우리로 죄를 알게 하는 것이지 죄를 없애게 하는 것이 아닙니다.

무디(D. L. Moody)는 하나님의 율법을 자기의 모습을 그대로 들여다볼 수 있는 거울에 비교했습니다. 만일 거울이 없다면 사람들은 자기의 모습을 알 수 없을 것입니다. 아무도 자기 눈으로 자기 얼굴을 보지는 못합니다. 왜냐하면 사람의 눈은 얼굴에 움푹 들어가 있기 때문에 앞과 일부 측면은 볼 수 있어도 뒤를 볼 수 없기 때문입니다. 자기의 얼굴을 직접 본 사람은 아무도 없습니다.

거울이나 사진을 통해서 당신의 얼굴 생김새는 알 수 있어도, 그것이 곧 당신의 얼굴은 아닙니다. 그런데 깨끗하고 좋은 거울은 당신 모습을 그대로 반영해 줍니다. 거울이 없다면 사람들은 아마 자기의 얼굴의 더러운 부분을 발견하지 못할 것입니다. 그러나 거울을 들여다보면 얼굴에 더러운 것이 묻어 있다는 것을 발견하게 됩니다.

하나님이 그의 거룩한 율법을 주시기 전에는, 사람들은 하나님 앞에서의 진정한 자기 모습을 볼 수 없었습니다. 양심이 있기 때문에 무엇인가 잘못되어 있다는 것은 알지만, 자신이 얼마나 죄가 많으며 더러운 존재인지는 옳게 판단하지 못했습니다. 다시 말하면, 죄를 죄로 인식하지 못했다는 말입니다. 그래서 시내산에서 율법을 받을 당시에도 그들은 "여호와께서 명령하신 대로 우리가 다 행하리이다."라고 장담했던 것입니다.

얼마나 어리석고 미련한 자들입니까? 그들은 자신들이 얼마나 타락했는지 전혀 알지 못했으며, 이제 곧 받게 될 율법을 지키기에 자신들이 얼마나 부족한지도 깨닫지 못했습니다. 그래서 하나님은 그들 자신의 모습 그대로를 보여 주기 위해 하나님의 완전한 표준이 되는 거룩한 율법을 주신 것입니다.

율법은 그들이 하나님 앞에 서기에 얼마나 부족한가를 보여 줍니다. 그러므로 율법은 그들이 얼마나 선했느냐, 얼마나 선해야 되느냐 또는 율법을 지켜 얼마나 선하게 될 수 있느냐를 가르쳐 주는 것이 아니라, 죄의 죄됨을 강조해 줄 뿐입니다.

사도 바울은 율법이 그에게 생명을 준 것이 아니라 죽음의 사자 역할을 해주었을 뿐임을 자신의 경험을 통해 알게 되었습니다. 바울은 예수님을 믿기 전에는 매우 철저한 율법주의자였습니다. 율법을 지키느냐, 안 지키느냐 하는 관점에서 볼 때 그는 흠이 없는 사람이었습니다. 그를 범법자라고 지적할 수 있는 사람은 아무도 없었습니다.

그러나 예수님을 만난 후, 그는 율법으로 흠이 없다고 주장했던 그의 의가 더러운 누더기와 같다는 것을 발견했습니다. 그래서 로마서 7장 10절에서 이렇게 간증합니다.

"생명에 이르게 할 그 계명이 내게 대하여 도리어 사망에 이르게 하는 것이 되었도다"(롬 7:10).

바울은 구원받으려고 그렇게 애써 지켜 온 율법이 그의 사형 집행자가 되었고 그에게 죽음을 선고했다는 것을 발견했습니다. 그에게 생명을 주는 대신 그를 '죽였다.'라는 것입니다.

"죄가 기회를 타서 계명으로 말미암아 나를 속이고 그것으로 나를 죽였는지라"(롬 7:11).

따라서 바울은, 하나님의 율법은 감히 사람이 지킬 수 없는 높은 수준에 있음을 깨닫게 된 것입니다.

"이로 보건대 율법은 거룩하고 계명도 거룩하고 의로우며 선하도다"(롬 7:12).

율법의 목적은 죄의 무서운 본성을 적나라하게 보여 주는 데 있었습니다. 죄를 일으키는 것이 아니라 죄의 참 본성을 드러낸 것입니다. 계속해서 바울은 로마서 7장에 이렇게 기록했습니다.

"그런즉 선한 것이 내게 사망이 되었느냐 그럴 수 없느니라 오직 죄가 죄로 드러나기 위하여 선한 그것으로 말미암아 나를 죽게 만들었으니 이는 계명으로 말미암아 죄로 심히 죄 되게 하려 함이라"(롬 7:13).

마지막 구절을 주의해 보십시오. '이는 계명으로 말미암아 죄로 심히 죄 되게 하려 함이라.' 율법이 있기 전에는 인간이 하나님의 완전한 뜻을 알 수 없었다고 주장했을지 모르나, 일단 율법이 온 다음에는 자기 의가 더 이상 존재할 수 없게 된 것입니다. 이 사실을 사도 바울은 로마서 5장 20절에서 이렇게 말했습니다.

"율법이 들어온 것은 범죄를 더하게 하려 함이라……"(롬 5:20).

그러므로 율법은 죄인의 적나라한 모습을 그대로 보여 주는 거울과 같은 역할을 합니다. 거울이 없으면 사람은 자기의 참모습을 볼 수 없습니다. 그러니 거울이 할 수 있는 일은 보여 주는 것 이외에 아무것도 없습니다. 거울은 얼굴의 더러운 것을 보여 주고 씻어야 할 필요성을 알려 주기는 하지만, 그 더러움을 씻어 주지는 못합니다. 거울을 가지고 얼굴을 문질러 보십시오. 오히려 더러운 것이 얼굴 전체에 묻게 될 것입니다.

이제는 거울이 아닌 물과 비누로 씻어야 합니다. 이와 마찬가지로 율법의 사명은, 인간의 참모습을 보여 주며 씻어야 할 필요성을 알려 줄 뿐이지 그 이상의 역할을 하는 것은 아닙니다. 이제 우리는 하나님의 은혜로 돌아서지 않으면 안 됩니다. 우리의 죄를 참으로 회개하고 고백하여 말씀의 물로 씻음을 받고 성령의 능력으로 거듭나야 합니다.

이미 여러 번 말씀드렸고 또 앞으로도 거듭 말씀드리겠습니다만, 율법은 구원의 능력이 있는 것이 아니라 구원의 필요성을 알려 줄 뿐입니다. 하나님이 이스라엘에게 율법을 주실 때까지도 그들은 죄가 얼마나 무서운 것인가를 알지 못했습니다. 그들은 자신들의 행위와 선행으로 하나님의 은총을 얻기에 합당하다고 생각했습니다. 그래서 하나님은 한 묶음의 조건들, 즉 일련의 규약들을 제시하시면서 그들의 행위로 은혜를 받기에 합당한지 지켜보라고 명하셨던 것입니다.

1,600년 동안 이스라엘은 이처럼 율법 아래 살아왔지만, 그동안 단 한 사람도 이 율법을 지켜서 구원 얻은 사람이 없었습니다. 구원 얻은 모든 사람은 예외 없이 하나님의 순수한 은혜로 말미암아, 하나님의 구속 사업을 믿음으로써 구원받은 것입니다.

하나님이 시내산에서 율법을 주실 때 계명들만 주신 것이 아니라 장막의 모형과 피 뿌려 제사하는 규례도 아울러 주셨습니다. 이 제사와 장막은 곧 오실 구속자를 가리킵니다. 만일 하나님이 피의 제사와 장막의 모형을 함께 주시지 않고 거룩한 율법만 내려주셨다면, 이스라엘 백성은 한 사람도 남김없이 멸망하고 말았을 것입니다.

시내산에서 갈보리로

자신의 행위로 구원받을 수 있다는 모든 소망을 완전히 포기하고 그리스도께로 돌아오는 사람에게, 그리스도께서는 율법의 마침이 되어 주십니다. 완전한 순종을 요구하는 율법은 구원의 조건이 될 수 없으며, 다만 자신의 부족을 자백하고 그 은혜를 받아들이는 것만이 의롭다 함을 얻게 하는 것입니다.

"그리스도는 모든 믿는 자에게 의를 이루기 위하여 율법의 마침이 되시니라"(롬 10:4).

보십시오. 믿는 자들에게 "그리스도는 의를 이루기 위하여 율법의 마침이 되신다."라고 했습니다. 율법이 더 이상 존재하지 않게 되었다는 말이 아니라, 그리스도를 믿는 자에게는 마치 율법을 완전히 지켜 의를 얻는 것으로 여겨 주어서 율법은 끝이 났다는 말입니다. 그 은혜로 구원받은 사람은, 더 이상 율법 아래 있지 않고 은혜 아래 있는 것입니다. 믿는 자는 율법의 위협이나 그 처벌을 받지 않습니다.

우리는 율법에 대하여 죽었나니(갈 2:19) 율법으로부터 자유하게 되었으며 율법에서 구원 얻은 것입니다.

율법에서 벗어났으니, 아, 기쁘다.
예수 죽으심은 속죄하기 위함이라.
율법으로 정죄받아 멸망받은 우리를
주님이 구원하심 단번에 이루었다.
단번에 이루었다, 죄인들아, 영접하라.
단번에 이루었다, 의심 말고 믿어라.
십자가를 바라보라, 너의 짐 벗겨진다.
주님이 구원하심 단번에 이루었다.

블리스(P. P Bliss)

그리스도의 죽으심과 부활로 율법의 시대는 지나갔습니다. "다 이루었다."라고 외치셨을 때, 그리스도께서는 거룩한 율법의 요구에 대해 그 값을 치르시고 믿는 우리에게 율법의 의를 나누어 주셨으며 우리 안에서 성취시켜 주셨습니다.

그러나 어떤 사람은 이렇게 질문할지도 모릅니다. 그렇다면 율법은 오늘날에도 죄의 본성을 보여 주기 위해서 필요한 것이 아니냐고 말입니다.

그렇다면 다시 묻겠습니다. 정말로 죄가 무엇이며 죄가 저질러 놓은 일을 보기 위해서 과연 율법으로 되돌아갈 필요가 있습니까? 확실히 말씀드릴 수 있는 것은 율법은 여전히 죄인을 정죄하기 위해 버티고 있다는 사실입니다.

그러나 우리는 죄의 참모습을 너무도 분명하게 보았습니다. 그것은 시내산에서가 아니라 갈보리산에서입니다. 율법이 우레와 같은 두려움을 가지고 우리에게 주어진 이래 1,600년이 지나는 동안 이를 완전히 지킨 단 한 사람, 예수 그리스도를 갈보리의 십자가에 못 박고 율법을 어긴 죄인 취급을 하여 죽였던 것입니다. 분명히 보십시오. 수 세기 동안 율법 아래 살아 왔던 그들도 하나님의 아들을 십자가에 못 박음으로써 죄 중의 죄를 범하지 않았습니까?

죄가 무엇인지 진정 알기 원한다면, 이제 나와 함께 시내산이 아니라 갈보리 동산으로 가 봅시다. 그곳에서 완전하시고 죄 없으신 하나님의 아들이 우리의 죄 때문에 수치와 고통을 당하시고 피 흘려 죽으시는 모습을 볼 수 있습니다. 그곳에서 우리는 죄의 참 본성을 발견하게 되며, 우리의 죄를 짊어지고 십자가에서 죽으신 그를 통해서 죄가 마땅히 당해야 할 일이 무엇인가를 볼 수 있을 것입니다.

만일 당신이 죄가 무엇인지 알기 원한다면 갈보리의 그 장소로 가십시오. 바로 당신의 죄가 당신의 구주를 십자가에서 어떻게 했는지를 보기 전에는, 당신은 결코 진정한 회개를 하지 못할 것입니다.

나는 매 주일 십계명을 외우는 교회에서 태어나 그 교회에서 자랐습니다. 그 계명은 나에게 정죄와 심판을 말해 주었을 뿐 내 마음을 변화시켜 주지는 못했습니다.

그러던 어느 날 내가 갈보리 동산에서 하나님의 은혜에 직면하게 되었을 때, 십자가상의 주님을 바라보는 순간 31년 동안 율법의 위협과 대결해 왔던 돌같이 굳어진 나의 마음이 스르르 녹고 말았습니다. 율법이 우레 치는 시내산의 그늘에서 오랫동안 살아오면서도 해결하지 못했던 것을 갈보리산에서 순식간에 해결하고 말았습니다.

이제 당신 자신의 노력을 그치십시오. 당신은 하나님의 모든 율법을 범한 죄인임을 자백하고, 당신 대신 갈보리에서 피 흘려 죽으신 그리스도의 은혜와 자비로 돌아서십시오. 그리고 놀라운 평화를 찾으십시오.

나무에 달려 고통 속에서 피 흘리신
그를 내가 봅니다.
내가 십자가에 가까이 섰을 때,
주님은 그 사랑스런 눈길을
내게로 향하셨습니다.

존 뉴턴(John Newton)

제6장

율법의 능력

그리스도 안에 있는 신자는 율법 아래 있는가? 아니면 은혜 아래 있는가? 이 질문은 앞 장에서 계속 다루었던 문제입니다. 이에 대한 여러 가지 견해는 사도 시대 이래로 계속 논쟁되어 왔습니다. 이 문제에 대해서 성경은 계속 분명하게 대답하는데도 불구하고 여전히 다른 해석이 나오고 있습니다. 이 문제에 대한 그릇된 생각은 일반적으로 세 가지로 구분할 수 있습니다.

첫 번째는 율법주의(legalism)가 있습니다. 이 율법주의가 주장하는 바는 문자 그대로 우리가 구원받기 위해서는 올바른 행위를 하고 율법을 지키고 계명을 준수해야 한다는 것입니다. 이러한 과오는 이미 사도 시대에도 있었습니다.

그러므로 성령은 바울을 감동시켜 영혼을 죽이는 이러한 그릇된 생각을 바로잡기 위해서 편지를 쓰게 했습니다. 이 편지가 바로 로마서입니다. 이

로마서 전체가 말하는 바는 우리가 구원받는 것은 율법의 행위와는 상관없이 은혜로 된다는 내용입니다. 바울은 이 논쟁을 우리가 잘 아는 다음 성구로 결론짓고 있습니다.

"그러므로 사람이 의롭다 하심을 얻는 것은 율법의 행위에 있지 않고 믿음으로 되는 줄 우리가 인정하노라"(롬 3:28).

그다음 두 번째로 지적할 수 있는 과오는 반율법주의(antinomianism)가 있는데, 먼저 말한 율법주의와는 정반대되는 주장입니다. 이 반율법주의는 '반대하여', '대신에'를 뜻하는 안티(*anti*)와 '법'을 의미하는 노모스(*nomos*)가 합쳐진 말로, 문자적으로 말해서 '반율법'(反律法)이란 뜻입니다.

이는 우리가 은혜로 구원받기 때문에 어떻게 살아가든 어떤 행동을 하든 상관이 없다는 것입니다. 이것 역시 영혼을 죽이는 그릇된 주장입니다. 이러한 반율법주의를 반박하기 위해 역시 성령은 신약성경 중의 한 책을 쓰게 했습니다.

그것이 바로 야고보서입니다. 야고보서는 우리가 그리스도의 공로로 율법에서 구함을 받았으나 율법 없이 그저 내버려지거나 율법 없는 자가 된 것이 아니라 새로운 법, 즉 생명의 법 아래 있게 되었음을 설명해 줍니다.

이것을 자유의 법이라고 합니다. 은혜로 구원받은 것을 감사하는 사랑의 법입니다. 이 법은 행위 자체가 구원을 얻거나 이를 유지하는 데 어떤 역할을 하는 것은 아니지만 우리가 구원 얻은 결과로 나타나는 것이라고 가르칩니다. 야고보는 이 사실을 많은 사람들이 잘못 이해하고 있는 다음 구절로 요약합니다.

"이로 보건대 사람이 행함으로 의롭다 하심을 받고 믿음으로만은 아니니라"(약 2:24).

언뜻 보기에 이 말씀은, 바울이 말한 "그러므로 율법의 행위로 그의 앞에 의롭다 하심을 얻을 육체가 없나니 율법으로는 죄를 깨달음이니라"(롬 3:20)라는 말과 모순되는 듯이 보입니다. 그렇다면 '행위가 아닌 은혜로 의롭다 함을 입는다.'라는 바울의 가르침과 '행위로 의롭다 함을 입는다.'라는 야고보의 가르침을 어떻게 조화시킬 수 있습니까? 진정 이 말씀들은 서로 모순됩니까? 이 말씀을 다른 성경 말씀처럼 잘 이해하기 위해서는 다음 두 가지 질문을 하지 않으면 안 될 것입니다.

첫째로, 그 말씀은 누구에게 하는 말씀인가? 둘째로, 그 말씀은 무엇에 관하여 말하고 있는가? 하는 것입니다. 이 법칙을 바울과 야고보의 가르침에 적용시켜 봅시다. 바울은 로마서에서 한 죄인이 하나님 보시기에 의로워지는 방법을 말하고 있는데, 이는 믿음으로만 된다는 것입니다. 이 성경 구절에서 주의해야 할 것은 '그의 앞에', 즉 '하나님 보시기에'라는 말입니다. 죄인이 어떻게 하나님 앞에서 의롭다 함을 얻겠습니까? 그 대답은 분명합니다. 믿음으로만 된다는 것입니다.

반면에 야고보는, 이렇게 하나님 앞에서 의롭다 함을 얻은 그리스도인이 어떻게 사람 앞에서 의롭다 함을 받겠느냐 하는 문제를 다룹니다. 이에 대한 해답도 역시 분명합니다. 그것은 행위로 됩니다. 하나님은 진정으로 회개하는 사람의 마음을 보십니다. 그리고 그를 의롭다고 선포하십니다. 그러나 사람들은 구원받은 사람의 행위를 보지 않고는 이를 인정하려 하지 않습니다.

그런고로 우리는 믿음으로 말미암아 하나님 앞에서 의롭다 하심을 얻고, 우리의 행위로 말미암아 사람 앞에서 의롭다 함을 얻게 되는 것입니다. 믿음은 그 '뿌리'이며 행위는 그 '열매'입니다.

바울이나 야고보는 다 같이 아브라함의 생활을 예로 들어 믿음으로 또는 행위로 의롭다 함을 얻는다고 했습니다.

바울은 야고보와는 전혀 다른 각도의 일에 우리의 주의를 끌고 있습니다. 즉 아브라함은 하나님이 아들을 약속하신 사실을 믿었을 때 하나님 앞에서 의롭다 함을 얻었다는 것입니다.

"······아브라함이 하나님을 믿으매 그것이 그에게 의로 여겨진 바 되었느니라"(롬 4:3).

이것은 행위가 아닌 믿음이었습니다. 그러나 야고보는 아브라함의 이야기를 행위로 말미암아 의로워졌다는 예로 삼는데, 여러 해가 지난 다음 아브라함의 생활에 나타난 경험을 우리에게 보여 줍니다. 즉 하나님께 순종하여 이삭을 제물로 드린 이야기를 인용했습니다. 거기에 나타난 아브라함의 행위는 바로 그의 믿음을 겉으로 드러낸 결과입니다. 이 일로 인해 그가 하나님을 믿는다는 사실을 사람에게 증거하게 된 것입니다. 그러므로 야고보는 이렇게 말합니다.

"우리 조상 아브라함이 그 아들 이삭을 제단에 바칠 때에 행함으로 의롭다 하심을 받은 것이 아니냐"(약 2:21).

이 말씀 중 그 아들을 '바칠 때에'라는 말씀에 주의를 기울여 보십시오. 아브라함은 이미 30년 전 하나님을 믿은 그때에 하나님 앞에서 의롭다 함을 얻었으나, 이제 그가 그의 아들을 제단에 드림으로써 그의 믿음이 모든 사람에게 인정받게 되었다는 뜻입니다. 이것이 바로 반율법주의, 즉 은혜로 구원받았으니 행위는 아무래도 상관없다는 주장에 대해서 답변해 주는 말씀입니다. 이러한 반율법주의는 율법주의와 마찬가지로 역시 심각한 과오 중의 하나입니다.

바울 당시에 있었던 율법의 역할에 관한 세 번째 오류는, 율법주의와 반율법주의 외에 신학적인 용어로 갈라디아주의(Galatianism)라고 하는 것입니다. 이 명칭은 갈라디아에 있는 교회들에 가장 널리 퍼져 있던 사상이었기 때문에 붙여졌습니다.

여기서 주장하는 것은 행위가 아니라 은혜로 구원받기는 하지만, 구원받은 다음에는 율법에 절대 순종하여 이를 지키지 않으면 안 된다는 것입니다. 다시 말하면 '구원은 은혜로 받는 것이지만 행위로 그 구원이 보존된다.'라는 주장입니다. 이것도 역시 우리 영혼의 원수의 교묘한 속임수입니다.

율법에서 해방된 우리에게 다시 궁극적인 구원은 율법을 지키는 데에 있다고 속임으로써 우리를 율법에 얽매이게 하려는 것입니다. 이것은 결과적으로 은혜로 구원받는다는 하나님의 말씀을 부정하는 것에 불과합니다. 이처럼 '구원은 은혜로 받는 것이지만 행위로 그 구원이 보존된다.'라는 그릇된 교리를 반박하기 위해서, 성령은 사도 바울에게 한 편지를 쓰게 함으로써 우리의 구원이 부분적으로 율법의 행위와 관계있다는 그릇된 교리를 일축케 했습니다.

그 서신이 바로 갈라디아서입니다. 갈라디아의 그리스도인은 은혜로 구원 얻는다는 바울의 가르침을 믿었습니다. 그러나 거짓 교사들이 나타나 "아, 아니오. 바울의 가르침은 잘못된 것이오. 우리가 구원 얻는 것은 행위가 아니라 단순한 믿음으로 되는 것이 사실이지만, 구원받은 다음 그 구원은 당신들 자신의 행위에 의해 보존되는 것이오. 당신들이 최종 목적지에 도달하느냐 못하느냐는 율법에 완전히 순종하느냐 않느냐에 달려 있는 것이오."라고 주장했습니다. 그러나 갈라디아서 3장에서 바울은 예리하게 반박했습니다.

"어리석도다 갈라디아 사람들아 예수 그리스도께서 십자가에 못 박히신 것이 너희 눈앞에 밝히 보이거늘 누가 너희를 꾀더냐……너희가 이같이 어리석으냐 성령으로 시작하였다가 이제는 육체로 마치겠느냐"(갈 3:1, 3).

바울은 이렇게 외칩니다. "뭐라고요? 하나님이 여러분을 그의 은혜로 구원해 놓으시고, 그다음에는 그 구원의 선물을 여러분 자신의 행위로 유지하라고 하셨단 말입니까?" 구원을 자신의 행위로 유지하려고 애쓰고 잃어버릴까 봐 벌벌 떨고 있는 어리석은 사람들을 향해서 바울은 이렇게 말했습니다.

"무릇 율법 행위에 속한 자들은 저주 아래에 있나니 기록된 바 누구든지 율법 책에 기록된 대로 모든 일을 항상 행하지 아니하는 자는 저주 아래에 있는 자라 하였음이라"(갈 3:10).

하나님의 율법을 지키는 행위로 구원을 유지할 수 있다고 생각한다면, 다음 단어들에 특별히 주의하며 다시 한 번 갈라디아서 3장 10절을 읽어 보십시오. '누구든지' '모든 일을' '항상' 행하지 아니하는 자는 '저주 아래'에 있다고 분명히 말했습니다. 나도 역시 사도 바울이 질문한 대로 묻고 싶습니다. 당신은 왜 그처럼 어리석습니까? 성령으로(은혜로) 시작되었는데 이제 와서 당신은 율법의 행위로 완전하게 된다(보존된다)는 것입니까?

은혜의 진리

사도 시대 이래로 교회를 괴롭혀 온 세 가지 그릇된 교리를 살펴보았습니다만, 이제 우리를 율법의 저주에서 처음부터 마지막까지 구원해 주는 영광의 진리에 대해서 생각해 보기로 하겠습니다.

우리가 은혜로 구원받을 뿐 아니라 받은 구원을 보존하는 것도 우리의 노력이 아닌 은혜라고 설교하면, 많은 사람들이 이러한 교리는 아주 위험한 것이라고 비난하기도 합니다. 그 교리는 죄를 지어도 괜찮다고 용인하는 교리라는 것입니다. 그러나 이러한 비난은 결코 새삼스러운 것이 아닙니다. 사도 바울도 역시 같은 비난을 받았습니다.

바울이 "그러므로 사람이 의롭다 하심을 얻는 것은 율법의 행위에 있지 않고 믿음으로 되는 줄 우리가 인정하노라"(롬 3:28)라고 말한 다음, 이에 대해 반대 의견이 있을 것을 미리 예측하고 이렇게 말했습니다.

"그런즉 우리가 믿음으로 말미암아 율법을 파기하느냐 그럴 수 없느니라 도리어 율법을 굳게 세우느니라"(롬 3:31).

우리가 하나님의 율법을 완전히 지킬 수 있는 사람은 아무도 없다고 말한다고 해서, 율법의 가치를 떨어뜨릴 수 있습니까? 율법을 파기할 수 있습니까? 율법을 약화시키고 불완전한 것이라고 비난할 수 있습니까? 율법은 너무 높고 거룩하기 때문에 인간 스스로는 도저히 그 요구에 도달할 수 없다는 것이 율법을 깎아내리는 결과가 된다는 말입니까?

그럴 수 없다고 바울은 말했습니다. 그와 정반대로 도리어 "율법을 굳게 세운다."라고 했습니다. 죄 있는 인간은 감히 따를 수 없는 것이 율법이라고 찬양할 때 오히려 율법의 완전성과 거룩함 그리고 높은 표준을 드러낼 뿐입니다. 율법은 완전하기 때문에 불완전한 인간은 그 요구를 만족케 할 수 없습니다.

또한 율법은 의롭기 때문에 불의한 죄인을 정죄하고 처벌합니다. 그러므로 바울은 "도리어 율법을 굳게 세우느니라."라고 말했습니다. 즉 우리의 불완전성이 율법의 완전성을 드러낸다는 것입니다.

하나님의 은혜로 보존됨

바울은 자기의 구원 문제뿐 아니라 자신을 보존하는 문제까지도 전적으로 하나님의 은혜에 의존하고 있습니다. 그래서 그는 다음과 같이 말했습니다.

"……내가 믿는 자를 내가 알고 또한 내가 의탁한 것을 그날까지 그가 능히 지키실 줄을 확신함이라"(딤후 1:12).

"너희 안에서 착한 일을 시작하신 이가 그리스도 예수의 날까지 이루실 줄을 우리는 확신하노라"(빌 1:6).

처음부터 끝까지 모두 은혜이거나 그렇지 않으면 모두 은혜가 아니거나 둘 중에 하나일 수밖에 없습니다. 이제 이 메시지를 끝마치기 전에 필연적인 한 질문에 답하지 않으면 안 될 것입니다. 그렇다면 우리는 하나님의 율법을 지켜야 할 아무런 의무가 없다는 말입니까? 그렇습니다. 율법은 여전히 죄와 죄인을 정죄하기 위해서 존재하고 있기는 하나, 율법의 심판과 처벌에서 구원받은 참 그리스도인들은 이제 새로운 법 아래에서 살고 있는 것입니다.

그것은 자유와 사랑의 법입니다. 분명히 믿는 자는 하나님의 법에 순종하기를 즐겨합니다. 그러나 그 동기가 전혀 다릅니다. 구원을 받기 위해서 또는 심판을 면하기 위해서 율법을 지키는 것이 아니라, 하나님을 기쁘시게 해드리기 위해서이며 율법의 저주에서 속량해 주신 하나님께 감사드리기 위해서입니다. 사랑의 법이 죄와 사망의 법을 대신하게 된 것입니다.

여기서 한 가지 예를 들어 보겠습니다. 지금 내 책상 위에 바늘 한 개를 놓습니다. 그 바늘은 책상 위에 그대로 놓여 있는데 그것은 물체를 지구 중심으로 끌어당기는 인력의 법칙 때문입니다. 이 인력의 법칙이 작용하는 한 그 바늘은 계속 그대로 놓여 있을 것입니다.

그러나 다른 법칙을 가함으로써 그 인력의 법칙을 능가할 수 있습니다. 자석을 바늘 위로 가까이 가져가면 더 큰 힘이 그 바늘에 작용하는 인력의 법칙을 능가하고 그 바늘을 자석에 올라붙게 합니다. 인력의 법칙을 폐하거나 중지시킨 것이 아닙니다. 자석의 인력이 그 바늘에 작용하는 인력을 능가한 것뿐입니다. 아래에서 작용하는 인력은 여전히 있습니다.

이와 마찬가지로, 우리는 구원받을 때 더 이상 율법 아래 있지 않게 되었다며 율법을 멸시하는 것이 아니라 더 높은 사랑의 법 아래에 있게 되는 것입니다. 그리스도인은 하나님을 기쁘시게 해드리는 일에 더 열중해야 합니다. 그것은 저주받을 것이 두려워서가 아니라 하나님의 사랑 때문입니다.

"간음하지 말라, 살인하지 말라, 도둑질하지 말라, 탐내지 말라 한 것과 그 외에 다른 계명이 있을지라도 네 이웃을 네 자신과 같이 사랑하라 하신 그 말씀 가운데 다 들었느니라 사랑은 이웃에게 악을 행하지 아니하나니 그러므로 사랑은 율법의 완성이니라"(롬 13:9-10).

우리가 하나님을 사랑한다면 그에게 순종하려고 할 것입니다. 우리가 이웃을 사랑한다면 그 이웃에게 해롭게 하지 않을 것입니다. 사랑이 클수록 율법은 작아집니다. 그와 반대로 사랑이 작아지면 율법은 더 커집니다.

당신은 이제 무엇 때문에 하나님께 순종하고 그의 계명들을 지키려 하십니까? 멸망 받을까 두려워서입니까? 징계를 받을까 두려워서입니까? 또는 당신의 구원을 잃어버릴까 겁이 나기 때문입니까? 그렇지 않으면 "……온전한 사랑이 두려움을 내쫓나니……"(요일 4:18)라는 말씀대로 놀라운 구원에 대한 감사와 사랑 때문입니까?

스스로 묻고 대답해 보십시오. 내가 하나님을 기쁘시게 해드리려는 이유가 무엇입니까? 두려움 때문입니까 아니면 사랑 때문입니까?

제7장

율법의 제한성

"율법은 모세로 말미암아 주어진 것이요 은혜와 진리는 예수 그리스도로 말미암아 온 것이라"(요 1:17).

2,500년 이상이나 사람들은 율법 없이 살아왔습니다. 그러던 중 하나님은 시내산에서 모세를 통해 돌판에 새긴 십계명을 이스라엘에게 주셨습니다. 아담이나 노아, 아브라함, 이삭, 그리고 야곱 같은 사람들은 이 돌판에 새긴 율법에 대해서는 아무것도 알지 못하고 살았습니다. 그들은 다른 법 아래 있었는데 그것은 양심의 법이었습니다.

아담은 범죄하고 타락하자마자 이 양심의 법에 따라 가책을 느꼈습니다. 선악을 알게 하는 나무를 양심의 나무라고 불러도 좋을 것입니다. 아담이 타락하기 전에는 악을 몰랐는데 죄를 짓자마자 양심이 그를 책망했던 것입니다. 사탄은 하와를 유혹하면서 이런 말을 했습니다.

"너희가 그것을 먹는 날에는 너희 눈이 밝아져 하나님과 같이 되어 선악을 알 줄 하나님이 아심이니라"(창 3:5).

그런고로 타락 이후, 즉시 사람은 죄를 지으면 양심의 가책을 느끼게 되었으며, 그 양심 때문에 아담도 미친 듯이 벌거벗은 수치를 가리려 노력했고 하나님의 눈을 피하려 애썼던 것입니다. 그는 율법이나 십계명에 관해서는 아무것도 몰랐으나 잘못을 지적하는 어떤 음성을 마음속에서 들을 수 있었습니다.

그것이 바로 양심의 법이었습니다.

옳고 그름을 식별할 수 있는 이 양심의 소리는 모든 사람이 다 가지고 있습니다. 문명과는 상관없이 이 지구 상에 존재하는 족속 가운데, 도둑질이 그릇된 것이며 살인이나 거짓말 또는 간음이 나쁜 일이라는 것을 모르는 민족은 없습니다. 성문화된 어떤 법이 없을지라도 양심의 법은 사람의 이러한 잘못을 깨우쳐 줍니다.

그러므로 바울은 이렇게 말했습니다.

"율법 없는 이방인이 본성으로 율법의 일을 행할 때에는 이 사람은 율법이 없어도 자기가 자기에게 율법이 되나니"(롬 2:14).

이 율법은 무엇을 말하겠습니까? 그것은 그들을 심판하는 양심의 법인데, 바울은 율법 없는 이방인에게는 이것이 곧 율법이 된다고 했습니다. 바울은 또 이렇게 덧붙였습니다.

"이런 이들(율법에 대해서는 아무것도 알지 못하는 이방인들)은 그 양심이 증거가 되어 그 생각들이 서로 혹은 고발하며 혹은 변명하여 그 마음에 새긴 율법의 행위(정죄)를 나타내느니라"(롬 2:15).

이 말은 이방인이 마음속에 하나님의 율법을 가지고 있다는 말이 아닙니다. 율법의 행위, 즉 정죄하는 무엇을 가지고 있다는 뜻입니다. 양심이 곧 사람을 정죄합니다. 사람은 자기의 양심에 의해서 심판을 받게 됩니다. 시내산에서 성문화된 하나님의 율법을 받기 전 2,500년간이나 인간은 이 양심의 법 아래에 있었습니다. 바울은 율법이 주어진 것은 하나님이 아브라함과 언약을 세우신 후 430년이 지난 다음이라고 했습니다(갈 3:17).

그러나 이 양심의 법은 인간에게 별로 신뢰할 만한 것이 못 되었습니다. 왜냐하면 이 양심의 법은 인간 상호 간에 저지르는 도둑질이나 거짓말 또는 살인 같은, 다시 말하면 율법에서는 둘째 돌판에 새겨져 구체화된 부분만 알릴 뿐, 하나님께 향한 인간의 의무에 대해서는 아무것도 가르쳐 주지 않기 때문입니다.

첫째 돌판에 새겨져 구체화된 율법의 처음 네 계명들에 관해서는, 양심은 무감각 상태에 있습니다. 그러므로 율법을 받지 않은 사람이 어떻게 다른 신들을 섬기는 것이 잘못임을 알겠으며, 진정한 하나님을 모르는 것이 큰 죄임을 알겠습니까? 우상 숭배가 잘못임을 이를 금하는 법을 받기 전에 어떻게 알겠으며, 하나님의 말씀을 듣지 못한 이방인이 하나님의 이름을 망령되이 일컫는 것이 죄임을 어떻게 알겠습니까?

그들은 참 하나님의 이름조차도 알지 못했습니다. 이스라엘도 마찬가지로 시내산에서 안식일에 관한 계명을 듣기 전에는, 안식일을 범하는 것이 무엇인지 몰랐습니다. 이러한 것은 양심으로 깨달을 성질의 것이 아닙니다.

양심은 가변적이다

더욱이 양심은 개개인마다 차이가 있습니다. 같은 일이라도 어떤 사람에게는 용인이 되어도 어떤 사람에게는 죄가 되기도 합니다. 그리고 양심은 무디어지거나 마비되기도 하고 약해지거나 불완전해지기도 합니다. 그런데 하나님은 이방인을 이 양심의 법 아래에 있게 하셨기 때문에 그들은 이 법에 의해서 심판을 받게 됩니다. 그들은 알지도 못하는 것에 의해서가 아니라 그들이 알고 있는 것, 즉 양심에 의해서도 충분히 알 수 있는 것에 대해서 책임을 지게 됩니다. 그러나 양심만 가지고는 물론 어떤 개선이 있을 수 없습니다.

그래서 이스라엘이 출애굽 했을 때 하나님은 그들에게 계명의 율법과 규례와 제사와 교훈들 속에 포함된 새로운 계시를 주셔서, 사람이 양심을 가지고 살아왔지만 그것이 얼마나 부족한가를 보여 주셨으며, 죄가 얼마나 더럽고 무서운 것인가를 알려 주셨습니다. 이처럼 가변적이고 불완전한 인간의 양심이 하나님 앞에서 인간의 참모습을 드러낼 수 없다는 것이 증명되었을 때 비로소 율법은 시작된 것입니다. 그러므로 바울이 갈라디아서 3장 19절에 제시한 질문과 관련하여 우리는 율법이 시대적인 성격을 띠고 있음을 알 수 있습니다. 바울은 이렇게 질문했습니다.

"그런즉 율법은 무엇이냐……"(갈 3:19).

성경은 이에 대해서 많은 근거를 들고 있는데 좀 더 구체적으로 다루어 보기로 하겠습니다. 우선 그 해답을 다음과 같이 분류해 보겠습니다. 율법은 그 성격에 있어서 일정 기간 동안만 필요로 하는 '시대적'인 특성을 갖고 있고, 요구하는 바가 '민족적'입니다. 또한 '본보기'로서 주어진 것이고, '실증적'으로 적용되었으며, '최종적'으로 심판을 내리는 것입니다.

이것들을 좀 더 자세히 설명하겠습니다. "그런즉 율법은 무엇이냐?" 하는 질문은 매우 중요합니다. 왜냐하면 만일 율법이 사람들을 구원할 수 없고 의롭게도 할 수 없으며 성결케도 할 수 없고 구원받은 자를 지켜 보호할 수도 없다면, 율법을 선하다고 하는 이유가 무엇인가 하는 의문이 생기기 때문입니다.

이러한 질문에 대해서 우선 대답할 수 있는 것은 첫째, 율법은 일정 기간 동안만 그 사명을 가지고 있는 시대적인 특성이 있다는 것입니다. 사람은 2,500년 동안 율법 없이도 살아왔습니다. 그러다가 시내산에서 모세를 통해 율법이 주어졌고 갈보리에서 그 사명이 끝났습니다. 그리고 오늘날 우리는 하나님의 은혜의 시대에 살고 있습니다.

율법은 민족적이다

그다음 율법은 민족적이라는 사실입니다. 그것은 한 특정 민족인 이스라엘에게 주신 것입니다. 이것을 오해해서는 안 됩니다. 이 말은 율법을 '우리를 위해' 주신 것이 아니라는 말이 아니라, '우리에게' 주신 것이 아니라는 말입니다.

틀림없이 율법에는 하나님의 뜻을 나타내는 영원한 말씀이 들어 있습니다. 이것은 전 세계를 향한 하나님의 선포이며, 여기에는 거룩하신 하나님의 요구가 규정되어 있습니다. 율법에는 하나님이 거룩하고 영원히 진실하시다는 사실이 완전하게 표현되어 있습니다. 그러나 후에 계속 말씀드리겠습니다만, 율법은 한 본보기로서 이스라엘 백성에게 주어졌다는 것을 잊어서는 안 됩니다. 율법이 민족적인 특색을 가지고 있음을 지적하기 위해 율법은 다음과 같은 말씀으로 시작되고 있습니다.

"하나님이 이 모든 말씀으로 말씀하여 이르시되 나는 너를 애굽 땅, 종 되었던 집에서 인도하여 낸 네 하나님 여호와니라"(출 20:1-2).

그러니까 이 율법은 이스라엘 백성에게 맡겨진 것입니다. 여기서 우리는 '애굽'이라는 말과 '종 되었던 집'이라는 말을 우리 자신에게 적용시켜도 좋을 것입니다. 그러나 기본적으로, 율법은 이스라엘 백성에게 주어진 것입니다. 그 이유는 나중에 생각해 보기로 하겠습니다. 율법이 민족적인 특성을 가지고 있다는 사실은 앞에서 인용한 말씀에서 분명해집니다.

"율법 없는 이방인이……"(롬 2:14).

양심의 법을 범한 이방인에 관한 말씀에서 바울은 이렇게 표현했습니다.

"우리가 알거니와 무릇 율법이 말하는 바는 율법 아래에 있는 자들에게 말하는 것이니 이는 모든 입을 막고 온 세상으로 하나님의 심판 아래에 있게 하려 함이라"(롬 3:19).

본보기

이 말씀은 우리에게 율법은 온 세상에 대한 하나의 본보기로서 특별히 이스라엘에게 주어진 것이라고 가르치고 있습니다. 말하자면 율법으로 구원 얻겠다고 주장하는 모든 입을 막기 위해서 우선 한 민족에게 주어 본 것입니다. 바울이 여기서 말하는 것은, 이스라엘을 포함한 온 세상이 하나님 앞에서는 모두 허물이 있음을 알도록 하기 위해서 시험적으로 우선 이스라엘에게 율법을 주셨다는 것입니다.

하나님은 다른 민족이 감히 누려 보지도 못한 유리한 입장에 있었던 한 민족을 시험해 보셨으나, 이들의 실패로 인하여 그 밖의 보잘것없는 민족에 대해서는 시험해 볼 필요조차도 없게 되었습니다. 더 이상 다른 증거가 필요 없었습니다.

1,500년 이상이나 가장 좋은 조건으로 이 율법 아래 살아왔던 이스라엘 백성 가운데 단 한 사람도 그 율법을 완전히 지켜 구원 얻은 사람이 없습니다. (율법은 이스라엘에게만 나타났던 것이기 때문에) 그 이스라엘의 경험은 율법이 사람의 마음을 변화시킬 수 없음을 증명했습니다.

그렇다면 "도대체 율법은 어디가 잘못되었기에 단 한 사람도 구원하지 못했단 말인가?"라는 질문을 하게 될 것입니다. 그러나 율법은 아무 잘못이 없음이 분명합니다. 잘못된 것은 사람의 마음입니다. 이스라엘의 경험을 통해서 하나님은 사람이 구원 얻는 것은 율법의 행위로 인함이 아님을 증명해 보이셨습니다.

불완전한 인간은 도저히 지킬 수 없었기 때문에 오히려 율법은 완전함이 증명된 것입니다. 이스라엘 백성이 지킬 수 없는 이 하나님의 율법을 그 밖의 다른 민족이 지킬 수 없는 것은 더욱 당연한 일입니다. 왜냐하면 이스라엘은 다른 민족과는 달리 여러 가지 좋은 조건을 갖추고 있었기 때문입니다.

즉 하나님 자신이 그들에게 나타나셨고, 거룩한 제사장직을 맡고 있었으며, 경건한 선지자들을 가지고 있었습니다. 이처럼 유리한 조건을 갖추고 있었음에도 불구하고 그들은 실패했던 것입니다.

실례(實例)

이스라엘에게 율법을 준 것은, 율법으로는 아무도 구원받지 못함을 온 세상에 증거하기 위한 것입니다.

이제 예를 들어 설명하겠습니다. 한 농부가 중미(中美)에서 북부 캐나다로 이주해 70만 평이나 되는 농장을 빌렸습니다. 그리고 그 농장 주인에게 바나나를 키워 보겠다고 했습니다. 그러나 농장 주인은 이를 반대하면서 안 될 말이라고 했습니다. 토질이나 기후가 바나나를 키우기에는 맞지 않는다는 것입니다. 그러나 농부는 고집을 부리면서 자기는 열대 지방에서 살 때 여러 해 동안 바나나를 재배해 본 경험이 있으니 될 것이라고 주장했습니다. 농장 주인 역시 오랜 경험상 캐나다에서는 바나나가 되지 않는다고 주장했습니다.

그래도 그 농부가 계속 고집을 부리자 농장 주인은 안 된다는 것을 실제로 증명해 보여 주기 위해서 할 수 없이 바나나를 재배해 보라고 허락했습니다. 그리고 전체 농장 중에서 가장 조건이 좋은 한 부분만 사용해 보라고 했습니다.

70만 평이나 되는 농장 전체에 바나나를 심어 볼 필요는 없었습니다. 가장 조건이 좋은 장소를 골라 시험해 보면 되는 것입니다. 그래서 바람을 막을 수 있는 산비탈 양지 바른 곳을 택했습니다.

그곳은 흙이 비옥하고 기온이 제일 높은 곳이었습니다. 그곳을 잘 갈아서 거름을 많이 주고 가장 좋은 묘목을 골라 심었습니다. 그리고 온 여름 동안 정성 들여 가꾸었습니다. 그러나 가을이 되자 서리가 내려 작물은 망가지고 말았습니다. 바나나가 열렸을 리가 없습니다. 그래도 그 농부는 실망하지 않았습니다. 겨우 한 해만 해 보고 안 된다고 단정할 수는 없었기 때문입니다.

이듬해 다시 재배해 봤지만 역시 서리는 일찍 내렸습니다. 3년째 다시 해봤지만 서리는 7월이 되면 벌써 내리곤 했던 것입니다. 그래도 계속 노력했으나 역시 같은 결과만 가져왔습니다. 바나나는 열리지 않았습니다.

이렇게 해서 가령 1,500년 동안이나 이 일을 되풀이 했다고 합시다. 결국 농장 주인이 "이제는 아셨습니까? 캐나다에서는 바나나가 되지 않습니다!"라고 말했을 때, 그래도 그 농부가 "이 농장 다른 부분에서 재배해 보도록 합시다."라고 한다면, 이 얼마나 어리석은 소리가 되겠습니까?

왜냐하면 가장 적합하고 여러 가지 조건을 갖춘 그 지점에서도 재배가 불가능했는데, 하물며 그 밖의 보잘것없는 땅에서는 말할 것도 없기 때문입니다.

하나님의 땅, 이스라엘

이 예화는 바울이 말한 로마서 3장 19-20절의 말씀을 잘 설명해 줍니다.

"우리가 알거니와 무릇 율법이 말하는 바는 율법 아래에 있는 자들에게 말하는 것이니 이는 모든 입을 막고 온 세상으로 하나님의 심판 아래에 있게 하려 함이라 그러므로 율법의 행위로 그의 앞에 의롭다 하심을 얻을 육체가 없나니 율법으로는 죄를 깨달음이니라"(롬 3:19-20).

이스라엘의 경험은 율법에 의한 구원이 불가능함을 보여 주기 위한 것이었습니다. 즉 앞에서 제시한 예화와 마찬가지로 바나나가 열리지 않는다는 것을 증명하기 위한 것이었습니다. 온 세상 사람들에게 율법으로는 구원 얻을 수 없음을 가르치기 위해서 이스라엘에게 율법을 주셨던 것입니다.

이스라엘은 이 하나님의 율법을 지킬 수 있다고 생각했습니다. 그래서 하나님은 완전하고 거룩하며 의로운 율법을 그들에게 주셨습니다. 하나님은 그들을 약속의 땅 가나안에 두시고 그들의 적을 물리쳐 주셨습니다. 의식과 말씀과 규례를 주셨으며 그들을 지도할 제사장과 선지자를 주셨습니다.

이처럼 바람직하고 유익한 환경 가운데 있는 그들에게 하나님은 완전한 율법을 주시고 지켜보라고 하셨으나 1,500년 동안 그들은 실패만 거듭했습니다. 하나님이 그 밖의 다른 민족에게도 이와 똑같은 실험을 해 보실 필요가 있겠습니까? 여러분에게 또다시 이와 같은 실험을 해 볼 필요가 있습니까? 전혀 필요가 없습니다. 모든 입은 막히고 말았습니다. 할 말이 없습니다. 온 세상 사람은 다 하나님 앞에서 허물이 있음이 증명되었습니다.

율법은 구원의 방편으로 주어진 것이 아니기 때문에 이스라엘이 율법으로는 구원받을 수 없음을 알았을 때, 하나님은 그의 아들을 세상에 보내셔서 율법을 지키고 율법이 요구하는 죄의 값을 지불케 하셨으며, 율법의 정죄를 당하고 고난당하게 하셨으며, 이를 믿는 자들에게 은혜로 값없이 구원을 베풀어 주셨습니다.

"그리스도께서 우리를 위하여 저주를 받은 바 되사 율법의 저주에서 우리를 속량하셨으니……"(갈 3:13).

이제 당신은 자신의 노력으로 구원 얻겠다는 생각을 포기하고, 하나님의 자비하심과 은혜에 모든 것을 내어 맡기어 그리스도를 영접하십시오. 그러면 그는 당신이 율법의 정죄가 아니라, 그 율법의 완전한 의를 얻게 해주실 것입니다.

"때가 차매 하나님이 그 아들을 보내사 여자에게서 나게 하시고 율법 아래에 나게 하신 것은 율법 아래에 있는 자들을 속량하시고 우리로 아들의 명분을 얻게 하려 하심이라"(갈 4:4-5).

제8장
한 계명

"우리가 육신에 있을 때에는 율법으로 말미암는 죄의 정욕이 우리 지체 중에 역사하여 우리로 사망을 위하여 열매를 맺게 하였더니 이제는 우리가 얽매였던 것에 대하여 죽었으므로 율법에서 벗어났으니 이러므로 우리가 영의 새로운 것으로 섬길 것이요 율법 조문의 묵은 것으로 아니할지니라"(롬 7:5-6).

하나님은 이스라엘에게 율법을 주실 때 이미 그 율법을 완전하게 지킬 사람은 단 한 사람도 없음을 알고 계셨습니다. 그러면서도 하나님은 그 율법에 복종하라고 명령하셨습니다. 만일 우리가 그 율법의 목적을 깨닫지 못한다면, 이러한 일은 얼핏 보기에 매우 불합리한 일로밖에는 보이지 않을 것입니다. 율법은 구원의 방편으로 주신 것이 아니라 구원의 필요성을 알게 하기 위해 주신 것입니다. 죄를 없애기 위해서가 아니라 죄를 드러내기 위해 주신 것입니다. 율법은 죄를 깨닫게 하는 것이지 죄에서 구원할 능력이 있는 것이 아닙니다. 그러므로 사도 바울은 로마서 7장 7, 9절에서 이렇게 질문합니다.

"그런즉 우리가 무슨 말을 하리요 율법이 죄냐 그럴 수 없느니라 율법으로 말미암지 않고는 내가 죄를 알지 못하였으니 곧 율법이 탐내지 말라 하지 아니하였더라면 내가 탐심을 알지 못하였으리라……전에 율법을 깨닫지 못했을 때에는 내가 살았더니 계명이 이르매 죄는 살아나고 나는 죽었도다"(롬 7:7, 9).

율법이 죄를 짓게 하는 것이 아닙니다. 그러나 율법은 죄의 참모습을 드러내 보입니다. 바울은 계명이 이르매 그 계명이 나를 죽였다고 말합니다. 바울이 말한 그 계명이란 무엇을 의미합니까? 두 개의 돌판에 새긴 율법을 십계명이라고 합니다. 그렇다면 바울이 말하는 그 계명이란 이 중에서 어떤 것을 가리키는 것입니까? 그것은 곧 마지막 계명인 '너는 탐내지 말라.'라는 것입니다. 바울은 말했습니다.

"……율법이 탐내지 말라 하지 아니하였더라면 내가 탐심을 알지 못하였으리라"(롬 7:7).

그 계명이 곧 죄를 소생시켰고 그래서 "나는 죽었도다."라고 바울은 말했습니다. 바울은 첫째 계명부터 아홉째 계명까지 최소한 겉으로 보기에는 거의 흠 없이 지켜 왔다고 주장할 수 있었습니다.

"그러나 나도 육체를 신뢰할 만하며 만일 누구든지 다른 이가 육체를 신뢰할 것이 있는 줄로 생각하면 나는 더욱 그러하리니 나는 팔일 만에 할례를 받고 이스라엘 족속이요 베냐민 지파요 히브리인 중의 히브리인이요 율법으로는 바리새인이요 열심으로는 교회를 박해하고 율법의 의로는 흠이 없는 자라"(빌 3:4-6).

바울은 겉보기에는 율법을 지켰다고 주장할 만했습니다. 그는 계명 하나하나를 지켰으며, 스스로를 '율법의 의로는 흠이 없는 자'라고 했습니다.

그는 제1계명을 결코 어긴 일이 없다고 주장할 수 있었습니다. 다른 신을 둔 일이 없었기 때문입니다. 그는 결코 우상을 섬긴 일이 없으니 제2계명도 잘 지켰다고 주장할 수 있었습니다. 제3계명대로 주님의 이름을 망령되이 일컬은 적도 없었으며, 제4계명대로 안식일을 지켰고, 제5계명대로 부모를 공경했습니다.

제6계명인 살인하지 말라, 제7계명인 간음하지 말라, 제8계명인 도둑질하지 말라, 제9계명인 거짓 증거하지 말라는 모든 계명들에 대해서도 "나는 이 계명들 하나하나를 잘 지켰습니다. 이 점에 있어서는 아무도 나를 힐난하지 못할 것입니다."라고 자신 있게 말할 수 있었습니다.

그러나 이러한 것은 모두 겉으로 보기에만 지켰다고 말할 수 있는 것에 불과합니다. 바울은 이제 '그 계명'이라고 부른 제10계명에서 부딪히게 되었습니다.

그 계명

그것은 죄에 대한 새로운 관점을 제시했습니다. 겉으로 나타나는 행동뿐 아니라 마음속에서 일어나는 죄들까지도 들추어내는 것이었습니다. 그 계명이 바로 '너는 탐내지 말라.'입니다.

악한 욕망, 탐심, 질투, 그릇된 생각들, 죄가 되는 동기들은 (비록 이러한 것들이 직접 행동으로 나타나지 않았다 해도) 모두 죄입니다. 그 계명은 행동으로 나타난 죄가 아닌 바로 이러한 태도 자체를 고발하는 계명인 것입니다. 몸의 문제가 아니라 마음의 문제를 다룹니다. 살인하기 이전에 벌써 살인을 범하게 하는 미움이라는 죄가 있습니다. 간음이 행동으로 나타나기 전에 음욕이라는 죄가 있습니다. 도둑질을 하기 전에 그 사람은 이미 탐심이란 죄를 그의 마음속에 가지고 있는 것입니다.

이런 문제들에 대해 예수님이 강조해서 말씀하신 일이 있습니다.

"마음에서 나오는 것은 악한 생각과 살인과 간음과 음란과 도둑질과 거짓 증언과 비방이니 이런 것들이 사람을 더럽게 하는 것이요……"(마 15:19-20).

바울은 그 계명에 직면했을 때 더 이상 율법을 잘 지켰다고 주장할 수 없게 되었습니다. 그때까지 그는 불경한 말을 한 적도, 안식일을 범한 일도, 우상 숭배한 일도, 도둑질하거나 살인한 적도 없었다고 말할 수 있었으나 그 계명에 부딪혔을 때 그 계명은 바울에게 악한 욕망 자체가 죄라는 죄의 참모습을 보여 주었던 것입니다.

"전에 율법을 깨닫지 못했을 때에는 내가 살았더니 계명이 이르매 죄는 살아나고 나는 죽었도다 생명에 이르게 할 그 계명이 내게 대하여 도리어 사망에 이르게 하는 것이 되었도다 죄가 기회를 타서 계명으로 말미암아 나를 속이고 그것으로 나를 죽였는지라 이로 보건대 율법은 거룩하고 계명도 거룩하고 의로우며 선하도다 그런즉 선한 것이 내게 사망이 되었느냐 그럴 수 없느니라 오직 죄가 죄로 드러나기 위하여 선한 그것으로 말미암아 나를 죽게 만들었으니 이는 계명으로 말미암아 죄로 심히 죄 되게 하려 함이라 우리가 율법은 신령한 줄 알거니와 나는 육신에 속하여 죄 아래에 팔렸도다"(롬 7:9-14).

율법은 죄를 살아나게 한다

지금까지 율법은 죄의 참모습을 밝혀 준다는 사실을 배웠습니다. 겉으로 나타난 행동으로서가 아니라 그 죄의 행동 이전의 상태와 태도로서의 죄의 모습을 드러내는 것이 율법입니다. 이 사실은 로마서 7장 5절에 잘 나타나 있습니다.

"우리가 육신에 있을 때에는 율법으로 말미암는 죄의 정욕이 우리 지체 중에 역사하여 우리로 사망을 위하여 열매를 맺게 하였더니"(롬 7:5).

여기서 특히 '율법으로 말미암는 죄의 정욕'이라는 말씀에 주의를 기울이십시오. 죄의 정욕이 율법으로 말미암는다고 했습니다. 율법이 죄였다는 것이 아니라 이미 있는 그 죄를 발동케 했다는 점에서 그렇다는 것입니다.

로마서 7장 8절에서 바울이 "율법이 없으면 죄가 죽은 것임이라."라고 했습니다. 이 말씀의 뜻은 죄가 죄로서 밝게 그 진실을 드러낸 것이 아니라 활동을 하지 않는 정지된 상태에 있었다는 것입니다. 그런데 율법이 나타남으로 죄를 살아나게 했으며 숨어 있던 것을 드러내 놓았습니다. 율법이 죄를 짓게 하거나 죄를 만들어 낸 것이 아니라 숨어 있는 죄를 끄집어낸 것입니다.

그러므로 "그런즉 율법은 무엇이냐?" 하는 질문에 대해서 우리는 율법은 폭로하는 일을 한다고 덧붙여 말할 수 있습니다.

율법은 폭로하는 일을 한다

이미 아는 바와 같이 율법은 민족적이며 시대적인 사명이 있고 훈계하기 위한 목적이 있습니다. 여기에 율법은 폭로하는 일을 한다고 덧붙일 수 있습니다. 율법은 전에 보이지 않던 죄를 드러내 놓았습니다. 바울은 '율법으로 말미암는 죄의 정욕'이라는 말을 했습니다. 또한 율법이 있기 전에 죄는 죽은 상태에 있었다고 말했습니다. 이것은 죄가 활동하지 않고 보이지 않았다는 뜻입니다. 한 가지 예를 들어 보겠습니다.

책상 위에 물이 한 컵 있다고 합시다. 그 물을 며칠 동안 건드리지 않고 그대로 놓아두었습니다. 말하자면 고인 물, 죽은 물이라고 할 수 있습니다. 이 물은 보기에는 깨끗해 보여도 나쁜 균이 들어 있어서 결코 마실 수 없는 물입니다. 많은 불순물과 먼지가 들어 있는 물입니다. 이러한 불순물은 우리 눈으로는 볼 수 없습니다. 왜냐하면 모두 컵의 밑바닥에 가라앉았기 때문입니다.

그런데 숟가락으로 그 물을 휘저었습니다. 그랬더니 금방 컵의 물은 뿌옇게 되고 불순물들이 물에 가득하게 되었습니다. 지금 내가 한 일은 무엇이었습니까? 전에는 보이지 않던 어떤 물질을 휘저어 놓은 것입니다. 숟가락으로 컵 안에 있는 더러운 물질들을 흔들어 놓은 것입니다.

분명히 알아 두어야 할 것은 숟가락이 그 물을 더럽히거나 불순물을 첨가한 것이 아니라는 사실입니다. 더구나 그 숟가락으로는 그 물을 깨끗하게 할 수도 없다는 사실입니다. 물을 깨끗하게 하려고 숟가락을 쓴 것이 아닙니다. 정화하려는 것이 아니라 그 물이 깨끗하지 못하다는 것을 보여 주기 위함입니다.

이제 여러분은 바울이 말한 바 '율법으로 말미암는 죄의 정욕'이란 말의 뜻을 이해하셨을 줄 압니다. 즉 율법이 일으켜 놓은 것은 '죄'가 아니라 '죄의 정욕'이라는 것입니다. 숟가락이 불순물을 폭로했습니다. 그러나 그 물을 깨끗하게 하기 위해서는 끓여서 물과 불순물을 분리시키는 증류(蒸溜) 방법을 쓰지 않으면 안 됩니다. 이러한 역할은 율법이 할 수 없습니다. 왜냐하면 율법은 다만 죄를 알게 할 뿐이기 때문입니다.

율법은 숟가락 역할을 한다

물과 숟가락의 예는 사람의 마음과 율법의 역할과도 같습니다. 컵은 사람의 마음입니다. 율법은 숟가락과 같아서 사람의 마음속에 있는 죄를 휘저어 놓습니다. 숟가락에 잘못이 없듯이 율법에도 잘못된 점이 없습니다. 율법은 죄를 고쳐 주거나 마음속에 있는 죄를 없이하지 못합니다. 그것은 마치 숟가락이 물속에 있는 불순물을 제거하지 못하는 것과 같습니다. 그

물을 순수하게 만들기 위해서는 증류해야 하는 것과 같이 사람의 마음속에 있는 죄를 바로잡기 위해서는 중생(重生)하지 않으면 안 됩니다.

타락한 인간의 마음은 참으로 이상한 것이어서 하지 말라는 것을 굳이 하려는 성질이 있습니다. "칠 주의-손대지 마시오"라고 써 붙여 놓으면 기어이 만져 보고 싶은 것이 사람의 마음이며, "잔디를 밟지 마시오."라고 쓰여 있는 팻말을 보면 마치 밟고 다니라는 말처럼 들리는지 굳이 그 잔디 위를 걸어 다녀야 직성이 풀리는 것이 곧 사람의 마음입니다. 금지(禁止)는 죄가 가득 찬 사람의 마음으로 하여금 할 생각이 없었던 일까지도 하려고 하게 합니다.

사람의 이러한 마음을 한번 시험해 보길 원한다면 간단하게 해 볼 수 있습니다. 가령 찬장 위에 몇 개의 단지와 냄비를 놓아두었다고 합시다. 당신이 아무 말도 하지 않는다면 당신의 여섯 살배기 아들의 마음에 아무런 욕구도 일으키지 않은 채 한동안 그대로 놓아둘 수 있을 것입니다. 그러나 이제 "얘, 저 회색 그릇 있지? 오른쪽 끝에서 두 번째 것 말이야. 그 안을 들여다보지 말아라. 만지지도 말고. 왜 그래서는 안 된다고 했는지 이류를 찾으려고도 하지 말아라."라고 말해 보십시오.

이렇게 하면 그 아이의 마음속에는 이전에 알지 못했던 어떤 욕구가 일어나 그 속에 무엇이 들어 있기에 알 필요가 없다고 말했는지 들여다보고 싶은 욕망이 생깁니다. 틀림없이 그 아이는 기회를 노리다가 들키지 않을 것이라고 생각될 때 살그머니 기어 올라가 그 안을 들여다보고 말 것입니다.

어버이로서 당신은 아이에게 그의 마음에 대해서 가르치기 위해 그 그릇 속을 들여다보지 말라고 금할 수 있습니다. 이것이 바로 바울이 말한

"……율법으로 말미암는 죄의 정욕이 우리 지체 중에 역사하여 우리로 사망을 위하여 열매를 맺게 하였더니"(롬 7:5)의 의미입니다. 바울의 그다음 질문에 주목하십시오.

"그런즉 우리가 무슨 말을 하리요……"(롬 7:7).

당신이 과자 그릇을 놓고 아이에게 어떤 순종을 요구하는 것은 아무 잘못이 없습니다. 마찬가지로 율법에도 잘못이 없으며 숟가락에도 잘못이 없습니다. 숟가락은 순수한 은이었습니다. 그러나 그 순수한 은 숟가락이 물의 더러움을 밝혀내고야 만 것입니다. 이와 같이 율법은 계명이 이르기 전까지 감추어졌던 죄를 휘저어 놓은 것입니다.

율법으로는 할 수 없는 일

이와 관련하여, 율법은 생명을 주기 위해 마련된 것이 아님을 다시 한 번 언급하고자 합니다. 율법은 범법자를 처벌하는 역할을 합니다.

이 이야기를 끝내기 전에 바울이 갈라디아서 3장에서 말한 바를 주의 깊게 읽어 보기로 하겠습니다. 바울은 갈라디아서 3장 19절에서 "그런즉 율법은 무엇이냐?"라고 물은 후 지금껏 논란을 벌였던 문제에 대해서 다음과 같이 대답합니다.

"그러면 율법이 하나님의 약속들과 반대되는 것이냐 결코 그럴 수 없느니라 만일 능히 살게 하는 율법을 주셨더라면 의가 반드시 율법으로 말미암앉으리라 그러나 성경이 모든 것을 죄 아래에 가두었으니 이는 예수 그리스도를 믿음으로 말미암는 약속을 믿는 자들에게 주려 함이라"(갈 3:21-22).

이보다 어떻게 더 분명히 말할 수 있겠습니까? 율법이 죄인을 의롭게 할 수 있었다면 그리스도께서 죽으실 필요가 없었습니다. 그러나 이제 율법으로 구원 얻고자 하는 헛된 소망에서 돌이켜 예수 그리스도를 의지하는 사람은 구원을 얻을 것입니다.

"율법이 육신으로 말미암아 연약하여 할 수 없는 그것을 하나님은 하시나니 곧 죄로 말미암아 자기 아들을 죄 있는 육신의 모양으로 보내어 육신에 죄를 정하사 육신을 따르지 않고 그 영을 따라 행하는 우리에게 율법의 요구가 이루어지게 하려 하심이니라"(롬 8:3-4).

제9장

율법의 의

만일 그리스도인이 율법에서 벗어나고(롬 7:6), 율법에 대하여 죽고(갈 2:19), 율법에서 해방되고(롬 8:2), 율법에서 속량되며(갈 3:13, 4:5, 5:18), 또한 그리스도께서 율법의 마침이 되었다면(롬 10:4), 그리스도인은 멋대로 살고 율법을 어기고 마귀와 같은 생활을 해도 벌받지 않고 천국에 갈 수 있단 말입니까?

이러한 질문은 율법의 특성과 목적 그리고 그 역할을 이해하지 못하는 사람들이 흔히 하는 질문입니다. 제 라디오 설교를 들은 청취자들이 보낸 수많은 편지들은, 우리가 죄를 지어도 좋다고 설교하는 반(反)율법주의자라고 비난합니다. 이러한 편지들에 대해서 우리는 바울도 1,900여 년 전에 이와 똑같은 비난을 받았다고 답변해 줍니다. 바울은 믿는 자는 율법 아래 있지 않다고 설교했으며 이로 인해 핍박을 받았습니다. 바울의 적들의 이야기를 들어 보십시오. 그들은 바울이 우리가 율법 아래 있지 않기 때문에 죄를 지어도 좋고 은혜를 풍성히 하기 위해 더욱 죄를 범해도 좋다고 가르쳤다고 비난했던 것입니다. 이에 대하여 바울 자신은 이렇게 말했습니다.

"그러나 나의 거짓말로 하나님의 참되심이 더 풍성하여 그의 영광이 되었다면 어찌 내가 죄인처럼 심판을 받으리요 또는 그러면 선을 이루기 위하여 악을 행하자 하지 않겠느냐 어떤 이들이 이렇게 비방하여 우리가 이런 말을 한다고 하니 그들은 정죄받는 것이 마땅하니라"(롬 3:7-8).

바울에 대한 비난을 자세히 보십시오. 하나님의 선하심을 보이기 위해서, 일부러 죄를 지어 하나님의 용서를 받도록 악을 행하라고 바울이 가르쳤다는 것입니다. 바울은 이러한 비판에 대해서 '비방'에 지나지 않는다고 일축해 버렸습니다. 나도 역시 바울과 같이 은혜와 안전과 율법으로부터의 자유를 가르침으로써 죄를 짓게 한다고 비난하는 사람들을 쓸데없는 '비방자'에 불과하다고 일축해 버릴 수 있습니다. 바울은 게다가 "그들은 정죄받는 것이 마땅하니라."라고까지 극언을 했습니다. 은혜를 주장하는 것은 곧 죄를 용납하는 것이라고 이해할 사람은 아무도 없습니다.

바울은 강조해서 이렇게 말했습니다.

"그런즉 우리가 무슨 말을 하리요 은혜를 더하게 하려고 죄에 거하겠느냐 그럴 수 없느니라 죄에 대하여 죽은 우리가 어찌 그 가운데 더 살리요"(롬 6:1-2).

이와 관련하여 바울의 결론에 주의를 기울여 보겠습니다. 디모데에게 보낸 서신에서 바울은, 율법에서 해방되는 것은 죄를 짓게 하는 핑계에 지나지 않는다고 비난하는 율법주의자들에 대하여 말하고 있습니다.

"이 교훈의 목적은 청결한 마음과 선한 양심과 거짓이 없는 믿음에서 나오는 사랑이거늘 사람들이 이에서 벗어나 헛된 말에 빠져 율법의 선생이 되려 하나 자기가 말하는 것이나 자기가 확증하는 것도 깨닫지 못하는도다"(딤전 1:5-7).

율법주의에 대한 바울의 평가

율법주의자들에 대한 바울의 평가에 주의를 기울여 보십시오. 그들은 사랑이 바로 율법의 완성이며 청결한 마음과 거짓이 없는 믿음에서 솟아나는 것임을 이해하지 못하고 있다고 바울은 말합니다.

"율법의 선생이 되려 하나 자기가 말하는 것이나 자기가 확증하는 것도 깨닫지 못하는도다"(딤전 1:7).

이 말씀에 이어 바울은 확답을 주고 있습니다. 바울은 율법의 가치를 떨어뜨리려 하거나 율법이 완전하고 거룩하며 의롭다는 것을 부인하려 하지 않았습니다. 그는 이렇게 말했습니다.

"그러나 율법은 사람이 그것을 적법하게만 쓰면 선한 것임을 우리는 아노라"(딤전 1:8).

그렇습니다. 율법은 잘못된 점이 없습니다. 그 율법을 지키려고 애쓰는 사람에게 문제가 있는 것입니다. 여기서 다시 바울의 말을 들어 보십시오. 이 말씀을 읽기 전에 믿는 자는 율법 아래에 있지 않다는 사실을 기억하시기 바랍니다. 그렇다면 율법은 누구에게 해당하는 것이겠습니까?

"알 것은 이것이니 율법은 옳은 사람을 위하여 세운 것이 아니요 오직 불법한 자와 복종하지 아니하는 자와 경건하지 아니한 자와 죄인과 거룩하지 아니한 자와 망령된 자와 아버지를 죽이는 자와 어머니를 죽이는 자와 살인하는 자며 음행하는 자와 남색하는 자와 인신매매를 하는 자와 거짓말하는 자와 거짓 맹세하는 자와 기타 바른 교훈을 거스르는 자를 위함이니 이 교훈은 내게 맡기신 바 복되신 하나님의 영광의 복음을 따름이니라"(딤전 1:9-11).

옳은 사람을 위해서가 아니다

이 말씀의 첫머리에 "알 것은 이것이니 율법은 옳은 사람을 위하여 세운 것이 아니요"라고 기록되어 있습니다. 어느 때 어느 모양으로든지 율법을 전혀 어긴 일이 없는 옳은 사람은 율법을 두려워할 이유가 없습니다. 허물이 없는 사람에 대해서는 율법은 아무런 권한이 없습니다. 율법은 무죄한 사람이나 의로운 사람을 처벌하지 않습니다. 율법은 범법(犯法)하는 사람만 처벌합니다. 만일 하나님의 법을 완전하게 지키고 살아온 사람이 있다면 그는 참으로 처벌을 받을 아무런 의무나 두려움이 없을 것입니다. 그러나 그런 사람은 없었습니다. 그러므로 다윗은 이렇게 말했습니다.

"여호와께서 하늘에서 인생을 굽어살피사 지각이 있어 하나님을 찾는 자가 있는가 보려 하신즉"(시 14:2).

하나님이 무엇을 발견하셨겠습니까? 어떤 의인을 찾으셨습니까? 들어 보십시오.

"다 치우쳐 함께 더러운 자가 되고 선을 행하는 자가 없으니 하나도 없도다"(시 14:3).

이 말씀으로 성령 감화를 받은 바울은 로마서에 이렇게 기록했습니다.

"기록된 바 의인은 없나니 하나도 없으며 깨닫는 자도 없고 하나님을 찾는 자도 없고 다 치우쳐 함께 무익하게 되고 선을 행하는 자는 없나니 하나도 없도다"(롬 3:10-12).

율법의 정죄는 예외 없이 다 적용됩니다. 그러면 다시 디모데에게 보낸 바울의 편지를 보겠습니다.

"알 것은 이것이니 율법은 옳은 사람을 위하여 세운 것이 아니요……"(딤전 1:9).

그러나 옳은 사람이 하나도 없으니 결국 누구를 위한 것이겠습니까? 그 대답은 비참합니다. 율법은 죄인들을 위한 것이며 경건치 못한 자들과 살인자들과 음란한 자들과 도적질하는 자들과 거짓말하는 자들을 위한 것입니다. 만일 당신도 이러한 일에 어떤 허물이 있다면, 율법은 당신을 정죄할 것이며 따라서 당신은 율법을 두려워할 것입니다. (사실을 모르고 하는 소리이긴 하지만) 자기들 스스로 율법 아래 있다고 말하는 사람들은, 그것으로써 바울이 열거한 죄인들의 부류에 속한다고 인정하는 것이 됩니다. 이러한 죄들에 대해서 내리는 율법의 저주로부터 피할 수 있는 유일한 방법은 옳은 사람, 다시 말하면 거룩하고 죄 없는 사람이 되는 것뿐입니다.

누가 의로운가?

우리가 알기로는 아담의 자손으로 태어난 사람 중에 의로운 사람은 하나도 없습니다. 얼마나 절망적인 사실입니까? 그러나 참으십시오. 사람이 자기 스스로의 의(義)를 갖지 못하는 대신 의를 마련해 주신 한 분이 계십니다. 그는 그의 의를 허물로 가득 찬 죄인들의 것으로 돌리셨습니다.

이 율법의 의를 마련하실 수 있는 분은 하나님의 율법을 완전히 지켰으며 불의한 죄인들을 위해서 율법을 어긴 대가를 지불하신 유일한 분, 바로 예수 그리스도이십니다. 갈보리산에서 죽으심으로 율법을 어긴 죄를 대속(代贖)하셨고, 부활로 그의 의는 믿는 모든 사람에게 주어졌습니다.

이제 그 결과는 믿는 자들 속에 남아 있습니다. 십자가에서 죽으실 때 예수님이 지불하신 죄의 삯을 하나님은 기꺼이 받으셨고, 또한 그것을 믿음으로 구원을 받아들이는 모든 사람들의 것으로 여기셨습니다.

죄의 삯은 지불되었으니 더 이상 정죄는 없습니다. 그때 용서받은 죄인은 주 예수 그리스도의 죄 없으신 의로 옷 입혀지며, 결코 죄 범한 일이 없는 자처럼 취급받게 될 뿐 아니라, 그리스도 안에서 율법이 요구하는 거룩함이 그에게 있게 되는 것입니다. 죄인이 예수 그리스도의 의를 힘입어 죄 없다 인정됩니다. 물론 아직도 옛 성품에는 불완전성이 있고 넘어지며 실패하는 일이 있지만, 하나님이 보시기에 그의 지위는 완전무결한 것입니다.

그리스도의 의

이처럼 의롭다고 여겨진 죄인은 주 예수 그리스도의 공로로 하나님 앞에서 '의인'이라고 불립니다. 그가 만일 믿는 자로서 죄를 범하고 자백하지 않으면 하나님은 그를 책망하시나 그에게 있어 정죄는 영원히 물러가고 없는 것입니다. 다시 디모데전서의 말씀을 보겠습니다.

"알 것은 이것이니 율법은 옳은 사람을 위하여 세운 것이 아니요……"(딤전 1:9).

그러므로 그리스도를 믿는 믿음으로 말미암아 하나님의 은혜로 의인이라고 선포된 사람은 누구나 율법의 정죄에서 해방된 것입니다. 그러나 그 밖의 모든 사람은 바울이 열거한 바 죄인들로서 살인자들이며 거짓말하는 자들이며 음행하는 자들이기 때문에, 그런 사람들에게 율법은 여전히 하나님의 요구로 존속되고 그리스도 안에 있지 않은 각 사람을 정죄하고 저주하기 위해 효력을 발휘하고 있는 것입니다. 바울의 이야기를 다시 들어 보겠습니다. 그는 자신도 전에 그랬었다고 말합니다.

"내가 전에는 비방자요 박해자요 폭행자였으나 도리어 긍휼을 입은 것은 내가 믿지 아니할 때에 알지 못하고 행하였음이라 우리 주의 은혜가 그리스도 예수 안에 있는 믿음과 사랑과 함께 넘치도록 풍성하였도다"(딤전 1:13-14).

바울도 전에는 율법의 저주 아래 있었으나 은혜로 인하여 그 저주에서 풀려났습니다. 그렇다면 또다시 의문이 생기지 않을 수 없게 됩니다. 그리스도께서 갈보리산에서 이미 율법의 요구를 성취시키신 지금 율법의 역할은 무엇입니까? 그러나 그 대답은 분명합니다. 율법은 여전히 그리스도를 배척하는 죄인들을 정죄하는 역할을 합니다. 믿는 자는 율법에서 해방되어 구원받았지만 예수님이 주시는 의를 거절하는 자는 여전히 율법의 위협 아래 있습니다.

그러나 믿는 자에게 율법은 더 이상 위협을 줄 수 없게 되었으니 믿는 자는 하나님이 의롭다고 보시기 때문입니다. 참으로 로마서 3장에는 영광스런 말씀이 기록되어 있습니다. "그러므로 율법의 행위로 그의 앞에 의롭다 하심을 얻을 육체가 없나니 율법으로는 죄를 깨달음이니라"(롬 3:20)라는 슬픈 소식에 곧이어, 바울은 '그러나'라는 말과 함께 놀라운 복음을 전하고 있습니다.

하나님이 주시는 의

"(그러나) 이제는 율법 외에 하나님의 한 의가 나타났으니 율법과 선지자들에게 증거를 받은 것이라 곧 예수 그리스도를 믿음으로 말미암아 모든 믿는 자에게 미치는 하나님의 의니 차별이 없느니라"(롬 3:21-22. 원문에는 첫 머리의 '그러나'에 해당하는 단어가 있으나 한글 개역개정 성경에는 번역되어 있지 않다-역자 주).

참으로 영광스런 은혜의 복음입니다. 그렇지만 하나님이 주시는 의를 거절하는 사람에게 율법은 여전히 심판과 진노의 사명을 다하고 있습니다. 그러므로 바울은 이렇게 말합니다.

"하나님의 진노가 불의로 진리를 막는 사람들의 모든 경건하지 않음과 불의에 대하여 하늘로부터 나타나나니"(롬 1:18).

"율법은 진노를 이루게 하나니……"(롬 4:15).

골로새서에서도 바울은 율법에 의해 정죄된 죄목들을 열거하면서 말했습니다.

"이것들로 말미암아 하나님의 진노가 임하느니라"(골 3:6).

그러나 믿는 자는 하나님 보시기에 의롭다고 여김을 받았습니다. 믿음으로 구원받은 본보기인 아브라함은 "……하나님을 믿으매 그것이 그에게 의로 여겨진 바 되었느니라"(롬 4:3)라고 했습니다. 기억할 것은 율법은 의로운 사람을 위하여 마련된 것이 아니라는 사실입니다. 하나님 보시기에 의롭게 되려면, 주 예수 그리스도의 의를 믿음으로써 받아들이는 길밖에 없습니다. 그렇게 될 때 우리는 더 높은 법과 의의 열매를 맺는 생명의 성령의 법 아래에서 살아가게 됩니다.

"오직 성령의 열매는 사랑과 희락과 화평과 오래 참음과 자비와 양선과 충성과 온유와 절제니 이 같은 것을 금지할 법이 없느니라"(갈 5:22-23).

당신은 아직도 죄인입니까? 그렇다면 율법을 지켜 보려는 헛된 노력을 중단하고 자비와 은혜를 구하여, 빈손 그대로 나와서 바로 그의 의를 받으십시오.

"일을 아니할지라도 경건하지 아니한 자를 의롭다 하시는 이를 믿는 자에게는 그의 믿음을 의로 여기시나니"(롬 4:5).

제10장

율법, 심판자

구약성경의 마지막은 '저주'라는 단어로 끝맺고 있습니다. 이 '저주'라는 단어 속에 율법의 사명, 즉 율법은 죄인을 정죄하며 죄인은 율법의 행위로는 구원받을 수 없다는 사실이 요약되어 있습니다. 그러나 그것을 신약성경을 끝맺는 단어와 비교해 보십시오. 율법은 저주로 끝내고 있지만 예수 그리스도를 통한 하나님의 은혜는 다음과 같은 말로 끝내고 있습니다.

"주 예수의 은혜가 모든 자들에게 있을지어다 아멘"(계 22:21).

율법의 사명은 법을 어긴 자를 저주하는 것이었습니다. 다만 율법 책에 기록된 대로 온갖 일을 항상 지키는 자만은 축복할 수 있으나, 아담의 자손으로 태어난 사람 가운데 하나님의 율법을 완전하게 지킬 수 있었던 사람은 하나도 없었으니, 결국 율법은 모든 사람을 저주할 뿐이었습니다.

"모든 사람이 죄를 범하였으매 하나님의 영광에 이르지 못하더니"(롬 3:23).

이러한 사실들을 올바로 이해하지 못하고 혼동하게 되는 것은 성경 가운데 '율법'이라고 기록되어 있는 단어를 모두 십계명이라고만 생각하기 때문이기도 합니다. '율법'이란 단어가 십계명에 국한되어 쓰인 경우는 극히 드뭅니다. 대부분의 경우 '율법'이란 말은 하나님의 말씀 혹은 그 말씀의 어떤 부분을 의미합니다. 예를 들면, 하나님의 말씀을 찬양하는 시편 19편에서 다윗은 이 말씀을 묘사하는 데 있어 율법뿐 아니라 여러 가지 다른 표현을 사용합니다.

"여호와의 율법은 완전하여 영혼을 소성시키며 여호와의 증거는 확실하여 우둔한 자를 지혜롭게 하며 여호와의 교훈은 정직하여 마음을 기쁘게 하고 여호와의 계명은 순결하여 눈을 밝게 하시도다 여호와를 경외하는 도는 정결하여 영원까지 이르고 여호와의 법도 진실하여 다 의로우니"(시 19:7-9).

시편 전체뿐 아니라 이 구절들 속에서도 다윗은 십계명뿐만 아니라 하나님의 말씀을 찬양하고 있습니다. 그는 하나님의 말씀을 이렇게 부르고 있습니다.

1. 여호와의 율법
2. 여호와의 증거
3. 여호와의 교훈

4. 여호와의 계명

5. 여호와를 경외하는 도

6. 여호와의 법

이러한 모든 표현은 하나님의 말씀을 각각 달리 묘사한 말이며 십계명과 특별히 관계있는 표현은 아닙니다. '율법'이란 말이 쓰인 대부분의 경우는 성경을 가리킵니다. 예수님도 모세의 글을 말씀하실 때 예언서들과 구별해서 '율법'이라는 말을 썼습니다(마 7:12). '율법'이라는 단어는 성경에 500번 이상(구약에서 약 300번, 신약에서 200번 이상) 사용되었습니다.

대부분의 경우 '율법'이란 말은 십계명에만 한정되어 쓰인 것이 아닙니다. 성경을 읽을 때, '율법'이 의미하는 바를 결정짓는 것이 절대적으로 필요함을 강조하기 위해 특별히 이런 말씀을 드리는 것입니다. 성경을 읽을 때 '율법'이라는 단어가 나오면 어디에 적용시켜야 하는지를 결정해야 합니다.

다시 말하면 (1) 성경 전체를 가리키는지 (2) 모세 오경을 말하는지 (3) 출애굽기와 레위기에 기록된 모든 의식과 민법과 도덕적인 법에 해당하는 것인지 (4) 하나님이 직접 돌판에 쓰신 계명을 가리키는지를 알고 읽어야 합니다. 어떤 경우나 문맥을 잘 보면 어느 뜻에 해당되는지 알 수 있습니다.

가리는 수건

한 가지 예를 들기 위해서 여러분이 잘 아시는 고린도후서 3장 말씀을 보겠습니다.

"너희는 우리의 편지라 우리 마음에 썼고 뭇사람이 알고 읽는 바라 너희는 우리로 말미암아 나타난 그리스도의 편지니 이는 먹으로 쓴 것이 아니요 오직 살아 계신 하나님의 영으로 쓴 것이며 또 돌판에 쓴 것이 아니요 오직 육의 마음판에 쓴 것이라 우리가 그리스도로 말미암아 하나님을 향하여 이 같은 확신이 있으니"(고후 3:2-4).

이런 말을 한 다음 바울은, 하나님의 완전한 율법과 그의 완전한 은혜 사이에 있는 놀랄 만한 대조를 우리에게 제시해 줍니다.

"그가 또한 우리를 새 언약의 일꾼 되기에 만족하게 하셨으니 율법 조문으로 하지 아니하고 오직 영으로 함이니 율법 조문은 죽이는 것이요 영은 살리는 것이니라 돌에 써서 새긴 죽게 하는 율법 조문의 직분도 영광이 있어 이스라엘 자손들은 모세의 얼굴의 없어질 영광 때문에도 그 얼굴을 주목하지 못하였거든"(고후 3:6-7).

여기서 바울은 좁은 의미의 율법인 십계명을 말하고 있습니다. 이 말씀에서 율법과 십계명을 동일시하고 있음에 주의하십시오. '돌에 써서 새긴 죽게 하는 율법'이라고 했으니 그것은 틀림없이 두 개의 돌판에 새긴 십계명을 말합니다. 바울은 이 율법을 은혜와 대조시키고 있습니다. 분명히 기억해야 할 것은 바울은 여기서 두 개의 돌판에 새긴 율법을 말하고 있다는 사실입니다.

그는 그 율법을 가리켜

1. 율법 조문이라고 했고 거기에 추가해서
2. 율법 조문은 죽이는 것이라 했으며
3. 그 율법은 죽게 하는 직분이 있다고 했고
4. 이에는 영광이 따랐으나 그 영광은 곧 없어질 것이었다고 했습니다.

다시 한 번 말씀드리지만, 바울은 여기서 죽게 하는 직분을 가진 율법, 즉 두 개의 돌판에 써서 새긴 율법에 대해서 언급하고 있음을 기억해 두시기 바랍니다.

다음 성경 말씀을 보십시오.

"정죄의 직분도 영광이 있은즉 의의 직분은 영광이 더욱 넘치리라……없어질 것도 영광으로 말미암았은즉 길이 있을 것은 더욱 영광 가운데 있느니라 우리가 이 같은 소망이 있으므로 담대히 말하노니 우리는 모세가 이스라엘 자손들에게 장차 없어질 것의 결국을 주목하지 못하게 하려고 수건을 그 얼굴에 쓴 것같이 아니하노라 그러나 그들의 마음이 완고하여 오늘까지도 구약을 읽을 때에 그 수건이 벗겨지지 아니하고 있으니 그 수건은 그리스도 안에서 없어질 것이라 오늘까지 모세의 글을 읽을 때에 수건이 그 마음을 덮었도다 그러나 언제든지 주께로 돌아가면 그 수건이 벗겨지리라"(고후 3:9, 11-16).

여기서 바울은 율법에 관한 설명을 추가합니다.

이미 보아온 대로 그 율법은

1. 영이 아니라 율법 조문이었다.
2. 그 율법 조문은 죽이는 것이었다.
3. 그 율법은 죽게 하는 직분이 있었다.
4. 거기에는 일시적인 영광이 따랐다.

이 네 가지 설명 위에 바울은 다음을 추가합니다.

5. 그 율법은 정죄하는 직분이 있었다(고후 3:9).
6. 이 정죄는 곧 폐기될 것이었다(고후 3:11).
7. 그것은 없어질 것이었다(고후 3:13).
8. 그 율법은 주님 앞으로 가까이 나가는 것을 방해하는 수건(베일)이었다 (고후 3:14-16).

얼굴을 가리는 수건이라고 한 율법의 마지막 직분은 그 율법의 모든 목적과 역할의 핵심을 말해 줍니다. 율법은 죄인을 하나님으로부터 분리시키는 수건이며 휘장입니다.

하나님이 죄인을 영접하실 수 있기 위해서는 죄와 불순종이 제거되지 않으면 안 됩니다. 율법은 완전하기 때문에 그 완전한 표준에 조금이라도 위배되면 철저하게 정죄합니다. 그 율법은 위반한 자에게 죽음을 요구하며 따라서 죄인과 하나님 사이에서 하나의 장벽을 이루게 됩니다.

율법은 또한 눈을 가리는 수건이기 때문에, 그 수건을 쓴 사람들은 자기 자신의 공로나 율법을 자신의 힘으로 지킴으로써 하나님 앞에 합당한 자가 되려고 합니다.

그 수건이 벗겨지지 않으면 안 됩니다. 그러나 그것은 죄인으로서는 할 수 없습니다. 그것은 (1) 죄가 없으시고 (2) 다른 사람의 죗값을 갚으실 수 있는 분만이 하실 수 있는 일입니다. 이 일은 예수 그리스도께서 친히 나무에 달려 자기 몸으로 우리 죄를 담당하심으로써 성취되었습니다. 그 십자가에서 그리스도께서는 하나님의 거룩한 율법의 완전한 요구에 직면하셨으며, 그를 영접하는 모든 사람들을 위하여 그들의 죗값을 지불해 주셨고, 그 장벽과 수건을 제거해 주셨습니다. 그렇지 않은 다른 모든 사람에게는 그 수건이 여전히 남아 있으며, 그들에게 율법은 계속 죽음과 정죄의 역할을 하고 있는 것입니다.

찢어진 휘장

마태복음 27장 51절에 성소 휘장이 위로부터 아래까지 찢어져 둘이 되었다는 말씀이 나오는데 이것은 매우 의미심장한 말씀입니다. 하나님이 계시는 곳으로 되어 있는 지성소에 이 휘장을 쳐 놓음으로써 사람이 들어가지 못하도록 해 놓았으나, 예수님이 죽으심으로 이 장벽은 제거되었으며, 이 사실을 믿는 사람은 누구든지 하나님이 계신 곳에 자유로이 들어갈 수 있게 된 것입니다.

"그러므로 우리는 긍휼하심을 받고 때를 따라 돕는 은혜를 얻기 위하여 은혜의 보좌 앞에 담대히 나아갈 것이니라"(히 4:16).

율법은 우리의 위험한 상태를 보여 주기는 하지만 그 위험을 없애 주지는 못합니다. 바울이 디모데에게 보낸 편지의 한 구절을 다시 상기해 보겠습니다.

"알 것은 이것이니 율법은 옳은 사람을 위하여 세운 것이 아니요 오직 불법한 자와 복종하지 아니하는 자와……"(딤전 1:9).

무엇보다 중요한 문제는 당신이 옳은 사람이냐 아니면 옳지 못한 사람이냐 하는 것입니다. 만일 당신이 옳은 사람이라면 율법을 무서워할 필요가 없습니다. 그러나 당신의 것으로는 옳다고 인정받을 수 없기 때문에 의로우신 예수 그리스도에게로 돌아서지 않으면 안 되는 것입니다(요일 2:1).

이 말씀을 끝내기 전에 완전한 하나님의 율법과 완전한 하나님의 은혜를 비교해 보겠습니다.

율법과 은혜

1. 율법은 우리가 하나님께 나아오는 것을 금하는 데 반하여, 은혜는 우리를 현재의 상태 그대로 나아오라고 초대합니다.
2. 율법은 죄인을 정죄하나, 은혜는 우리를 구속합니다.
3. 율법은 "이것을 행하라."라고 명하나, 은혜는 "이것은 이루었다."라고 말합니다.
4. 율법은 "노력하라."라고 말하나, 은혜는 "다 마쳤다."라고 말합니다.
5. 율법은 죄인을 저주하나, 은혜는 믿는 자를 축복합니다.
6. 율법은 죄인을 죽이나, 은혜는 구원합니다.

7. 율법은 하나님 앞에서 모든 입을 막지만, 은혜는 모든 입으로 하나님을 찬양하게 합니다.
8. 율법은 가장 선한 사람도 정죄하지만, 은혜는 가장 악한 사람도 구원합니다.
9. 율법은 "빚을 갚으라."라고 말하나, 은혜는 "지불되었다."라고 말합니다.
10. 율법은 "죄의 삯은 사망이요."라고 말하지만, 은혜는 "하나님의 은사는 영생이니라."라고 말합니다.
11. 율법은 "범죄하는 그 영혼은 죽으리라."라고 하지만, 은혜는 "믿으면 살리라."라고 말합니다.
12. 율법은 사람의 죄를 드러내나, 은혜는 그 죄를 속량합니다.
13. 율법은 죄를 깨닫게 하나, 은혜는 죄로부터 구원합니다.
14. 율법은 모세로 말미암아 주어진 것이지만, 은혜와 진리는 예수 그리스도로 말미암아 온 것입니다.
15. 율법은 복종을 요구하나, 은혜는 순종하는 능력을 줍니다.
16. 율법은 돌에 새겨졌으나, 은혜는 마음에 기록되었습니다.
17. 율법은 그리스도로 말미암아 사라졌지만, 은혜는 영원히 존재합니다.
18. 율법은 우리를 속박하지만, 은혜는 우리를 자유하게 합니다.
19. 율법은 두려움을 일으키나, 은혜는 화평과 확신을 줍니다.

이외에도 얼마든지 있겠지만 이것으로 생략하기로 하고, 누구든지 자신의 행위와 의로움으로 하나님 앞에 나아가고자 하는 사람이 있다면, 이제라도 인간적인 행위에서 믿음으로, 자기 자신에서 그리스도로 돌이켜야 합니다. 참으로 안타까운 것은 많은 사람들이 우리가 그리스도 안에서 누리는 참 자유를 올바로 보지 못하고 있다는 사실입니다. 우리가 그리스도 안에서 누리고 있는 자유는 죄를 짓는 자유가 아니라 그리스도를 주님으로 섬기는 자유입니다.

많은 성실한 분들이 나를 다시 율법 아래로 돌아가게 하려고 내게 수많은 편지를 보내 줍니다. 매 주일 여러 가지의 잡지, 신문, 그리고 편지들이 날아와 내가 아직도 율법 아래에 있다는 사실을 확인시켜 주려 하지만, 그것들은 모두 시간 낭비요 종이와 우표의 낭비에 지나지 않습니다. 당신은 어떻게 생각하십니까? 내가 하나님의 이 놀라운 은혜의 축복을 내어 버리고 다시 그 율법의 저주 아래로 되돌아갈 것 같습니까?

내가 그리스도 안에서 누리는 이 안전을 포기하고 내 행위로 구원받고자 하는 노력으로 다시 되돌아갈 것이라고 잠시라도 생각할 수 있겠습니까? 내가 갈보리산을 등지고 또다시 시내산에 갈 수 있겠습니까? 그리스도께서 주신 구원을 버리고 내 행위로 구원 얻겠다는 비참한 노력을 다시 시작할 것 같습니까? 만일 내가 그렇게 한다면 그리스도의 완성된 사업을 부인할 것이며, 하나님께 모든 영광을 돌리는 대신 내 공로로 구원 얻었다고 자랑할 것입니다.

그러나 그럴 수 없습니다. 결코 그럴 수 없는 일입니다. 나는 하나님의 은혜를 폐하지 않습니다. 만일 의롭게 되는 것이 율법으로 말미암는 것이라면 그리스도께서는 헛되이 죽으셨습니다(갈 2:21). 이러한 생각은 당연히 없애 버려야 합니다. 나는 바울이 말한 바 그대로 여러분에게 권합니다.

"……내가 믿는 자를 내가 알고 또한 내가 의탁한 것을 그날까지 그가 능히 지키실 줄을 확신함이라"(딤후 1:12).

제11장
율법, 요구하는 남편

당신은 남편이 죽자 그날로 다른 남자에게 시집간 여인의 이야기를 들어 보셨습니까? 바로 그런 여자의 이야기가 다름 아닌 성경에 기록되어 있습니다. 그것은 사도 바울이 로마서 7장에 기록한 말씀 중에 나오는 흥미 있는 이야기입니다.

"형제들아 내가 법 아는 자들에게 말하노니 너희는 그 법이 사람이 살 동안만 그를 주관하는 줄 알지 못하느냐 남편 있는 여인이 그 남편 생전에는 법으로 그에게 매인 바 되나 만일 그 남편이 죽으면 남편의 법에서 벗어나느니라 그러므로 만일 그 남편 생전에 다른 남자에게 가면 음녀라 그러나 만일 남편이 죽으면 그 법에서 자유롭게 되나니 다른 남자에게 갈지라도 음녀가 되지 아니하느니라"(롬 7:1-3).

이 말씀에는 남편의 죽음과 그 아내의 재혼 사이의 어떤 시간적 간격에 관해서는 언급되어 있지 않습니다. 물론 남편의 장례를 치르자마자 재혼하는 여자가 있다면, 우리는 얼굴을 찌푸리지 않을 수 없을 것입니다. 어느 정도의 기간이 지난 다음에 재혼하는 것이 전남편에 대한 사랑의 보답이요 존경의 표시라고 생각합니다.

그러나 성경 어느 곳에도 그 기간을 정해 놓은 데가 없습니다. 여인은 남편을 잃자마자 즉시 전남편의 법에서 자유롭게 되며 합법적으로 다른 남자와 결혼할 수 있게 됩니다. 그러나 관습과 예절상 재혼하기까지 적당한 기간을 두어야 한다고 되어 있는 것뿐입니다.

한 예화

그런데 이 성경 말씀(롬 7:1-3)은 다른 중요한 진리를 설명하기 위한 하나의 예화입니다. 바울은 여기서 하나님의 율법과 하나님의 은혜가 믿는 자와 어떤 관계에 있는지를 설명합니다. 재혼한 부인 이야기는 율법과 은혜에 관한 가르침을 밝히기 위해서 소개된 것뿐입니다. 이 이야기를 남편이 있는데도 재혼하고 싶어 하는 어떤 부도덕한 관계에 그대로 적용시켜 교리화하는 잘못을 범해서는 안 됩니다.

이 예화 자체도 하나님의 말씀이기 때문에 진리입니다. 그러나 그 목적은 '믿는 자는 율법에서 자유롭게 된다.'라는 더 큰 진리를 말하려는 것입니다. 그러므로 이 예화를 든 다음 즉시 다음과 같은 말씀에 적용시키고 있습니다.

"그러므로 내 형제들아 너희도 그리스도의 몸으로 말미암아 율법에 대하여 죽임을 당하였으니 이는 다른 이 곧 죽은 자 가운데서 살아나신 이에게 가서 우리가 하나님을 위하여 열매를 맺게 하려 함이라"(롬 7:4).

이제 바울은 그리스도를 믿는 자를, 남편을 여의자마자 그날로 다른 남자에게 시집간 여인에 비유하고 있습니다. 그 첫 번째 남편이 바로 '율법'이고, 두 번째 남편은 '주 예수 그리스도'입니다.

바로 여기서 알아야 할 것은, 이 이야기는 1,500년간이나 율법 아래 있었으나 아무런 결과를 얻지 못한, 한 종교적인 이스라엘 백성에게 적용된다고 설명할 수 있습니다. 그러나 이처럼 일차적으로는 이스라엘에게 적용되지만 모든 사람에게도 진리가 됩니다. 즉 율법적인 행위로는 성령의 열매를 맺을 가망이 없다는 사실을 말해 줍니다. 그러면 이제 율법과 주 예수 그리스도라는 두 남편에 대해서 더 자세히 생각해 보기로 하겠습니다.

첫 번째 남편

물론 바울은 자기 동족 유대인을 염두에 두고 이야기하고 있습니다. 그것은 첫 절의 말씀으로 분명히 알 수 있습니다.

"형제들아 내가 법 아는 자들에게 말하노니……"(롬 7:1).

바울은 그동안 값없는 은혜에 대해서 유대인과 이방인에게 똑같이 설교해 왔습니다. 그 결과 당시 유대 율법주의자들 사이에서 큰 반발이 일어나 이방 신자들도 유대교로 개종하여 율법을 지켜야 한다고 주장하는 자들이 생겨났습니다. 게다가 바울은 사람을 방종하게 한다는 비난을 받게 되었습니다. 그는 이러한 율법주의자들에게 로마서 6장에서 이렇게 말했습니다.

> "죄가 너희를 주장하지 못하리니 이는 너희가 법 아래에 있지 아니하고 은혜 아래에 있음이라"(롬 6:14).

"너희가 법 아래에 있지 아니하고 은혜 아래에 있음이라."라고 선언한 것에 대해 율법주의자들은 꾸준히 반대했습니다. 그러므로 바울은 계속해서 이렇게 말합니다.

> "그런즉 어찌하리요 우리가 법 아래에 있지 아니하고 은혜 아래에 있으니 죄를 지으리요 그럴 수 없느니라"(롬 6:15).

이처럼 그는 율법에서의 자유를 다시 한 번 선언한 다음, 율법과 은혜를 현저하게 비교하는 유명한 다음 말씀으로 결론을 지었습니다.

> "죄의 삯은 사망이요 하나님의 은사는 그리스도 예수 우리 주 안에 있는 영생이니라"(롬 6:23).

여기서 율법과 은혜는 예리하게 대조를 이루고 있습니다. 죄에 대한 율법의 대가는 죽음이지만, 은혜의 선물은 영원한 생명이라는 것입니다. 그러고 나서 바울은 로마서 7장으로 넘어가 남편과 사별한 여인의 이야기를 소개합니다. 바울은 첫째 남편과 사별한 여인의 이야기를 소개하며 첫째 남편을 율법이라고 했습니다. 이스라엘은 애굽의 노예 생활에서 해방된 후 시내산에서 율법이라는 남편과 결혼했습니다. 이 율법이라는 첫째 남편에 대한 여러 가지 일을 알아보겠습니다.

그는 매우 지독하고 엄격한 주인이었습니다. 그의 요구는 절대적이었기 때문에 연약한 그의 아내는 그 모든 요구를 다 충족시킬 수 없었습니다. 아내가 한 가지라도 어기면 모든 면에서 허물이 있는 것으로 여겨졌습니다. 이 율법이라는 남편은 완전한 것, 어김이 없는 것을 요구했으며 전적인 복종을 요구했습니다. 이것을 어기면 그 여자는 정죄를 당해야 했습니다. 그 여자는 있는 힘을 다했으나 남편을 기쁘게 해주지 못했습니다.

왜냐하면 율법은 거룩할 뿐 아니라 의로웠기 때문입니다. 그러나 그 여자는 도저히 그것을 지킬 수 없다는 것을 알게 되었음에도 불구하고, 여전히 복종을 강요당하고 있었던 것입니다. 따라서 그 여자는 끊임없이 처벌 받을 위협 아래 놓여 있었습니다.

만일 어떤 구원의 손길이 뻗치지 않는다면, 이 가엾은 아내는 율법의 처벌은 죽음이기 때문에 결국 죽지 않으면 안 될 것입니다. 그 여자는 어떻든 첫째 남편의 심판에서 구출되지 않으면 안 됩니다. 그렇지 않으면 그녀는 죽게 될 뿐입니다.

자식 못 낳는 남편

이 율법이란 남편의 이야기에서 한 가지 사실을 더 배우게 되는데, 그것은 이 여자와 율법이란 남편 사이에서는 자식을 낳지 못했다는 것입니다.

즉 열매를 맺지 못했습니다. 이것은 율법이 잘못된 것이기 때문이 아니라 아내가 잘못됐기 때문입니다. 그 여자는 영적으로 죽어 있기 때문에 임신할 수 없었으며, 의의 열매를 맺을 수 없었던 것입니다. 율법은 죄인을 통해서는 의의 열매를 맺을 수 없습니다.

율법은 실로 강력합니다. 그러나 죄인을 죽음으로 몰아넣는 힘은 강하지만, 생명을 줄 힘은 없습니다. 그 연약하고 가엾은 아내는 틀림없이 남편의 위협에 끌려다닐 뿐만 아니라 끊임없이 땀 흘려 수고하고 애를 쓰지 않으면 안 됩니다. 그 여자에게 필요한 것은 다만 '다른 남편'을 얻는 것뿐입니다. 그 여자에게는 그 매임에서 풀어 줄 어떤 다른 사람이 필요합니다.

그러나 그 여자는 두 남편을 동시에 가질 수 없습니다. 만일 그렇게 한다면 간음한 여인이 되고 말기 때문입니다. 그 여자가 그리스도와 결혼하기 위해서는 우선, 첫째 남편인 율법에서 자유로워져야 합니다. 그러나 그것은 율법의 모든 요구가 이루어지기 전에는 불가능합니다.

여기서 우리는 믿음으로 의롭게 된다는 영광스런 진리를 발견하게 됩니다. 때가 찼을 때 그리스도께서 오셔서 여자에게서 나시고 율법 아래 나신 것은 율법 아래 있는 사람들을 구원하시기 위해서였습니다(갈 4:4). 그는 율법을 완전히 지키셨고 갈보리로 가셔서 죄의 값을 지불하셨으며, 그로써 첫째 남편이 위협했던 율법의 저주를 제거해 버리셨습니다.

믿음으로 우리는 그리스도의 몸의 지체가 되며, 따라서 하나님은 예수님이 행하신 모든 일을 곧 믿는 자의 것으로 여기시고, 그리스도의 의를 그에게 돌려주십니다. 이제 율법은 더 이상 우리를 정죄할 수 없게 되었습니다. 왜냐하면 그 대가는 지불되었기 때문입니다. 빚은 완전히 청산되었습니다. 여기서 바울은 재혼한 여자의 이야기를 이렇게 적용시킵니다.

"그러므로 내 형제들아 너희도 그리스도의 몸으로 말미암아 율법에 대하여 죽임을 당하였으니……"(롬 7:4).

믿는 자는 율법에 대하여 죽었습니다. 율법은 죽은 자를 지배할 수 없습니다. 그는 영원히 율법이 미치지 못하는 곳으로 옮겨진 것입니다. 율법이 사람에게 내릴 수 있는 최대의 형벌은 '죽음'입니다. 그 이상은 없습니다. 그러나 믿는 자는 이미 그리스도와 함께 죽었기 때문에 율법이 관계할 수 없습니다. 그러므로 바울은 이렇게 말합니다.

"내가 그리스도와 함께 십자가에 못 박혔나니……"(갈 2:20).

그리고 그는 십자가에 못 박혔기 때문에 이렇게 말할 수 있었습니다.

"내가 율법으로 말미암아 율법에 대하여 죽었나니 이는 하나님에 대하여 살려 함이라"(갈 2:19).

하나님께 대한 열매

율법과 그리스도라는 두 남편에 관해서 한 가지 사실을 더 말하지 않으면 안 되는데, 그것은 첫째 남편에게서는 아이를 낳지 못했지만 두 번째 남편은 전에 임신 못하던 이 여인을 통해 열매를 맺을 수 있게 되었다는 사실입니다. 우리가 구원받기 전에는, 죄로 물들어 있었고 더럽혀져 있으며 날 때부터 영적으로 병들어 있었기 때문에, 아이를 낳을 수 없는 영적인 불임증에 걸려 있었습니다. 이러한 불임증을 유발한 죄의 병은 고침을 받아야 되는데, 바로 두 번째 남편은 그를 믿는 모든 사람을 위해 이 병을 치료해 주었습니다. 이러한 사실에 대해 성경은 분명히 말합니다.

"그러므로 내 형제들아 너희도 그리스도의 몸으로 말미암아 율법에 대하여 죽임을 당하였으니 이는 다른 이 곧 죽은 자 가운데서 살아나신 이에게 가서 우리가 하나님을 위하여 열매를 맺게 하려 함이라"(롬 7:4).

이 모든 말씀의 요점은 이렇습니다. 우리는 그리스도의 몸으로 말미암아 율법에 대하여 죽었지만, 과부가 된 것은 아닙니다. 왜냐하면 바로 우리 주 예수께 시집간 것이 되기 때문입니다. 우리는 더 훌륭한 새 남편을 맞이하게 되었습니다.

그렇다면 당신은 이렇게 질문할지 모릅니다. 그리스도인은 율법에 대하여 죽고 율법으로부터 구원받았으니 하나님의 율법을 지켜야 할 의무가 없지 않습니까? 그러나 그렇지 않습니다. 분명히 의무가 있습니다만, 그 동기가 전혀 다릅니다. 믿는 자는 이제 심판의 두려움 때문이 아니라 구원에 대한 감사와 그 사랑 때문에 자발적으로 하나님의 뜻을 찾는 것이고 그의 법을 지키는 것입니다.

그 아내는 얽매였던 것에서 자유하게 해준 그의 남편을 사랑하기 때문에, 전적으로 그 새로운 남편을 위해 살아가는 것입니다. 율법이라는 남편과 살았을 때는 처벌에 대한 두려움과 죽음과 심판에 대한 협박으로 복종했으나, 이제는 사랑과 감사와 그를 섬기고자 하는 열정에서 새 남편에게 순종하게 되는 것입니다.

그리스도인은 모든 일에 있어서 하나님께 순종할 의무가 있습니다. 그러나 그것은 율법이 그렇게 하라고 명하기 때문이라든가 심판을 피하기 위해서가 아닙니다. 하나님은 우리가 하나님의 뜻에 순종하기를 원하십니다. 그러나 또한 하나님은 우리에게 기꺼이 순종할 수 있는 능력도 주십니다. 그리고 이러한 모든 일은 남편인 그리스도를 향한 사랑에서 비롯되는 것입니다.

만일 첫째 남편이 죽은 다음에 재혼하지 않고 그대로 혼자 살았다면 그 여자는 위험한 성격의 소유자가 되었을 것입니다. 그러나 그렇지 않았습니다. 그 여자는 다른 이에게로 갔습니다. 그가 다름 아닌 그리스도이십니다.

사랑의 힘은 율법의 힘보다 무한히 큽니다. 사랑이 율법을 성취한다는 것은 바로 이 때문입니다. 바울의 말을 들어 보십시오.

"사랑은 이웃에게 악을 행하지 아니하나니 그러므로 사랑은 율법의 완성이니라"(롬 13:10).

사랑이 풍성하면 할수록 법은 필요 없게 됩니다. 이와 반대로 사랑이 없는 곳에 법은 더욱 엄격합니다. 어머니에게 자기의 아기를 돌보아 주라는 율법이 필요하겠습니까? 하인이나 보모에게는 어떤 규칙이 필요하고 어떻게 밥을 먹이라든가 돌보아 주라든가 하는 지시가 필요할지 몰라도, 어머니에게 그런 지시를 한다면 그것은 모욕이 될 수밖에 없습니다.

어머니에게는 자식을 먹여 살리라든가 깨끗하게 씻겨 주라든가 보호해 주고 따뜻하게 해주고 불이나 위험한 곳에 닿지 않도록 보살펴 주라든가 하는 명령이 필요 없습니다. 어머니의 사랑은 모든 율법과 계명을 초월합니다. 사랑이 있는 곳에 율법은 필요 없습니다.

이와 마찬가지로 그리스도인은 주님을 사랑하는 고로 주님을 섬기는 것이지, 섬기라는 율법 때문에 두려워서 섬기는 것이 아닙니다. 내가 주님을 사랑한다면 주님 외의 다른 신을 섬기지 않습니다. 우상을 숭배하지 않습니다. 주님의 이름을 망령되이 일컫지 않습니다. 주님의 거룩한 날을 더럽히지 않습니다.

이러한 모든 것들은 이렇게 요약할 수 있을 것입니다. 율법에서의 자유와 하나님의 은혜를 감사하고 있는 어느 그리스도인에게 "자, 이제 당신은 율법에서 벗어났으니 당신이 '원하는 것'은 무엇이든지 할 수 있잖소?"라고 묻는다면 그 그리스도인은 이렇게 대답할 것입니다. "그렇습니다. 내가 '원하는 것'은 무엇이나 행할 수 있습니다. 그러나 내가 구원받을 때 주님은 내 마음속에 새로운 '원하는 것'을 넣어 주셨습니다."

만일 당신에게 주님을 사랑하기 때문에 주님을 섬기고 기쁘시게 해드리고 싶다는 바람이 없다면, 당신은 당신의 마음을 다시 검토해 보아야 할 필요가 있습니다.

하나님은 벌받고 경계 받을 것이 두려워 좁은 길을 걷는 그리스도인을 가련하게 여기십니다. 그렇습니다. 길을 잘못 가면 다시 버림받을까 두려워서 바르게 행동하려는 그리스도인이 있다면 나도 역시 그에게 동정을 금치 못합니다. 그런 사람은 주님을 섬기는 동기가 잘못되어 있습니다. 우리 주님이 기뻐 받으시는 섬김은 사랑과 감사에서 우러나옵니다.

"우리가 사랑함은 그가 먼저 우리를 사랑하셨음이라"(요일 4:19).

제12장
율법, 사형 집행인

"내가 율법으로 말미암아 율법에 대하여 죽었나니 이는 하나님에 대하여 살려 함이라 내가 그리스도와 함께 십자가에 못 박혔나니 그런즉 이제는 내가 사는 것이 아니요 오직 내 안에 그리스도께서 사시는 것이라 이제 내가 육체 가운데 사는 것은 나를 사랑하사 나를 위하여 자기 자신을 버리신 하나님의 아들을 믿는 믿음 안에서 사는 것이라 내가 하나님의 은혜를 폐하지 아니하노니 만일 의롭게 되는 것이 율법으로 말미암으면 그리스도께서 헛되이 죽으셨느니라"(갈 2:19-21).

그리스도인은 모순된 존재이며 겉으로 보기에는 이율배반적입니다. 왜냐하면 죽은 자라고 하면서 산 자라고도 하기 때문입니다. 반쯤 죽었다거나 반쯤 살았다는 것이 아니라 완전히 죽었으며 완전히 살아 있다는 것입니다.

참으로 믿는 사람은 죄에 대하여는 죽었고 그리스도께 대하여는 산 자입니다. 이 사실을 바울은 '율법에 대하여 죽었고 하나님에 대하여 살았다.'라고 표현했습니다.

"내가 율법으로 말미암아 율법에 대하여 죽었나니 이는 하나님에 대하여 살려 함이라"(갈 2:19).

율법에 대하여 죽었다니 이 얼마나 놀라운 사실입니까? 바울은 율법이 죽었다고 말하지 않았습니다. 주님을 알기 전에 이미 그는 율법이 얼마나 힘이 있는지를 알았습니다. 율법은 지금도 여전히 살아 있어서 범법한 자들을 정죄하고 저주하고 심판으로 위협합니다. 율법은 지금도 죄인에 대하여 진노하고 있습니다.

"너희도 정녕 이것을 알거니와 음행하는 자나 더러운 자나 탐하는 자 곧 우상 숭배자는 다 그리스도와 하나님의 나라에서 기업을 얻지 못하리니 누구든지 헛된 말로 너희를 속이지 못하게 하라 이로 말미암아 하나님의 진노가 불순종의 아들들에게 임하나니"(엡 5:5-6).

율법은 결코 죽지 않았습니다. 바울이 말한 것은 '내가 율법에 대하여 죽었다.'라는 것입니다. 율법은 더 이상 내가 존재한다고 보지 않습니다. 나는 이미 죽었고 율법은 죽은 자를 건드리지 못하기 때문에, 율법은 나를 건드리지 못합니다. 바울이 이처럼 놀라운 말을 한 이유를 이해하기 위해서는 그 당시의 상황을 알아야 할 것입니다.

그 말을 하기 바로 전에 바울은 안디옥에 온 베드로가 이방 그리스도인들과 함께 사귀면서 유대 율법이 엄격하게 금한 음식을 먹은 사실에 대해서 언급했습니다. 그때 베드로는 예루살렘에서 온 어떤 율법주의자들이 그곳으로 오자, 이방 그리스도인들에게서 물러나 다시 율법 지키는 사람 행세를 했다는 것입니다. 이 때문에 바울은 심히 격분해서 베드로의 그러한 이중적인 행동을 꾸짖었다고 기록했습니다. 그런 다음에 곧 "내가 율법으로 말미암아 율법에 대하여 죽었나니……"(갈 2:19)라고 쓴 것입니다.

나도 마찬가지로 나와 율법과의 관계는 끝나 버렸습니다. 바울이 무엇이라고 말했습니까? 율법이 보기에 나는 죽었습니다. 나는 존재하지 않는다는 것입니다. 한 예를 들어 설명해 보겠습니다.

가령 어떤 사람이 살인을 범했다고 합시다. 법에 따라 유죄 판결을 받으면 그는 사형을 받아야 합니다. 그는 살인 혐의로 체포되어 재판을 받게 되었습니다. 공판이 열려 판사가 재판석에 앉았습니다. 피고는 검사가 그에게 낭독해 주는 공소 내용을 듣고 시인했습니다. 그러나 공판이 끝나기 전에, 피고는 마음에 충격을 받아 심장 마비를 일으켜 공판석에서 그대로 쓰러져 죽었습니다. 의사가 달려왔으나 사망이라는 진단을 내렸을 뿐입니다.

자, 그러면 판사는 무엇을 하겠습니까? 한바탕 소동이 지난 다음에 공판을 다시 열어 "그러면 이제부터 이 죽은 사람에 대한 재판을 계속하겠습니다."라고 외치겠습니까? 천만에! 죽은 자를 앞에 놓고 재판할 수 없으며 죽은 자에게 사형 선고를 내릴 수 없습니다. 왜냐하면 그는 이미 죽었기 때문입니다. 판사는 이 사건을 기각할 수밖에 없습니다. 영원히 끝나 버린 것입니다.

이제는 다른 사건으로 넘어가지 않으면 안 됩니다. 이 이야기에서 피고는 법을 슬쩍 넘어간 것입니다. 법은 그 사람을 사형에 처할 권리를 가지고 있었으나 법이 그에게 선고하기 전에 그 사람이 먼저 죽어 버린 것입니다.

바울의 경우

그러나 바울은 이 예화에 나오는 살인 혐의자와는 경우가 좀 다릅니다. 그는 법을 슬쩍 넘어가거나 피한 것이 아니라 율법이 자신에게 사형을 선고했다고 했습니다. 성경은 분명히 말합니다.

"내가 율법으로 말미암아 율법에 대하여 죽었나니……"(갈 2:19).

율법으로 말미암아, 즉 율법에 의해서 사형이 선고되었다는 것입니다. 율법이 그를 유죄로 판결하고 사형 집행을 하여 죽였다는 것입니다. 다시 예화를 들겠습니다.

법정의 피고석에 서 있는 그 피의자를 다시 생각해 보겠습니다. 증인들이 소환되어 모두 그 사람의 살인을 증거했습니다. 판사는 그 사람의 유죄를 선언하고 선고 공판 날을 정했습니다.

선고 공판이 다시 열려 판사는 살인죄에 해당하는 법조문을 낭독했습니다. 사형 선고를 내린 것입니다. 판사는 그를 교수형에 처할 것을 명하고 그 날짜를 확정했습니다. 드디어 그날이 왔으며 그는 교수대에 목을 걸었습니다. 의사가 그의 사망을 확인했고 그것으로써 그 사건을 완전히 매듭 짓게 되었습니다.

이제 그 사람은 법에 대해서 죽었을 뿐 아니라 법으로 말미암아 죽은 것입니다. 법이 그에게 죽음을 선고했습니다. 이제 법은 더 이상 그에게 할 일이 없게 되었습니다. 법은 임무를 다한 것입니다. 이 사실을 바울은 '내가 율법으로 말미암아 율법에 대하여 죽었나니'라고 표현했습니다.

그런데 이야기는 그것으로 그치지 않습니다. 그 죄수가 사형 집행된 지 사흘 후 이른 아침에 거리에 나타난 것입니다. 혹시 다른 사람이 아닌가 하고 눈을 의심했으나 분명히 그 사람이 틀림없었습니다. 그 죄수가 다시 살아난 것입니다. 목격자는 즉시 법원으로 달려가서 판사에게 고했습니다. "판사님, 사흘 전에 사형 집행된 그 사람을 기억하시죠? 그런데 그 사람이 다시 살아났어요. 내 눈으로 똑똑히 보았는걸요. 빨리 경찰을 부르세요. 그래서 속히 위험한 그 살인자를 잡아넣으세요, 판사님!"

판사는 침착하게 "자, 좀 참으시오. 기록을 다시 봐야겠소."라고 말하고 나서 공판 기록을 들추어 봤습니다. 분명히 유죄 판결이 내려졌고 사형이 집행되었으며 의사의 사망 확인서가 첨부되어 있었습니다. 판사는 "음, 이미 끝난 거군!" 이렇게 대수롭지 않게 말했습니다. 그러고 나서 그 목격자에게 "그 사람은 죽었습니다."라고 했습니다. 그 목격자가 "그 사람이 다시 살아났단 말이에요! 내가 분명히 봤어요!"라고 소리친다 해도 판사는 여전히 "미안합니다. 법에 따라 이 사람은 사흘 전에 이미 죽은 것으로 되어 있습니다. 그는 최고의 형벌을 치렀습니다."라고 할 것입니다.

그 사람은 법률상으로 이미 죽은 자입니다. 따라서 법은 한 사람을 같은 죄목으로 두 번 처벌할 수 없습니다. 만일 그 사람이 죽었다가 다시 살아난 것이라면 그 법은 그 사람과 아무 상관이 없는 것입니다. 법에는 부활한 사람에 관한 조항이 없습니다. 따라서 이런 사건에 대해서 법은 무력합니다.

법에 의해서 그 사람이 죽은 이상, 한 사람의 같은 죄를 두 번 심판할 수 없기 때문에 그 사람은 자유인입니다. 다시 말하면 법에 대하여 죽었으며 그 법으로 말미암아 죽었고, 법이 죽은 자로 본다는 것입니다. 바울은 이러한 사건이 바로 자기에게 해당된다고 말한 것입니다. 그는 법에 의해서 사형이 집행되었으나 다시 살아났다는 것입니다.

언제, 어디서, 어떻게

"바울 선생님! 그렇다면 말씀해 주십시오. 당신은 그러한 일을 언제 겪었으며 어디서 어떻게 죽었단 말입니까?"라고 묻는다면, 바울은 이미 대답을 준비해 놓고 있습니다.

> "내가 그리스도와 함께 십자가에 못 박혔나니 그런즉 이제는 내가 사는 것이 아니요 오직 내 안에 그리스도께서 사시는 것이라……"(갈 2:20).

어디서 내가 죽었느냐고요? 갈보리 동산에서입니다. 언제 죽었느냐고요? 그리스도께서 죽으셨을 때입니다. 어떻게 내가 죽었느냐고요? 십자가에 못 박혀 죽었습니다. '내가 그리스도와 함께 십자가에 못 박혔나니'라는 말이 바로 그 뜻입니다. 이러한 바울의 이상한 말을 이해하기 위해서 그리스도의 몸의 지체에 관한 하나님의 말씀을 주의해 봐야 하겠습니다.

그리스도께서 십자가에 달리셨을 때 사람들은 그 손과 발에 못이 박힌 한 인간의 육체만 보았을 뿐입니다. 그러나 하나님이 내려다보셨을 때에는 '다른 하나의 몸', 즉 머리와 연합되어 있는 영적인 몸을 보셨습니다. 하나님은 그리스도 안에서 믿는 자들로, 즉 그리스도의 지체들이며 그의 몸이라고 불리는 자들로 형성된 신비스런 몸을 보셨던 것입니다.

그리스도께서는 그 몸의 머리가 되셨으며 그 몸은 여러 지체들로 되어 있었습니다. 그것이 바로 그리스도의 몸인 교회입니다. 하나님은 갈보리 동산에서 교회의 머리이신 그리스도께 있었던 일을 곧 모든 지체들에게 똑같이 있었던 것으로 여기셨습니다. 왜냐하면 교회는 그리스도의 신령한 몸이기 때문입니다.

"······다 한 성령으로 세례를 받아 한 몸이 되었고······"(고전 12:13).

하나님은 이미 영원 전에 그리스도인들을 그리스도의 몸의 지체들로 알고 계셨습니다.

"곧 창세전에 그리스도 안에서 우리를 택하사······"(엡 1:4).

"우리는 그 몸의 지체임이라"(엡 5:30).

예수님의 육체가 십자가에 달리셨을 때 하나님은 그리스도의 신령한 몸인 교회가 '그리스도 안에' 함께 달려 있는 것을 보신 것입니다. '내가 그리스도와 함께 십자가에 못 박혔나니'라는 바울의 말은 바로 그 뜻입니다. 하님 보시기에 나도 역시 그리스도의 몸의 한 지체로서 그리스도와 함께 나무에 달렸습니다. 그뿐 아니라 사람들이 예수님을 나무에서 내려 장사 지낼 때 그 몸의 지체들인 우리도 역시 장사되었습니다.

"그러므로 우리가 그의 죽으심과 합하여 세례를 받음으로 그와 함께 장사 되었나니……"(롬 6:4).

그러나 그것뿐만이 아닙니다. 그 몸이 다시 살아난 것입니다. 장사된 지 사흘 후 그 무덤은 한 지체도 남김없이 텅 비게 되었습니다. 우리도 그의 몸의 지체들이기 때문에 그와 함께 다시 살아난 것입니다.

"그러므로 너희가 그리스도와 함께 다시 살리심을 받았으면 위의 것을 찾 으라……"(골 3:1).

또 있습니다. 40일 후에 그리스도께서 하늘로 올라가셨던 그때에 그 몸 도 함께 있었으므로 하나님 보시기에 믿는 자들은 이미 하늘에 앉아 있는 것입니다. 비록 육체로는 우리가 이 땅 위에 있지만, 그리스도 안에서 우리 의 지위는 이미 영적으로 하늘에 앉아 있는 것입니다.

"긍휼이 풍성하신 하나님이 우리를 사랑하신 그 큰 사랑을 인하여 허물 로 죽은 우리를 그리스도와 함께 살리셨고 (너희는 은혜로 구원을 받은 것 이라) 또 함께 일으키사 그리스도 예수 안에서 함께 하늘에 앉히시니"(엡 2:4-6).

우리는 그리스도의 신령한 몸의 지체들이기 때문에 그리스도께 있었던 일은 곧, 그의 몸의 각 지체들에게도 있었던 것이 됩니다. 그렇습니다. 바울과 똑같이 모든 믿는 자들은 이렇게 말할 수 있습니다.

"내가 그리스도와 함께 십자가에 못 박혔나니 그런즉 이제는 내가 사는 것이 아니요……"(갈 2:20).

주 예수 그리스도의 죽으심으로 말미암아 율법은 할 일을 다 했습니다. 그리고 하나님은 그것을 마치 우리 자신이 형벌을 치른 것처럼 여기셨습니다. 진실로 나는 "율법으로 말미암아 율법에 대하여 죽었다."라고 고백할 수 있습니다.

그렇다면 우리에게는 법이 없는가?

본 장을 끝내기 전에 다시 한 번 답변해 드려야 할 것이 있습니다. 율법에서 해방되었다고 말하는 것은, 사람들을 게으르게 만들고 거리낌 없이 죄를 짓게 하는 위험한 교리라고 주장하는 사람들에게 다시 한 번 말씀드리고 싶습니다. 누구든지 이러한 의문을 가지고 있는 사람이 있다면, 그 사람은 아직 하나님의 참 은혜가 무엇인지 모르는 사람입니다.

성경은 이렇게 말씀하고 있습니다.

"내가 율법으로 말미암아 율법에 대하여 죽었나니 이는 하나님에 대하여 살려 함이라"(갈 2:19).

율법으로부터의 자유는 그리스도의 법 아래에 있게 되는 것을 의미합니다. 율법에서 구원받을 때 우리는 자유를 얻게 됩니다. 그러나 그 자유는 죄를 짓는 자유가 아니라 두려움 없이 주님을 섬기게 되는 자유입니다. 다음 장에서는 바로 이 문제, 즉 은혜를 주장하는 것은 멋대로 사는 것의 핑계를 만들어 낸다는 그릇된 생각에 대해서 자세히 말씀드리겠습니다. 이러한 비난에 대해서 바울은 이렇게 말했습니다.

"모든 사람에게 구원을 주시는 하나님의 은혜가 나타나 우리를 양육하시되 경건하지 않은 것과 이 세상 정욕을 다 버리고 신중함과 의로움과 경건함으로 이 세상에 살고"(딛 2:11-12).

율법은 경건을 명령으로 요구하나 하나님의 은혜는 경건이 생겨나게 합니다. 만일 당신이 당신을 향상시키기 위해서 율법에 기대를 걸어 왔다면, 이제는 당신의 눈을 돌려 하나님의 은혜를 바라보십시오.

"너희는 그 은혜에 의하여 믿음으로 말미암아 구원을 받았으니 이것은 너희에게서 난 것이 아니요 하나님의 선물이라 행위에서 난 것이 아니니 이는 누구든지 자랑하지 못하게 함이라"(엡 2:8-9).

제13장

율법, 초등교사

"이같이 율법이 우리를 그리스도께로 인도하는 초등교사가 되어 우리로 하여금 믿음으로 말미암아 의롭다 함을 얻게 하려 함이라 믿음이 온 후로는 우리가 초등교사 아래에 있지 아니하도다"(갈 3:24-25).

율법의 네 가지 역할에 대해서 계속 살펴보았는데 이제 그 마지막으로 초등교사로서의 율법을 생각해 보기로 하겠습니다.

이것도 역시 갈라디아서 3장 19절의 "그런즉 율법은 무엇이냐?" 혹은 그렇다면 율법을 주신 목적이 무엇인가? 율법이 죄인을 구원하지도 못하고 성도를 보존할 수도 없다면 무엇 때문에 하나님은 율법을 주셨는가? 율법을 완전히 지킬 사람이 아무도 없음을 아시면서도 하나님이 율법을 지키라고 요구하신 것은 잘못이 아닌가?라는 질문에 대한 답변으로 한 말입니다.

앞에서 이미 그 대답을 제시했습니다만, 본 장에서는 율법이 주어진 또 다른 하나의 이유를 밝혀 보겠습니다.

"그러면 율법이 하나님의 약속들과 반대되는 것이냐 결코 그럴 수 없느니라 만일 능히 살게 하는 율법을 주셨더라면 의가 반드시 율법으로 말미암았으리라 그러나 성경이 모든 것을 죄 아래에 가두었으니 이는 예수 그리스도를 믿음으로 말미암는 약속을 믿는 자들에게 주려 함이라 믿음이 오기 전에 우리는 율법 아래에 매인 바 되고 계시될 믿음의 때까지 갇혔느니라"(갈 3:21-23).

다시 한 번 바울은 율법은 결코 구원하기 위해서나 사람을 의롭게 만들려고 주어진 것이 아님을 선언합니다. 여러 번 같은 말씀을 드리는 것은 성경에 그처럼 자주 반복되는 말씀이기 때문입니다. 다음 구절에도 다시 한 번 말씀되어 있습니다.

"……만일 능히 살게 하는 율법을 주셨더라면 의가 반드시 율법으로 말미암았으리라"(갈 3:21).

바울이 말하는 것은 사람이 율법을 지킴으로써 의롭게 될 수 있다면 그리스도의 희생은 필요 없었을 것이라는 사실입니다. 그러면서 바울은 옛날 초등교사의 예화를 들면서 율법의 사명을 설명합니다.

"……율법이 우리를 그리스도께로 인도하는 초등교사가 되어……"(갈 3:24).

초등교사에 관한 설명을 하기 전에, 이 말씀을 이해하는 데 열쇠가 될 수 있는 단어를 제시해야 하겠습니다. 이 열쇠를 모르고서는 결코 바울이 가르치고자 하는 바를 깨달을 수 없습니다. 그 열쇠는 다름이 아니라 '우리'라는 말과 '너희'라는 말의 차이점입니다. 이 두 개의 인칭 대명사는 갈라디아서 3장에서 거듭거듭 사용되고 있는데, '우리'라는 단어는 23절에서 25절 사이에 네 번, '너희'라는 단어는 26절에서 29절 사이에 세 번이나 쓰였습니다.

갈라디아서 4장에서는 '우리'가 세 번, '너희'는 스물여섯 번 나옵니다. 여기서 바울이 가르치고자 하는 바를 이해하기 위해서는 '우리'와 '너희'라는 단어를 잘 구별하여, 바울이 누구에 관해서 누구에게 이 말을 하고 있느냐를 알아야 합니다. 바울이 여기에서 '우리'라는 말을 쓸 때는 율법 아래에 있는 이스라엘 백성을 대표하는 유대인을 가리키고, '너희'라는 인칭 대명사를 쓸 때는 은혜 아래에 있는 그리스도인들, 즉 교회를 가리킵니다. 바울은 유대인인 '우리'와 믿는 자인 '너희'를 구별해서 썼습니다.

만일 이것을 구별하지 못하면 혼동하게 될 뿐입니다. 이 사실을 염두에 두고 이제 성경으로 돌아가 보겠습니다.

"믿음이 오기 전에 '우리'(유대인)는 율법 아래에 매인 바 되고 계시될 믿음의 때까지 갇혔느니라 이같이 율법이 '우리'(유대인)를 그리스도께로 인도하는 초등교사가 되어 '우리'(유대인)로 하여금 믿음으로 말미암아 의롭다 함을 얻게 하려 함이라 믿음이 온 후로는 '우리'(유대인)가 초등교사 아래에 있지 아니하도다"(갈 3:23-25).

여기서 바울이 율법 아래에 있는 이스라엘 백성을 '우리'라고 말하고 있음을 알 수 있습니다. 그다음 그가 은혜 아래에 있는 믿는 자들, 특히 이방 그리스도인들을 말할 때는 그 인칭 대명사가 바뀝니다.

"'너희'(믿는 자들, 교회)가 다 믿음으로 말미암아 그리스도 예수 안에서 하나님의 아들이 되었으니······'너희'(믿는 자들, 교회)는 유대인이나 헬라인이나 종이나 자유인이나 남자나 여자나 다 그리스도 예수 안에서 하나이니라"(갈 3:26, 28).

이스라엘과 교회

이스라엘은 율법 아래에 있었으나 교회는 은혜 아래에 있습니다. 이스라엘은 성숙지 못한 어린아이들을 인도하는 초등교사 아래 있었으나, 우리는 하나님의 가족 중에 하나님의 아들의 지위를 가진 성숙한 자녀입니다.

그러나 어떤 사람은 이렇게 반박합니다. "이 성경 구절을 보면 율법이 초등교사로서 우리를 그리스도께로 인도한다고 하지 않았는가?"

몇 해 전에 독실한 목사인 나의 친구 하나가 율법에서의 자유를 전하는 나를 꾸짖으며 말했습니다. "어쨌든 율법은 구주께로 우리를 인도한다는 의미에서 꼭 필요하다고 생각하네!" 나는 그런 것을 성경에서 읽어 본 일이 없다고 대답해 주었습니다.

그랬더니 그 친구는 놀라서 "내가 보여 주지!" 하고 갈라디아서 3장 24절을 제시했습니다. "이것 보게, 이렇게 말하지 않았나? '율법이 우리를 그리스도께로 인도하는 초등교사가 되어'라고 나와 있네." 나는 이렇게 대답했습니다. "글쎄, 안 보이는데. 어디에서 율법이 우리의 초등교사라고 말했나?" 그러자 나의 친구는 거의 화를 내면서 말했습니다. "이거 읽지도 못하나? 여기서 그렇게 말하지 않나? 율법은 우리의 초등교사라고."

나는 다시 성경을 보면서 이렇게 말했습니다. "미안하네. 이것 보게, 전혀 그렇지 않네. '율법은 우리의 초등교사였다.'라고 했지 '현재 초등교사이다.'라고 하지 않았네. 그리고 '우리'의, 즉 사도 바울을 포함한 유대인의 초등교사였다고 했지 교회의 초등교사라고 하지 않았음을 알아야 할 걸세"(한글 개역개정 성경에는 '초등교사가 되어'라고만 되어 있기 때문에 시제가 분명치 않지만, 원문 성경과 영어 성경에는 '초등교사이다.'가 아니라 '초등교사였다.'라는 과거 시제로 되어 있다-역자 주).

성경을 자세히 읽지 않으면 이처럼 잘못 이해하게 되는 경우가 많습니다. '……였다.'(was)라는 말과 '……이다.'(is)라는 말은 상당히 차이가 있습니다. 그리고 이미 말씀드린 열쇠, '우리'와 '너희'를 잘 분간하게 되면 모든 뜻이 분명해집니다. 그는 여기서 유대인의 한 사람으로서 갈라디아 교회, 즉 이방 그리스도인들에게 말하고 있는 것입니다. '율법은 "우리"(이스라엘 백성)의 초등교사였다.' 다시 말하면 '"너희"(그리스도인, 교회)의 초등교사가 아니다.'라는 뜻입니다.

그리스도께서 오시기까지

'초등교사'는 헬라어로 **파이다고고스**(*paidagogos*)로 '어린이 인도자'라는 뜻입니다. 집안에서 한 어린아이가 성인이 되기까지 단련시키는 일을 맡은 사람을 '초등교사'라고 부릅니다. 바꿔 말하자면, 오늘날의 가정 교사와 비슷합니다.

『국제 표준 성경 대사전』(The International Standard Bible Encyclopedia)을 보면 그에 대한 가장 적절한 설명이 나와 있습니다.

"'초등교사'(schoolmaster)는 파이다고고스를 번역한 말인데, 직역하면 '어린이 인도자'(child-leader)란 뜻이다. 이 파이다고고스는 선생이 아니라, 부유한 가정에서 아이를 돌보는 일을 맡은 노예를 가리키는 말이다. 그는 책임 맡은 아이를 데리고 다니면서 길을 잃지 않도록 돌보며, 나쁜 동무들과 사귀지 않도록 살피고, 매사에 좋고 나쁜 것을 가르치는 역할을 한다. 그 당시 거리에서는 이러한 초등교사를 흔히 볼 수 있었는데 속담에도 '찡그린 초등교사의 얼굴'이라든가 '초등교사 같은 자를 따라간다.'라는 말이 있다. 자연히 보통 아이들에게는 초등교사가 모든 것에 싫은 소리를 하는 표본으로 보였을 것이다. 그런고로 사도 바울의 말은 이렇게 풀이될 수 있을 것이다. '율법은 우리를 그리스도의 때까지 인도하는 필요하면서도 귀찮은 한 초등교사였다. 그러나 그때가 왔을 때 초등교사의 지도도 끝이 났다.'"

이상의 설명은 바울의 말을 정확하게 주석했다고 볼 수 있습니다. 자라나는 어린아이에게 이처럼 엄격하고 틀림없는 초등교사가 있었던 것처럼 율법은 이스라엘에게 같은 역할을 해 왔습니다. 그러나 그 아이가 성장했을 때에는 초등교사의 감독에서 벗어나 아버지의 한 아들로서 마음껏 특권과 자유를 누리고 가정생활을 하게 되었던 것입니다.

때가 오다

훈육 기간은 잠시였으며 완전히 끝났습니다. 이 사실을 바울은 성경에서 분명히 말했습니다. 율법의 사명은 그리스도께서 오실 때까지만 있는 것입니다. 사도 요한도 이렇게 말했습니다.

"율법은 모세로 말미암아 주어진 것이요 은혜와 진리는 예수 그리스도로 말미암아 온 것이라"(요 1:17).

바울도 같은 사실을 말했습니다.

"이같이 율법이 우리를 그리스도께로 인도하는 초등교사가 되어……"(갈 3:24).

'우리를……인도하는'이란 표현은 원문이 아니라 번역된 것으로 번역자의 이러한 실수는 무수한 혼란과 오해를 일으켰습니다. 그러나 바울은 "율법이 우리를 그리스도께로 인도하는 초등교사이다."라는 현재형을 쓴 것이 아니라, "율법은 그리스도께서 오시기까지 우리의(유대인의) 초등교사였다."라고 말했습니다. 이 사실은 갈라디아서 3장 25절에 명확히 설명되어 있습니다.

"믿음이 온 후로는 우리가 초등교사 아래에 있지 아니하도다"(갈 3:25).

이스라엘은 그리스도께서 오시기까지 율법 아래에 있었습니다. 그러나 그리스도께서 오신 다음, 율법은 그리스도를 믿는 자들에 대해서는 지배권을 행사하지 않게 되었습니다. 은혜 시대에 사는 참 그리스도인은, 초등교사 혹은 감독자 노릇을 하는 율법 아래에 있지 않고 하나님의 아들로서 은혜 아래에 있습니다.

믿는 자는 졸업을 하여 이제 일을 할 준비가 되어 있습니다. 그리스도인에게 있어서 학교는 끝난 것입니다. 아들은 이제 아버지의 사업에 동참하고, 전에는 율법 아래에서 두려움을 가지고 강요당했던 일을 이제는 기쁨과 즐거움으로 행하고 있습니다. 그래서 믿음이 온 후로는 우리(유대인)가 초등교사 아래에 있지 않다고 바울은 말했던 것입니다.

'우리'에서 '너희'로

그다음 그는 그리스도의 몸의 지체들인 믿는 자들을 가리켜 말하고 있습니다.

"너희가 다 믿음으로 말미암아 그리스도 예수 안에서 하나님의 아들이 되었으니"(갈 3:26).

여기서 인칭 대명사 '우리'가 '너희'로 바뀌었다는 사실에 주의하십시오. 율법은 예수 그리스도의 오심을 준비하기 위해서 이스라엘 백성에게 주어진 하나의 훈련이었습니다. 그러나 십자가 이편에 있는 믿는 자들은 (유대인이나 헬라인이나) 초등교사 아래에 있지 아니하고 "너희가 다 믿음으로 말미암아 그리스도 예수 안에서 하나님의 아들이 되었다."라고 했습니다. 오늘날의 믿는 자는 결코 초등교사인 율법 아래에 있어 본 일이 없습니다. 바울은 이렇게 말합니다.

"너희는 유대인이나 헬라인이나 종이나 자유인이나 남자나 여자나 다 그리스도 예수 안에서 하나이니라 너희가 그리스도의 것이면 곧 아브라함의 자손이요 약속대로 유업을 이을 자니라"(갈 3:28-29).

이 말 중에 나오는 약속이란 시내산에서 율법이 주어지기 오래전에 은혜로 아브라함에게 주신 것입니다. 율법은 그 할 일을 완전히 다했습니다. 구원은 은혜로 말미암아 얻는 것이지 율법의 행위로 얻는 것이 아님을 율법은 증명했습니다.

그래서 오늘날 그리스도인은 영원히 율법의 형벌과 저주에서 구원받은 것입니다. 그러나 누구든지 자기 자신이 하나님의 요구에 이르지 못했다는 것을 깨닫고 구원받기 위해 그리스도께로 피하지 않는다면, 하나님의 진노와 율법의 저주가 그에게 여전히 머물러 있다는 사실을 알아야 합니다.

이스라엘은 그리스도께서 오시기까지 율법을 한 교사로서 그리고 매사에 엄격한 초등교사로서 여기고 있었습니다. 그러나 은혜 시대에 살고 있는 오늘날의 그리스도인은, 성령을 선생으로 모시고 있으며 하나님의 말씀에 의해 인도받고 있습니다.

하나님의 은혜는 율법이 위협으로 명령했어도 실패한 모든 것을 사랑으로 말미암아 가능하게 합니다. 그것은 우리가 우리 죄를 대신 속죄하신 그리스도를 갈보리에서 만났기 때문입니다. 율법의 초등학문을 졸업한 우리는 이제 우리의 교사이신 성령의 발아래 앉아 있습니다. 옛 선생인 율법은 우리에게 무엇이 잘못되었는가를 지적해 주었지만 그 잘못을 고쳐 주지는 못했으며, 거룩함을 요구할 수는 있었지만 그 거룩함을 이루어 주지는 못했습니다.

여러분, 그리스도께서만 하실 수 있는 일을 혼자서 해 보겠다고 애쓰지 말고, 그의 부르심에 귀를 기울여 보시지 않겠습니까?

"수고하고 무거운 짐 진 자들아 다 내게로 오라 내가 너희를 쉬게 하리라"(마 11:28).

제14장

율법이 못하는 일

하나님의 율법은 거룩하고 영원하며 완전하고 선합니다. 율법은 자신의 행위와 공로 그리고 노력으로 구원 얻으려는 사람들에게 하나님이 요구하시는 의의 완전한 표준이 됩니다. 하나님의 율법은 모든 범행에 대해서 처벌을 요구합니다. 율법은 공정하기 때문에 모든 사람을 똑같이 취급합니다.

율법 아래에서는 차별 대우가 없습니다. 죄짓는 영혼은 멸망하며 거기에는 예외가 없습니다. 율법은 확고하고 엄격하기 때문에 어떠한 진실한 노력도 헛된 것이 되고 맙니다. 율법은 모든 죄인을 정죄하고 저주합니다. 죄에 관련되는 한, 큰 죄와 작은 죄의 차별이 없습니다. 율법이 요구하는 것은 절대적입니다.

"……누구든지 율법 책에 기록된 대로 모든 일을 항상 행하지 아니하는 자는 저주 아래에 있는 자라 하였음이라"(갈 3:10).

율법은 부나 권세나 지위를 가리지 않습니다. 다만 이렇게 말할 뿐입니다.

"……차별이 없느니라 모든 사람이 죄를 범하였으매 하나님의 영광에 이르지 못하더니"(롬 3:22-23).

하나님의 율법은 영원하고, 주 예수 그리스도를 믿음으로써 율법의 권세와 정죄와 저주로부터 구해 주시는 하나님의 도를 거부하는 모든 사람에게는 오늘도 여전히 진노를 발하고 있습니다. 우리는 율법에 관한 이러한 주장을 다시 강조하고 싶습니다.

왜냐하면 그리스도를 '믿는 자들'에게 은혜와 율법으로부터의 자유를 설교해 온 우리는, 많은 사람들로부터 마치 이제는 율법이 존재하지 않는다거나 이 은혜의 시대에는 율법이 적용되지 않는 것처럼 율법을 폐하려 한다고 끊임없이 비난을 받아 왔기 때문입니다.

이것은 잘못된 비난입니다. 이에 대해서는 사도 바울이 이미 대답한 일이 있습니다. 그도 역시 율법으로부터의 자유와 속량을 설교하다가 많은 비난을 받았던 것입니다. 그래서 우리는 바울 자신이 갈라디아서 2장 21절에서 말한 것으로 우리를 비판하는 사람들에게 답하고자 합니다.

"내가 하나님의 은혜를 폐하지 아니하노니 만일 의롭게 되는 것이 율법으로 말미암으면 그리스도께서 헛되이 죽으셨느니라"(갈 2:21).

바울은 율법을 폐하려 한다는 비난을 받아 왔습니다. 그는 로마서 3장 31절에서 이러한 비난에 답합니다.

"그런즉 우리가 믿음으로 말미암아 율법을 파기하느냐 그럴 수 없느니라 도리어 율법을 굳게 세우느니라"(롬 3:31).

그러면 잠깐 이 중대한 구절을 생각해 봅시다. 바울은 "만일 사람이 율법을 지킴으로써 의로워질 수 있다면 그리스도는 헛되이 죽은 것이라."라고 말합니다. 이 말에 내포된 뜻을 잘 생각해 봅시다.

만일 어떤 인간이든 율법으로 구원받을 수 있다면 예수님이 죽으실 필요가 있습니까? 예수님의 희생 없이도 스스로 구원받을 수 있는 사람들을 구원하기 위해 하나님이 그의 독생자를 죽이셨다면 이처럼 비극적인 과오는 없을 것입니다.

이 진리는 '구원받은 후'의 그리스도인에게도 마찬가지입니다. 일단 구원받은 신자가 그의 구원을 보존하기 위해 율법을 지켜야 한다면, 그리스도께서 하나님 우편에서 우리를 위해 대언해 주실 필요가 어디 있겠습니까? 자신의 행위로도 의로워질 수 있는 사람들을 위해 하나님이 그리스도를 쓸데없이 십자가에 못 박으셨다고 말하는 것은, 참으로 하나님께 대한 적대 행위가 아닐 수 없습니다.

사실이 그렇다면 그리스도는 헛되이 죽으신 것입니다. 또한 주님의 죽으심은 쓸데없는 일이 되고 맙니다.

우리는 율법을 굳게 세운다

자, 다른 구절에 표시된 같은 진리를 주의해 봅시다.

"그런즉 우리가 믿음으로 말미암아 율법을 파기하느냐 그럴 수 없느니라 도리어 율법을 굳게 세우느니라"(롬 3:31).

우리가 율법을 지킬 수 없다고 말한다고 해서, 율법의 가치나 지위가 떨어지거나 약화되지 않습니다. 대신 우리는 율법을 굳게 세웁니다. 우리가 하나님의 율법의 요구를 만족케 할 수 없다고 고백하는 것은 오히려 율법의 완전성을 증명하는 것입니다.

율법은 잘못에 빠지기 쉬운 인간의 노력이나 행위로는 도저히 따를 수 없을 정도로 높은 것입니다. 인간이 하나님의 거룩한 율법을 지킬 수 있다고 말하는 것은, 율법을 불완전한 우리의 수준으로 끌어내리는 것이 됩니다. 하나님의 율법은 너무 높고 선하고 완전하고 거룩하기 때문에 나같이 연약하고 보잘것없는 타락한 죄인은 그 높은 기준을 지킬 수 없다고 고백할 수밖에 없습니다.

나는 율법의 거룩함을 찬양하고 높이고 싶습니다. 그렇게 하여 나의 불완전한 데까지 율법을 끌어내리지 않음으로써 율법의 완전성을 굳게 세우고자 합니다. 타락한 죄인인 나로서는, 그 율법의 표준에 도달할 수 없음을 인정함으로써 율법을 오히려 굳게 세우려는 것입니다. 그래서 나는 나의 마음을 자비와 용서와 사죄에 돌려 이렇게 고백하게 됩니다.

당신의 십자가에 매어 달릴 뿐
나는 드릴 수 없습니다.
내 손의 수고로는 당신의 율법 이룰 수 없고
나의 열심이 쉬지 않고 눈물 항상 흘려도

나의 죄는 속할 수 없습니다.

당신만이 나의 구원이 되시옵니다.

이것이 바로 성경의 구원입니다. 바울은 단호하게 이렇게 말합니다.

"일을 아니할지라도 경건하지 아니한 자를 의롭다 하시는 이를 믿는 자에게는 그의 믿음을 의로 여기시나니"(롬 4:5).

율법이 할 수 없는 것

우리는 율법이 죄인을 정죄할 힘이 있음을 보아 왔습니다. 동시에 율법은 그 죄인을 구원하는 데 무력함을 보아 왔습니다. 율법은 또한 그리스도를 믿는 자를 정죄하는 데에도 무력합니다. 하나님의 자녀는 영원히 이 율법에서 해방된 것입니다. 바울은 자기 안에 두 가지 성품이 투쟁하고 있음을 밝히고 구원을 외칩니다.

"오호라 나는 곤고한 사람이로다 이 사망의 몸에서 누가 나를 건져 내랴"(롬 7:24).

바울은 은혜 아래에 있을지라도 죄 없이 완전하다고 주장한 것이 아닙니다. 그는 아직도 옛 성품이 남아 있다는 것과 자신의 결함을 인정합니다. 그의 간증을 들어 보십시오.

"내 속 곧 내 육신에 선한 것이 거하지 아니하는 줄을 아노니 원함은 내게 있으나 선을 행하는 것은 없노라 내가 원하는 바 선은 행하지 아니하고 도리어 원하지 아니하는 바 악을 행하는도다"(롬 7:18-19).

자, 이것이 바울이 구원받은 후 약 25년 후의 간증임을 기억하십시오. 그는 그때까지도 그의 옛 성품이 남아 있고 결함이 있음을 고백합니다. 그는 하나님을 기쁘시게 하려고 애를 썼지만, 자신의 힘으로는 안 되었다고 말합니다.

"그러므로 내가 한 법을 깨달았노니 곧 선을 행하기 원하는 나에게 악이 함께 있는 것이로다 내 속사람으로는 하나님의 법을 즐거워하되 내 지체 속에서 한 다른 법이 내 마음의 법과 싸워 내 지체 속에 있는 죄의 법으로 나를 사로잡는 것을 보는도다 오호라 나는 곤고한 사람이로다 이 사망의 몸에서 누가 나를 건져 내랴"(롬 7:21-24).

"내 속사람으로는 하나님의 법을 즐거워하되"라고 말한 것을 보십시오. 속사람이란 새사람, 새 성품, 즉 신자가 구원 얻었을 때 받은 그리스도의 생명을 말하는 것입니다. 이 성품은 하나님의 법을 즐거워합니다. 하나님의 법을 완전히 지키고자 하는 것이 바울의 순전한 욕망이었습니다.

이 새 성품은 하나님의 계명을 지키려고 노력하지만, 바울은 "내 지체 속에서 한 다른 법이 내 마음의 법과 싸우고 있다."라고 안타깝게 말했습니다. 바울은 그의 속사람이 율법의 완전성에 맞추어 나가려고 애쓰는 만큼 그의 옛 성품이 번번이 이에 반대하는 것을 발견하고 이렇게 말했습니다.

"내 지체 속에서 한 다른 법이 내 마음의 법과 싸워 내 지체 속에 있는 죄의 법으로 나를 사로잡는 것을 보는도다"(롬 7:23).

그래서 바울은 자기의 힘으로는 승리를 거둘 희망이 없다는 것을 깨달았으며, 자기 안에 옛 성품이 있는 한 하나님의 완전한 율법을 지키려는 노력은 전적으로 무익함을 알고 나서는, 자신의 노력을 중단하고 이렇게 외치지 않을 수 없었습니다.

"……이 사망의 몸(옛 성품)에서 누가 나를 건져 내랴"(롬 7:24).

그러고 나서 그는 해답을 찾게 됩니다. 즉 그는 자신의 노력에 의존했던 모든 것을 포기하고 다른 데로 방향을 돌려 이렇게 결론을 지었습니다.

"우리 주 예수 그리스도로 말미암아 하나님께 감사하리로다……"(롬 7:25).

주님이 우리의 승자가 되십니다. 비록 우리는 실패하더라도 주님의 승리가 곧 우리의 것으로 여겨지는 것입니다. 바울은 이렇게 고백함으로써 로마서 7장을 끝맺고 있습니다.

"……그런즉 내 자신이 마음으로는 하나님의 법을 육신으로는 죄의 법을 섬기노라"(롬 7:25).

이것이 곧 처음에 말씀드렸던 다음 성경 구절에 대한 답변입니다.

"내 속 곧 내 육신에 선한 것이 거하지 아니하는 줄을 아노니……"(롬 7:18).

그러나 이것으로 이 이야기가 끝난 것이 아님을 하나님께 감사드립니다. 7장에 이어 8장에서, 바울은 그의 실패를 인정한 다음 이렇게 외쳤습니다.

"그러므로 이제 그리스도 예수 안에 있는 자에게는 결코 정죄함이 없나니"(롬 8:1).

나의 실패에도 불구하고, 육신과 옛 성품의 연약성에도 불구하고 그리고 나의 패배에도 불구하고 "결코 정죄함이 없다."라고 했습니다. 나의 구원은 소멸되지 않고 여전히 있습니다. 나의 실패와 패배는 주님으로부터의 징계와 '그리스도의 심판대' 앞에서의 손해를 초래할 수는 있지만 결코 정죄함이 없는 것입니다. 그리스도께서는 완전한 구원을 나에게 주셨습니다. 거기에는 깨끗하게 함과 구원 그리고 승리만이 있고 정죄함은 결코 없습니다.

'만일 율법을 완전히 지키면'이라는 조건을 내걸고 정죄함이 없다고 한 것이 아닙니다. 바울 자신도 7장에서 그의 실패를 분명히 시인했습니다. 많은 사람들이 이 성경 구절을 순수하게 그대로 읽지 않고 율법을 완전히 지키는 자에게만 정죄가 없다고 한 말씀으로 잘못 이해하는 경우가 많습니다다만, 성경은 "그리스도 예수 안에 있는 자에게는 결코 정죄함이 없나니"라고 말했습니다.

율법을 지키는 자에게는 정죄함이 없다고 말한 적이 전혀 없습니다. 그런 말은 할 필요가 없습니다. 왜냐하면 율법이 율법을 지키는 자들을 정죄하지 않는다는 것은 너무도 당연한 일이기 때문입니다.

율법은 의인을 정죄하는 것이 아니라 죄인과 범법자를 정죄합니다. 그러나 그리스도 예수 안에 있는 사람은 죄를 범했을지라도 정죄함이 없습니다. 그렇습니다. 뿐만 아니라 구원받은 후에 율법을 범했다 해도 정죄함이 없습니다. 이 말에 놀라지 마십시오, 그리스도 안에 있는 사람은 그가 율법을 완전히 지킬 수 없었다 해도 정죄함이 없다는 말입니다.

우리가 불순종하면 매를 맞게 되며, 우리가 실족하고 넘어지면 징계를 받게 되고, 죄를 지으면 책망을 받게 되지만, 그래도 정죄함은 결코 없습니다. 만일 그렇지 않다면, 그리스도인이 죄를 지을 때마다 율법의 저주를 받고 잃어버린 바 되었다가 다시 구원을 받아야 하는 일을 되풀이하지 않으면 안 될 것입니다.

그럴 수는 없습니다. 그 누가 하루를 마치면서 "오늘 다시 마음으로나 말로나 행동으로나 죄를 짓지 않았다. 오늘 나는 나쁜 생각이나 경솔한 말 또한 육신적인 행동을 하지 않았으니 하나님의 모든 율법을 완전히 지켰다."라고 자신 있게 말할 수 있겠습니까? 하나님은 우리가 구원받은 후 짓는 죄도 해결해 주실 방도를 마련해 놓으셨습니다.

우리는 우리를 대언해 주실 대제사장을 모시고 있기 때문에 죄를 지었을 때 이를 자백하기만 하면 깨끗함을 받습니다. 이 놀라운 일을 마련해 주신 하나님께 감사합니다.

"만일 우리가 우리 죄를 자백하면 그는 미쁘시고 의로우사 우리 죄를 사하시며 우리를 모든 불의에서 깨끗하게 하실 것이요"(요일 1:9).

그러나 정죄함은 없다

본 장을 끝내기 전에, 신자가 잘못을 저질렀을지라도 왜 정죄함이 없는지 밝히고 지나가야 하겠습니다. 여기 이런 말이 있습니다.

"이는 그리스도 예수 안에 있는 생명의 성령의 법이 죄와 사망의 법에서 너를 해방하였음이라"(롬 8:2).

하나님은 그리스도 안에 있는 우리를 온전하고 죄 없다고 보십니다. 우리의 의로움이 아니라 그리스도의 의로 우리를 받아들이십니다. 이 의로움은 율법이 우리에게 줄 수 없었던 것입니다. 이것은 우리가 도저히 닿을 수 없는 먼 곳에 있었습니다. 그러므로 성경은 이렇게 말합니다.

"율법이 육신으로 말미암아 연약하여 할 수 없는 그것을 하나님은 하시나니 곧 죄로 말미암아 자기 아들을 죄 있는 육신의 모양으로 보내어 육신에 죄를 정하사 육신을 따르지 않고 그 영을 따라 행하는 우리에게 율법의 요구가 이루어지게 하려 하심이니라"(롬 8:3-4).

율법이 죄인을 구할 수도 없고 성도를 보존할 수도 없다는 것은 율법의 잘못이 아니라 죄 많은 육신의 잘못입니다. 율법이 할 수 없었던 것은 인간의 죄 많은 성품 때문이었습니다.

우리는 우리의 노력으로 의에 도달할 수 없었기 때문에 하나님은 그의 독생자를 세상에 보내 십자가에서 우리의 죗값을 지불하게 하심으로써 우리를 위해 율법의 요구를 만족하게 하시고, 우리에게 하나님의 의를 부어 주셔서 우리 안에서 율법의 의가 이루어지게 하셨습니다. 주의해야 할 것은 '우리에 의해서'(by us)가 아니라 '우리 안에서'(in us)라고 말씀되어 있다는 것입니다(한글 개역개정 성경에는 '우리에게'로 되어 있으나 원문 성경과 영어 성경에 따르면 '우리 안에서'이다-편집자 주).

당신은 혹시 자신의 노력으로 구원받아 보겠다고 힘써 오지는 않으셨습니까? 당신 자신이 최선을 다함으로써 하나님의 은혜를 받으려 하지는 않았습니까? 당신의 그러한 최선의 노력도 충분하지 않습니다. 이제 하나님의 의를 받아들이십시오. 그러면 이렇게 노래하실 수 있게 됩니다.

두려움을 없애고 희망을 가지려고
천만 가지 방법으로 헛되이 애썼어도
성경은 말하였네.
내게 있어야 할 것은 오직 예수라고.

제15장

육신으로 인한 연약함

　율법이 할 수 없는 일이 몇 가지 있습니다. 하나님의 율법이 죄인을 구원하거나 구원받은 성도를 보존하는 데에 완전히 무력하다고 주장하면, 진실하기는 하지만 잘못 알고 있는 사람들은 굉장히 충격을 받습니다. 그들은 우리가 이미 알고 있는 대로 하나님의 율법이 얼마나 완전하고 거룩하며 공의로운가를 설명해 주려고 합니다.

　그러나 아무리 율법이 완전해도 불완전한 죄인을 통해서는 완전한 것을 만들어 낼 수 없습니다. 율법은 거룩하지만 범죄자를 거룩하게 할 수 없으며, 하나님의 율법은 의롭지만 부정한 불의를 의롭게 할 수 없습니다. 율법은 그런 일을 할 수도 없거니와 하려고 하지도 않습니다.

　율법의 사명은 거룩한 하나님의 완전한 의를 드러내는 데 있습니다. 구원이란 바로 이 의를 요구하는 것인데 율법은 이 의를 주지 못했습니다. 율법은 자와 같은 것이어서 우리가 하나님의 완전한 표준에 비해서 얼마나 부족한가를 재어 알게 해주지만, 그 결함 자체를 고쳐 주지는 못합니다. 이 사실을 바울은 로마서 8장에서 잘 표현했습니다.

"율법이……할 수 없는 그것을……"(롬 8:3).

바울의 말을 이해하기 위해서 다시 한 번 그 앞의 말씀들을 읽어 보기로 하겠습니다. 로마서 7장에서 바울은, 그리스도인으로서 율법을 완전히 지키지 못했음을 자인하고, 자기 자신의 헛된 투쟁을 중단했으며, 비로소 주님께로 마음을 돌릴 수 있었습니다.

"오호라 나는 곤고한 사람이로다 이 사망의 몸에서 누가 나를 건져 내랴"(롬 7:24).

그리고 즉시 이렇게 대답합니다.

"우리 주 예수 그리스도로 말미암아 하나님께 감사하리로다……"(롬 7:25).

바울은 스스로는 어쩔 수 없음을 알고 자신을 도울 수 있는 한 분, 오직 단 한 분에게 귀의합니다. 그는 그의 실패를 솔직하게 인정하고 이렇게 덧붙입니다.

"……그런즉 내 자신이 마음으로는 하나님의 법을 육신으로는 죄의 법을 섬기노라"(롬 7:25).

그는 마음으로는 하나님의 율법을 지키려고 합니다. 마음은 의지입니다. 바울은 율법을 완전히 지켜 보려고 간절히 원하지만 옛 성품인 육신이 번번이 그에게 맞서 방해하는 것을 발견하게 됩니다. 그래서 그는 자신이 완전하게 되려는 노력을 포기하고 주 예수 그리스도께서 거저 부어 주시는 그 완전에 전적으로 의존하게 됩니다. 그는 비록 구원받은 후에도 실패하지만 주님은 이러한 일을 미리 아시고 대비해 놓으셨으며, 그는 부족하지만 주님이 채워 주신다는 놀라운 사실에 감사하지 않을 수 없었던 것입니다.

"그러므로 이제 그리스도 예수 안에 있는 자에게는 결코 정죄함이 없나니"(롬 8:1).

'그리스도 안에서는 정죄함이 없다.'란 하나님의 율법을 완전히 지키는 자에게는 정죄함이 없다고 한 것이 아니라, 비록 하나님의 율법을 어겼더라도 그 사실을 고백하고 그리스도 예수께로 가서 죄 용서를 구하는 사람에게는 결코 정죄함이 없다는 것입니다.

"이는 그리스도 예수 안에 있는 생명의 성령의 법이 죄와 사망의 법에서 너를 해방하였음이라"(롬 8:2).

바울은 두 가지 법에 관해서 말하고 있습니다. 하나는 그를 정죄한 '죄와 사망의 법'이요, 하나는 영원히 죄에 대한 정죄를 하지 않는 '그리스도 예수 안에 있는 생명의 성령의 법'입니다. 그는 다음과 같이 놀라운 구절로 뒤를 잇습니다.

"율법이 육신으로 말미암아 연약하여 할 수 없는 그것을 하나님은 하시나니 곧 죄로 말미암아 자기 아들을 죄 있는 육신의 모양으로 보내어 육신에 죄를 정하사"(롬 8:3).

율법이 할 수 없는 그것이란 무엇입니까? 그것은 정죄와 저주를 없애는 일입니다. 율법은 죄인을 구원하지 못하며, 단 한 사람의 범죄자도 의롭게 하지 못하며, 단 한 가지의 죄라도 용서해 주지 못합니다. 율법은 '죄지은 영혼은 죽는다.' 그리고 '죄의 삯은 사망'이라고 말해 줄 뿐 결코 허물을 깨끗하게 하지는 못합니다.

여기서 잠깐 생각해 볼 것은 죄의 삯은 사망이라는 말입니다. '여러 가지 죄의 삯은 사망'이라고 말하지 않고 '죄의 삯'이라고 해서 '죄'를 단수로 표시한 사실에 주의하십시오. '단 하나의 죄'로 율법의 저주를 받기에 충분합니다. 죄를 얼마나 많이 지었느냐가 아니라 정죄받을 죄를 지은 사실이 있느냐가 문제라는 것입니다. 율법은 완벽을 요구합니다. 그러므로 한 가지 죄만으로도 정죄받기에 충분합니다. 야고보는 말했습니다.

"누구든지 온 율법을 지키다가 그 하나를 범하면 모두 범한 자가 되나니" (약 2:10).

죄는 죄입니다. 하나님이 보시기에는 '작은 죄', '큰 죄'가 없습니다.

만일 하나님이 작은 죄는 봐주고 큰 죄만 벌하실 것이라고 생각한다면, 하나님이 금하신 것을 따먹은 아담의 불순종을 생각해 볼 필요가 있습니다. 우리는 금단의 열매를 먹은 행위를 가벼운 절도죄로 보지만 하나님은 반역

죄로 보셨으며, 하나님의 의는 최고의 형인 죽음까지 요구하셨습니다.

한 가지 작은 죄 때문에 모세는 가나안 땅에 들어가지 못하고 죽어야 했습니다. 율법은 모든 죄에 대한 하나님의 정죄를 드러내 보이기 위해서 주어진 것입니다. 율법은 이들 범죄자들을 의롭게 하거나 구원할 수 없었습니다. 이것은 율법이 잘못되었기 때문이 아닙니다. 다음의 성경 구절들을 보십시오.

"율법이 육신으로 말미암아 연약하여 할 수 없는 그것을……"(롬 8:3).

율법은 '육신으로 말미암아' 연약해졌습니다. 율법은 약하지 않았지만 육신이 약했다는 말입니다. 몇 해 전에 나는 은혜에 대해서 잘 말씀하시는 윌리엄 페팅길(William Pettingill) 박사의 한 예화를 들은 적이 있습니다. 그는 '육신으로 말미암아 연약하여'라는 구절을 설명하면서 이런 이야기를 했습니다.

"어느 부인이 저녁 식사를 준비하고 있었습니다. 그 부인은 고기를 불에 올려놓고 알맞게 익기를 기다렸습니다. 거의 다 익어 불을 꺼야 할 시간인데 전화가 걸려 와 재미있는 이야기를 하는 바람에 그만 그것을 깜빡 잊었습니다. 한참 후에 생각이 나서 전화를 놓고 얼른 가 봤으나 고기는 바짝 타 버렸습니다. 고기를 집어 올리려 했더니 부서지기만 하고 집어지지 않았습니다. 다시 포크를 깊이 찔러 들어 올리려 해도 여전히 고기는 부스러지기만 했습니다."

이렇게 말하고 나서 페팅길 박사는 다시 말을 이었습니다. "아시겠습니까? 포크는 그 고기에게는 맥을 못 추는 것이죠. 포크가 약해서가 아닙니다. 그것은 스털링 실버로 만든 튼튼한 포크였습니다. 그러면 왜 쓸모가 없었습니까? 다름이 아니라 고기가 힘이 없기 때문입니다. 그러다가 이 부인은 한 생각이 떠올랐습니다. 포크를 치우고 넙적한 주걱으로 감쪽같이 들어 올렸던 것입니다. 고기가 약해서 포크가 할 수 없었던 것을 주걱은 쉽게 해낼 수 있었습니다."

아주 쉬운 이야기이지만 이 이야기를 바울의 말에 결부시켜 생각해 보면 퍽 도움이 될 줄 압니다. 그 포크는 율법에 비교할 수 있습니다. 율법은 완전하고 흠이 없었지만 죄 있는 육신은 연약했기 때문에 율법이 구원할 수 없었습니다. 주걱은 하나님의 은혜를 의미합니다. 율법이 할 수 없었던 것을 주걱은 했습니다. 이제 로마서 8장 3절을 다시 한 번 봅시다.

"율법이 육신으로 말미암아 연약하여 할 수 없는 그것을 하나님은 하시나니 곧 죄로 말미암아 자기 아들을 죄 있는 육신의 모양으로 보내어 육신에 죄를 정하사"(롬 8:3).

율법은 죄인을 구원할 수 없었기 때문에 하나님은 정죄받은 불쌍한 인간들을 구하시려고 손을 쓰시게 된 것입니다. 그의 아들 예수 그리스도를 통해 죄인을 구원하고자 하나님이 마련하신 일 중에 두 가지 사실이 있습니다.

하나님은 그리스도를 '죄 있는 육신의 모양으로' 보내셨다고 했습니다. 그리스도께서는 인간성을 가지고 태어났습니다. 그러나 인간성을 가지고 태어났다는 것이 인간의 죄의 본성을 가지고 태어났다는 의미는 아닙니다. 바울은 '죄 있는 육신으로'라고 하지 않고 '죄 있는 육신의 모양으로'라고 말했습니다. 이 말씀은 참으로 예수님의 죄 없으심을 증명하는, 하나님의 영감으로 된 말씀이 아닐 수 없습니다.

그는 범사에 우리와 같으셨습니다(히 2:17). 하나님의 초자연적인 방법으로 잉태되셨고, 처녀의 몸을 통해 나셨기 때문에 인간성을 갖고 계셨지만 아담의 원죄는 이어받지 않으셨습니다.

율법이 아담의 자손을 의롭게 하는 일에 실패하자, 하나님은 완전하고 거룩한 하나님의 율법의 저주 아래 있는 가엾은 인간을 구원하시기 위해서 둘째 사람, 즉 마지막 아담을 세상에 보내셨던 것입니다.

그러나 그리스도의 성육신(成肉身), 즉 '죄 있는 육신의 모양으로' 처녀에게서 나신 것만으로는 구원이 이루어질 수 없었습니다. 그리스도께서는 아담의 죄를 이어받지 않으셨지만, 그 죄를 지셔야만 했습니다. 아담의 죄가 처리되기 위해서는 율법의 요구가 완전히 이루어져야 합니다. 왜냐하면 율법은 결코 죄를 깨끗이 씻어 주지 못하기 때문입니다. 구원은 '한 푼이라도 남김이 없이 다 갚기 전에는' 결단코 이루어질 수 없기 때문입니다.

따라서 아담의 죄와 상관없는 그리스도께서 우리의 죄를 지시고 갈보리 십자가에서 그 값을 치르셨을 때 이 율법은 성취되었습니다. 이 사실을 수백 년 전에 예견한 선지자 이사야는 이렇게 말했습니다.

"우리는 다 양 같아서 그릇 행하여 각기 제 길로 갔거늘······"(사 53:6).

그렇기 때문에 하나님의 심판을 받아 영원한 사망과 저주를 당하지 않을 수 없게 되었습니다. 그러나 이사야는 계속 이렇게 말했습니다.

"……(그러나) 여호와께서는 우리 모두의 죄악을 그에게 담당시키셨도다"(사 53:6, 원문 성경과 영어 성경에는 '그러나'에 해당하는 단어가 있으나 한글 개역개정 성경에는 번역되어 있지 않다-역자 주).

이 말씀은 '우리는 다 양 같아서 그릇 행하여'라는 말로 시작함으로써 모든 사람을 다 포함시켰으며, '우리 모두의 죄악을'이라는 말로 끝맺음으로써 모든 사람을 구원에 초청하고 있습니다. 이 말은 곧 '죄 있는 육신의 모양으로'(성육신), '죄로 말미암아'(그리스도의 죽으심과 부활)라는 말과 같은 뜻이 됩니다.

이로써 율법의 모든 요구는 이루어졌습니다. 죄를 그대로 정당화시키거나 간과하는 것이 아니라 '육신에 죄를 정하사', 즉 육신 속에 있는 죄를 정죄함으로써 율법의 요구를 이룬 것입니다. 예수님이 인간의 본성을 취하시고 우리의 죄를 짊어지기 위해 십자가에 달리지 않으시면 안 되었다는 사실은 죄가 얼마나 무서운 것인지를 증명하는 것이기 때문에 바울은 '그리스도의 죽으심'은 육신 속에 있는 죄를 정죄하는 것이라고 말한 것입니다.

그 결과

따라서 그 다음에는 더욱 놀라운 말씀이 이어집니다.

"육신을 따르지 않고 그 영을 따라 행하는 우리에게(우리 안에서) 율법의 요구가 이루어지게 하려 하심이니라"(롬 8:4).

분명히 '우리 안에서'(in us) 이루어진다고 되어 있습니다(한글 개역개정 성경에는 '우리에게'로 되어 있으나 원문 성경과 영어 성경에 따르면 '우리 안에서'이다-편집자 주). '우리에 의해서'(by us)가 아닙니다. 우리는 할 수 없다는 것을 하나님의 거룩한 율법이 증명했습니다.

우리는 구원받기 전에는 저주 아래 있었으며 하나님의 의에 이르지 못한 상태에 있었습니다. 그러나 하나님은 길 잃고 방황하는 우리를 보시고 하나의 길을 마련해 주셨는데, 이를 통해서 우리는 율법이 보기에도 흠 없는 자로 여겨지게 되었습니다. 이것은 주 예수 그리스도에 의해서 마련된 의입니다.

그리스도께서는 율법이 요구하는 죄의 값을 지불하기 위해 죽으셨고, 자기 의를 믿는 자에게 입혀 주기 위해 살아나셨습니다. 죗값이 지불되었기 때문에 '그리스도 안에 있는' 우리를 하나님은 의롭다고 여기십니다. 그러므로 우리는 의롭다 함을 입은 것입니다. 하나님은 그리스도께서 우리를 위해 해 놓으신 사실을 받아 주시고, 그리스도께서 하신 것을 곧 우리가 한 것으로 여겨 주셨습니다.

"그 기쁘신 뜻대로 우리를 예정하사 예수 그리스도로 말미암아 자기의 아들들이 되게 하셨으니 이는 그가 사랑하시는 자 안에서 우리에게 거저 주시는 바 그의 은혜의 영광을 찬송하게 하려는 것이라 우리는 그리스도 안에서 그의 은혜의 풍성함을 따라 그의 피로 말미암아 속량 곧 죄 사함을 받았느니라"(엡 1:5-7).

제16장

대제사장과 율법

아담으로부터 모세까지 2,500년 동안 하나님의 율법은 없었습니다. 돌판에 쓰인 율법은 이스라엘 자손이 애굽의 노예 생활에서 구출되고 피로써 구속된 다음에 모세에게 주어진 것입니다.

2,500년 동안 인간은 천성과 양심의 빛은 지니고 있었지만 하나님의 완전한 의와 거룩함을 나타내는 율법은 없었습니다. 그래서 하나님은 모세를 통하여 이스라엘 민족에게 율법을 주셨는데 세 차례나 거듭해서 주셨습니다.

처음에는 산에서 모세에게 구두로 말씀하셔서 이스라엘 민족에게 전하게 하셨습니다. 이스라엘 민족은 그 율법을 받아들이고 온전히 지키기로 약속했습니다. 그들은 모세에게 대답했습니다.

"……여호와께서 명령하신 대로 우리가 다 행하리이다……"(출 19:8).

그들은 율법을 온전히 지킬 수 없다는 것을 자각하지 못했으며, 애굽에서 그들을 구해 주신 하나님의 은혜만이 그들의 소망임을 미처 인식치 못했습니다. 무작정 율법을 지킬 수 있다고 장담했기 때문에 여호와께서 모세를 다시 산으로 부르시고 돌판 위에 율법을 새겨 주셨습니다. 이것이 율법을 주신 두 번째 과정입니다.

"여호와께서 모세에게 이르시되 너는 산에 올라 내게로 와서 거기 있으라 네가 그들을 가르치도록 내가 율법과 계명을 친히 기록한 돌판을 네게 주리라……모세가 산에 오르매 구름이 산을 가리며……모세는 구름 속으로 들어가서 산 위에 올랐으며 모세가 사십 일 사십 야를 산에 있으니라"(출 24:12, 15, 18).

"여호와께서 시내산 위에서 모세에게 이르시기를 마치신 때에 증거판 둘을 모세에게 주시니 이는 돌판이요 하나님이 친히 쓰신 것이더라"(출 31:18).

왜 40일인가?

우리는 왜 모세가 40일간 산에 있었을까 하는 의문을 갖게 됩니다. 여호와께서는 즉시 모세에게 두 돌판을 주시고, 이스라엘 민족에게 가서 그들을 구원하라고 보내실 수 있었을 텐데 왜 그랬을까요?

우리는 40일간 머문 데에는 두 가지 이유가 있다고 믿습니다. 그 이유 중 하나는, 단 40일간이라도 이스라엘 민족이 율법을 지킬 수 없음을 자각하도록 하시기 위해서입니다.

그들은 "여호와께서 명령하신 대로 우리가 다 행하리이다."라고 아주 오만하고 자신만만하게 큰소리쳤습니다. 그들은 자신들의 노력만으로는 하나님을 기쁘시게 할 수 없는, 무능력하고 죄로 뭉쳐 있는 존재라는 것을 깨달아야만 했습니다. 모세가 없는 40일 동안 이스라엘 민족이 어떻게 행동했는지 보십시오.

"백성이 모세가 산에서 내려옴이 더딤을 보고 모여 백성이 아론에게 이르러 말하되 일어나라 우리를 위하여 우리를 인도할 신을 만들라 이 모세 곧 우리를 애굽 땅에서 인도하여 낸 사람은 어찌 되었는지 알지 못함이니라"(출 32:1).

이 말씀에 이어지는 금송아지 사건은 우리가 잘 아는 이야기입니다. "나 외에는 다른 신들을 네게 두지 말라."라고 하신 말씀을 들었던 백성이 죽은 우상에게 제물을 바치고 춤추며 마시고 떠들었습니다. 인간의 마음이 얼마나 사악한지를 잘 보여 주는 장면이 아닐 수 없습니다. 이것이 모세가 돌판을 가지고 늦게 내려온 이유 중의 하나였습니다. 이로써 그들은 하나님을 온전히 섬길 수 없다는 사실이 증명된 것입니다.

모세가 백성에게 돌아오는 데 40일이나 지체하게 된 두 번째 이유는, 율법을 어긴 데에 대한 심판을 면할 방법을 마련해 주시기 위해서였습니다. 모세가 전하려 했던 율법은 죄에 대해서는 지체 없는 죽음을 선고하고 있습니다. 따라서 그 죗값이 무엇으로든 지불되지 않으면, 그 백성은 모두 멸망을 당할 수밖에 없는 형편에 처하게 된 것입니다. 그러므로 하나님은 범죄자를 정죄하고 저주하는 율법을 주신 동시에, 또 그들이 저주로부터 구원받을 수 있는 방법도 마련해 주셨습니다.

장막

모세는 율법을 받으려고 시내산에 올라갔을 때 십계명이 적힌 두 개의 돌판 외에 또 다른 것을 함께 받았습니다. 그것은 피 뿌린 장막의 제사를 통해 구원을 받는 방법이었습니다.

모세가 산에 올라간 기록(출 24:12-18)과 내려온 기록(출 32:7) 사이에서 무려 여덟 장(章)에 걸쳐 깨진 율법에 대한 하나님의 응답인 장막의 모형에 대해 말씀되어 있습니다. 이스라엘 백성이 하나님의 율법을 범하고 있던 40일 동안, 하나님은 모세에게 백성이 계명들을 범했을 때 구원받는 방법을 마련해 주고 계셨던 것입니다.

만일 모세가 율법을 기록한 돌판들만 가지고 내려왔더라면 이스라엘 백성은 그때 끝장이 나고 말았을 것입니다. 그러나 모세는 그 돌판의 율법 외에 피로써 구원함을 받는다는 메시지도 가지고 내려왔습니다. 히브리서 저자는 모세가 돌판들을 받았을 때 성막의 모형도 함께 받았다고 가르칩니다.

"그들이 섬기는 것은 하늘에 있는 것의 모형과 그림자라 모세가 장막을 지으려 할 때에 지시하심을 얻음과 같으니 이르시되 삼가 모든 것을 산에서 네게 보이던 본을 따라 지으라 하셨느니라"(히 8:5).

광야에 있던 이 장막은, 그리스도를 나타내는 그림이요, 그림자요, 모형이요, 예언이었습니다. 히브리서 8장은 이렇게 말합니다.

"지금 우리가 하는 말의 요점은 이러한 대제사장이 우리에게 있다는 것이라 그는 하늘에서 지극히 크신 이의 보좌 우편에 앉으셨으니 성소와 참 장막에서 섬기는 이시라 이 장막은 주께서 세우신 것이요 사람이 세운 것이 아니니라"(히 8:1-2).

"그리스도께서는 장래 좋은 일의 대제사장으로 오사 손으로 짓지 아니한 것 곧 이 창조에 속하지 아니한 더 크고 온전한 장막으로 말미암아 염소와 송아지의 피로 하지 아니하고 오직 자기의 피로 영원한 속죄를 이루사 단번에 성소에 들어가셨느니라"(히 9:11-12).

장막은 주 예수 그리스도의 모형이었습니다. 이것은 '회막'(會幕, the tent of meeting)이라고도 불리었습니다. 왜냐하면 피를 근거로 죄인이 하나님께 나아갈 수 있었기 때문입니다. 다시 한 번 말씀드리는 것은 모세가 산에서 40일 후에 내려왔을 때 두 가지를 가지고 왔다는 사실입니다.

1. 죄인을 정죄하는 율법
2. 세상 죄를 지고 가는 하나님의 어린양이신 예수 그리스도를 가리키는 성막의 모형

율법은 죄인을 정죄했으며, 그래서 모세는 이스라엘 민족이 금송아지를

섬김으로써 이미 무서운 죄를 범했다는 사실을 극적으로 표현하기 위해 의분(義憤)을 가지고 십계명 돌판을 바위에 던져서 깨뜨렸습니다. 모세가 돌판을 주기도 전에 그들은 이미 율법을 어기고 있었던 것입니다.

그러나 하나님은 이스라엘의 실패를 예상하시고 자비를 베풀어 주 예수 그리스도를 예비해 두셨습니다. 그의 피로써 깨어진 율법의 값을 지불하게 하시고 그로 말미암아 죄인들을 건져 내시려는 것이었습니다.

장막의 모형은 바로 예수 그리스도를 상징합니다. 이 장막의 각 부분은 하나님이 대신 마련해 주신 어린양을 가리키며 지성소의 언약궤가 그 핵심을 이루고 있습니다.

세 번째 주신 율법

언약궤를 들여다보기 전에 우리는 세 번째 주신 율법을 주의해 봐야겠습니다. 하나님이 주신 돌판은 산기슭에서 깨어졌습니다. 이스라엘 민족을 죽음에서 구한 것은 모세가 가져온 피 뿌린 성막의 설계도뿐이었습니다. 이로써 율법이 세 번째로 주어지게 된 것입니다.

"여호와께서 모세에게 이르시되 너는 돌판 둘을 처음 것과 같이 다듬어 만들라 네가 깨뜨린 처음 판에 있던 말을 내가 그 판에 쓰리니 아침까지 준비하고 아침에 시내산에 올라와 산꼭대기에서 내게 보이되……모세가 돌판 둘을 처음 것과 같이 깎아 만들고 아침에 일찍이 일어나 그 두 돌판을 손에 들고 여호와의 명령대로 시내산에 올라가니"(출 34:1-2, 4).

다시 만든 이 율법판을 어떻게 했는지 살펴보겠습니다. 이 돌판은 장막 안에 있는 언약궤 속에 놓도록 되어 있었습니다. 이 주님의 언약궤는 장막에 관한 지시 중에서 가장 핵심을 이루는 것이었습니다. 나무로 된 장방형의 상자인 이 언약궤는 금으로 입혀 있었고 순금으로 된 뚜껑 위에는 날개를 편 두 천사의 형상이 있었습니다.

이 궤 속에 두 번째 돌판들을 넣어 두도록 되어 있었습니다. 이 율법은 처벌을 요구하며 완전한 의를 요구하는 것이었습니다. 그래서 하나님은 이 율법이 들어 있는 상자를 '속죄소'(贖罪所)라고도 부르는 뚜껑으로 덮게 하셨습니다.

상자 속에는 사망을 선고하는 율법이 들어 있지만 하나님은 이것을 덮을 뚜껑을 예비하신 것입니다. 이 '속죄소'라고 부르는 궤의 뚜껑은 곧 주 예수 그리스도의 그림입니다. 로마서 3장 25절을 보면 그는 우리의 화목 제물이 되셨다고 말씀되어 있습니다.

"이 예수를 하나님이 그의 피로써 믿음으로 말미암는 화목제물로 세우셨으니……"(롬 3:25).

'화목'으로 번역된 헬라어 단어 힐라스테리온(hilasterion)은 '속죄소'를 의미합니다. 이 백성의 멸망을 부르게 한 깨어진 율법을 덮은 속죄소 위에 대제사장이 일 년에 한 번 속죄일에 제단에서 가져온 피를 뿌렸습니다. 그때에 영광의 구름에 싸여 하나님이 지성소에 강림하셨으며 깨어진 율법은 보시지 않고 그 뚜껑 위에 뿌려진 피만 보셨던 것입니다. 그전에 이미 하나님은 친히 이렇게 말씀하셨습니다.

"……내가 피를 볼 때에 너희를 넘어가리니……"(출 12:13).

이 모든 것이 주 예수 그리스도에 의해서 성취되었습니다. 예수님은 모세가 밤낮 40일을 산에 머물러 있을 때에 입증한 두 가지 사실을 이 땅 위에 33년간 계시면서 입증하셨습니다. 그 두 가지 사실은 다음과 같습니다.

1. 인간의 무서운 죄성, 율법이 인간을 더 선하게 변화시킬 수 없었던 것
2. 율법이 마련하지 못한 구원을 하나님이 마련해 주신다는 것

로마서 8장 3절에서 바울이 말한 것을 다시 상기해 보겠습니다. "율법이 육신으로 말미암아 연약하여 할 수 없는 그것을 하나님은 하시나니……." 하나님은 아들을 보내셔서 우리를 심판과 죽음에서 건지게 하셨습니다.

그리스도께서 이 땅에 오셔서 증명하신 첫 번째 일은, 율법이 얼마나 무서운 것인가 하는 사실이었습니다. 즉 우레와 번개로 위협당하면서 율법을 받은 후 1,500년 동안 이스라엘 백성은 끊임없이 죄를 범해 왔으며, 결국 하나님의 율법을 완전히 지키신 단 한 분, 율법이 정죄할 수 없었던 유일한 분인 예수 그리스도를 죽이는 무서운 결과를 범하고 말았습니다.

만일 그것이 전부였다면 하나님은 어쩔 수 없이 모든 인류를 지옥에 떨어뜨리실 수밖에 없었습니다. 그러나 모세는 산에서 내려왔을 때 '두 가지 법'을 가지고 내려왔으니, 하나는 죽음을 주는 율법이요, 다른 하나는 생명을 주는 장막의 모형이었습니다.

따라서 그리스도께서 오심으로 율법이 사람을 선하게 할 수 없음을 보이셨고, 십자가에서 죽으셔서 피를 흘리심으로써 죄 많고 소망 없고 경건치

않은 죄인들을 의롭다고 선포할 수 있으셨던 것입니다. 지금도 여전히 그 피는 믿는 자와 하나님 사이에 있기 때문에 하나님의 말씀대로 믿는 자의 죄를 가려 줍니다.

"……내가 피를 볼 때에 너희를 넘어가리니……"(출 12:13).

이제 우리가 시작했던 성경 말씀으로 끝을 맺고자 합니다.

"율법이 육신으로 말미암아 연약하여 할 수 없는 그것을 하나님은 하시나니……"(롬 8:3).

그렇습니다. 율법이 할 수 없는 일을 예수님이 하셨습니다. 자신의 생명과 죽음으로 육신 속에 있는 죄를 정죄하셨으며, 동시에 믿음으로 그에게 의뢰하는 죄인들을 위해 사죄의 길을 마련해 주셨습니다.

그가 피를 흘리심으로써, 대속물이 되심으로써, 죽음의 값을 지불하시고 부활하심으로써, 율법으로 인해 심판과 죽음의 보좌가 되었던 하나님의 보좌는 자비와 생명의 보좌가 되었습니다.

율법이 할 수 없었던 일을 예수님이 하셨습니다!

제17장

아브라함이 받은 복음

 예수님이 믿는 자를 위해 죽으셨다가 부활하시기 전에는 사람들이 어떻게 구원받았습니까? 아담은 어떻게 구원을 받았으며 아브라함은 어떻게 구원을 받았습니까? 그들이 율법으로 구원을 받았단 말입니까? 불가능한 이야기입니다.

 아브라함은 모세가 시내산에서 받아 온 십계명에 관해서는 아무것도 몰랐습니다. 성경은 분명히 아브라함이 구원받고 난 다음 430년이 지나기까지 이스라엘 민족에게 율법이 주어지지 않았다고 밝히고 있습니다(갈 3:17).

 분명히 아브라함은 율법을 지켜서 구원받은 것도 아니요 그 율법으로 그의 구원이 보존된 것도 아닙니다. 그렇다면 아브라함은 어떻게 구원을 받았습니까?

 로마서 3장까지 바울은 그 누구도 행위로는 구원받을 수 없고 오직 은혜로만 받을 수 있음을 입증하기 위해서 길게 설명을 했습니다. 그는 최종적으로 로마서 3장 28절에서 이렇게 결론을 내립니다.

"그러므로 사람이 의롭다 하심을 얻는 것은 율법의 행위에 있지 않고 믿음으로 되는 줄 우리가 인정하노라"(롬 3:28).

이것은 율법주의적인 사람에게는 받아들이기 어려운 진리입니다. 그래서 바울은 모든 사람에게 존경받는 아브라함을 언급하면서까지 설명했습니다. 아브라함이 어떻게 구원을 받았습니까? 율법입니까? 은혜입니까? 바울의 말을 들어보십시오.

"그런즉 육신으로 우리 조상인 아브라함이 무엇을 얻었다 하리요 만일 아브라함이 행위로써 의롭다 하심을 받았으면 자랑할 것이 있으려니와 하나님 앞에서는 없느니라 성경이 무엇을 말하느냐 아브라함이 하나님을 믿으매 그것이 그에게 의로 여겨진 바 되었느니라 일하는 자에게는 그 삯이 은혜로 여겨지지 아니하고 보수로 여겨지거니와 일을 아니할지라도 경건하지 아니한 자를 의롭다 하시는 이를 믿는 자에게는 그의 믿음을 의로 여기시나니"(롬 4:1-5).

아브라함은 십계명이 돌판에 새겨지기 오래전에 믿음으로 구원을 받았습니다. 어떻게 구원받았습니까? 바울은 이렇게 말합니다.

"성경이 무엇을 말하느냐……"(롬 4:3).

이것이 결정적인 말입니다. 성경이 무엇을 말합니까? 아브라함이 율법으로 구원을 받았습니까? 그 답을 들어 봅시다.

"……아브라함이 하나님을 믿으매 그것이 그에게 의로 여겨진 바 되었느니라"(롬 4:3).

'아브라함이 하나님을 믿으매'라는 말을 잘 보십시오. '하나님이 계심을 믿었다.'라는 말이 아니라 '아브라함이 하나님을 믿었다.'라는 말입니다. 물론 아브라함은 하나님이 계심을 믿었습니다. 왜냐하면 하나님이 계시다는 것을 믿지 않고는 하나님을 믿을 수 없기 때문입니다.

"……하나님께 나아가는 자는 반드시 그가 계신 것(이것이 기본이다)과 또한 그가 자기를 찾는 자들에게 상 주시는 이심을 믿어야 할지니라"(히 11:6).

사람이 하나님이 계시다는 것을 믿을 수는 있지만 그것이 막연히 어떤 신이 계시다는 것에 지나지 않는다면, 그는 영원히 버림 당하는 자가 될 것입니다. 어리석은 사람만이 그 마음에 "하나님은 없다."라고 말하는 줄 알지만, 실은 어떤 신이건 신이 있다고 믿기만 해서 되는 것이 아닙니다.

오늘날 많은 사람들이 하나님에 대해 여러 가지로 이야기함을 잘 압니다. 많은 사람들이 하나님이 어떻다고 이야기하고, 그 하나님께 기도를 올리며, 하나님께 돌아온다고 하고, 국가의 운명을 하나님께 맡긴다고 말합니다. 그러나 하나님을 믿는다고 말하는 이 모든 것들이 충분하지 못함을 알아야 합니다.

아브라함은 하나님을 믿었습니다. 그 뜻은 하나님이 말씀하신 것을 믿었다는 말입니다. 즉 하나님의 말씀을 믿었다는 뜻입니다.

아브라함은 무엇을 믿었나?

따라서 우리는 아브라함이 무엇을 믿었는가 하고 묻게 됩니다. 그는 하나님이 계시다는 것뿐만 아니라 그가 하신 말씀을 믿었습니다. 아브라함은 복음을 믿었습니다. 주 예수님의 처녀 탄생과 죄 속함과 부활의 기쁜 소식을 믿었습니다. 갈라디아서 3장에 기록된 하나님의 말씀을 들어 보면 다음과 같습니다.

"아브라함이 하나님을 믿으매 그것을 그에게 의로 정하셨다 함과 같으니라 그런즉 믿음으로 말미암은 자들은 아브라함의 자손인 줄 알지어다 또 하나님이 이방을 믿음으로 말미암아 의로 정하실 것을 성경이 미리 알고 먼저 아브라함에게 복음을 전하되 모든 이방인이 너로 말미암아 복을 받으리라 하였느니라 그러므로 믿음으로 말미암은 자는 믿음이 있는 아브라함과 함께 복을 받느니라 무릇 율법 행위에 속한 자들은 저주 아래에 있나니 기록된 바 누구든지 율법 책에 기록된 대로 모든 일을 항상 행하지 아니하는 자는 저주 아래에 있는 자라 하였음이라 또 하나님 앞에서 아무도 율법으로 말미암아 의롭게 되지 못할 것이 분명하니 이는 의인은 믿음으로 살리라 하였음이라 율법은 믿음에서 난 것이 아니니 율법을 행하는 자는 그 가운데서 살리라 하였느니라"(갈 3:6-12).

복음

바울은 믿음과 율법을 비교하며, 아브라함이 복음을 믿음으로써 구원받았다는 사실을 증명합니다. "아브라함이 의롭다 함을 받기 위하여 무엇을 믿었는가?"라는 질문에 대해서 "그는 복음을 믿었다"라고 대답합니다. 아브라함이 믿은 사실을 이해하기 위해서 '복음'이 무엇인가를 정의하지 않으면 안 될 것입니다.

'복음'에 해당하는 헬라어는 유앙겔리온(euangelion)으로 '기쁜 소식'이라는 뜻입니다. 고린도전서 15장의 바울의 말에 의하면, 일반적으로 복음은 죽음과 부활의 기쁜 소식을 의미합니다.

> "……성경대로 그리스도께서 우리 죄를 위하여 죽으시고 장사 지낸 바 되셨다가 성경대로 사흘 만에 다시 살아나사"(고전 15:3-4).

이 말씀이 일반적으로 복음을 정의한 말씀으로 받아들여지지만 '기쁜 소식'이라는 말에는 이것보다 더 깊은 뜻이 있습니다. '기쁜 소식'은 예수 그리스도의 처녀 탄생과 육신을 입고 나신 사실을 포함하고 있습니다. 예수님의 탄생은 유대 땅 언덕 위에서 천사들에 의해 복음으로 선포되었습니다.

> "……무서워하지 말라 보라 내가 온 백성에게 미칠 큰 기쁨의 좋은 소식을 너희에게 전하노라 오늘……너희를 위하여 구주가 나셨으니 곧 그리스도 주시니라"(눅 2:10-11).

'기쁜 소식'이라 번역된 말이 곧 '복음'입니다. 헬라어 유앙겔리온과 같은 뜻의 말입니다. 그렇습니다. 예수님의 초자연적 탄생이 복음의 중요한 내용입니다.

아브라함과 복음

그러면 이제 아브라함과 복음에 관한 이야기로 돌아갑시다. 하나님은 그에게 기적적인 잉태와 출생의 복음을 전하고, 오실 구세주의 대속의 죽음과 영광스러운 부활을 알려 주셨습니다.

아브라함은 약속받은 자손의 초자연적인 잉태와 기적적인 탄생을 믿었습니다. 하나님은 아브라함에게 한 아들을 약속하셨습니다. 하나님은 아브라함의 아내 사라에 대해 이렇게 말씀하셨습니다.

"내가 그에게 복을 주어 그가 네게 아들을 낳아 주게 하며 내가 그에게 복을 주어 그를 여러 민족의 어머니가 되게 하리니······"(창 17:16).

그러나 몇 년이 지나 아브라함과 사라가 정상적으로 아기를 가질 수 없는 나이가 되었어도 그 약속은 이루어지지 않았습니다. 아브라함은 무력하고 사라는 임신할 수 없는 나이였습니다. 아브라함은 백 살이 되었고 사라는 아흔 살이 된 것입니다.

"아브라함과 사라는 나이가 많아 늙었고 사라에게는 여성의 생리가 끊어졌는지라"(창 18:11).

사라는 임신할 나이가 지났고 아브라함은 무력했습니다(롬 4:19, 히 11:11). 이러한 때에 하나님이 오셔서 아브라함에게 그와 그의 아내 사라가 약속받은 아들의 부모가 되리라고 말씀하셨습니다.

"사라에게 아들이 있으리라"(창 18:10).

그리고 아브라함은 이 일이 자연적인 이치로는 불가능함에도 불구하고 하나님의 말씀을 믿었습니다. 이 두 늙은이가 아들을 낳는다는 것은 놀라운 기적이며 초자연적인 일임에 틀림없습니다. 이것은 자연적으로는 불가능한 일이었습니다.

"아브람이 여호와를 믿으니 여호와께서 이를 그의 의로 여기시고"(창 15:6).

아브라함은 복음을 믿었습니다. 약속된 아들의 초자연적인 탄생의 기쁜 소식을 믿은 것입니다. 이삭의 출생은 예수 그리스도의 처녀 탄생만큼이나 초자연적인 기적이었으나(이삭의 경우에는 양친이 다 인간이긴 했지만) 아브라함은 이 기적을 믿었습니다.

그러나 복음에는 처녀 탄생 이상의 것이 있었습니다. 다음 단계에는 이 약속받은 아들이 대속물로 죽어야 한다는 사실이 놓여 있었던 것입니다. 복음에 포함되어 있는 이 사실이 아브라함에게도 알려졌으며 아브라함이 이 사실을 믿었습니다.

기적적으로 탄생한 아들 이삭이 성장했을 때(개인적인 생각이지만, 서른세 살쯤 되었을 때), 아브라함은 그를 모리아산으로 데리고 가서 제단에 제물로 바치라는 명령을 받았습니다. 아브라함은 여기서도 복음을 믿었습니다.

창세기 22장을 보면 그 이야기가 자세히 기록되어 있습니다. 아브라함(성부의 모형)은 그의 아들(주 예수 그리스도의 모형)을 산에 데리고 가서 제단 위에 일시적이긴 했지만 제물로 바쳤습니다.

그렇습니다. 아브라함은 복음, 즉 아들의 기적적인 탄생과 대속의 제물에 대한 기쁜 소식을 믿었습니다. 왜냐하면 하나님이 이삭을 위해서 한 대속물을 마련해 주심으로 인해, 아브라함은 숲에 걸린 숫양을 잡아 '아들을 대신하여' 제물로 드릴 수 있었기 때문입니다(창 22:13).

그러나 기쁜 소식의 또 다른 면이 있습니다. 그것은 산에서 제물로 바쳐진, 기적적으로 탄생한 아들의 부활입니다. 이삭이 실제로 죽음을 당한 것은 아니지만, 하나님은 실제로 그가 죽음을 당한 것으로 여기셨습니다. 이삭은 주 예수 그리스도의 모형에 지나지 않기 때문에 그에게도 구주는 필요했습니다.

하나님은 그를 위해 한 마리의 숫양을 마련해 주셔서 그를 대신해 죽게 하셨습니다. 아브라함도 역시 일시적이긴 하지만 그의 아들을 제물로 바쳤습니다. 아브라함에게 있어서는, 하나님이 아들을 바치라고 하신 때부터 산에서 살려 주시기까지의 만 사흘 동안, 그의 아들 이삭이 죽은 것이나 마찬가지였습니다.

그런데 아브라함이 드디어 그의 아들을 죽이려 했던 순간 하나님이 갑자기 중재하심으로써 그의 아들은 완전히 살아나게 되었고, 그것은 곧 잠재적인 부활을 의미하게 된 것입니다. 그러므로 아브라함은 복음, 즉 기적적인 탄생과 대속물로서의 죽음 그리고 사흘 후의 승리의 부활을 믿었던 것입니다.

그렇습니다. 아브라함은 자신이 아들을 죽이지 않으면 안 될 것이라고 믿었으면서도, 한편으로는 하나님이 틀림없이 자기 아들을 다시 살려 주실 것을 믿었습니다. 사실 그렇게 되지 않으면 안 됩니다. 그렇지 않으면 약속하신 자손이 있을 수 없습니다.

하나님은 이삭을 통하여 약속하신 자손을 보내겠다고 약속하셨습니다. 그러나 이삭이 제물로 바쳐져 죽게 되었을 때, 그는 자손도 없었고 결혼도 하지 않았습니다. 아브라함은 하나님이 그의 약속을 지켜 주시려면, 이삭을 제물로 바쳐 죽여도 다시 살리시지 않으면 안 될 것이라고 믿었던 것입니다.

성경이 확증한다

이 사실은 하나님의 말씀이 확증하고 있습니다. 아브라함은 이삭의 죽음과 부활이 더 큰 자손의 죽음과 부활을 가리키며, 그 자손은 곧 한 모형에 지나지 않았던 이삭으로 말미암으리라는 사실을 믿었던 것입니다. 창세기 22장 13절에서 아브라함이 그의 아들을 제물로 드렸다가 다시 찾게 된 다음에 다음과 같은 말씀이 나옵니다.

"아브라함이 그 땅 이름을 여호와 이레(여호와께서 준비하심)라 하였으므로 오늘날까지 사람들이 이르기를 여호와의 산에서 준비되리라 하더라"(창 22:14).

아브라함은 이를 통해서 장차 이삭의 자손 중에서 한 위대한 아들이 초자연적으로 태어날 것과, 그의 대속의 죽음과, 부활하실 것을 미리 내다보았습니다. 즉 복음을 믿은 것입니다. 의심스럽거든 히브리서 11장을 읽어 보십시오.

"아브라함은 시험을 받을 때에 믿음으로 이삭을 드렸으니 그는 약속들을 받은 자로되 그 외아들을 드렸느니라……그가 하나님이 능히 이삭을 죽은 자 가운데서 다시 살리실 줄로 생각한지라 비유컨대 그를 죽은 자 가운데서 도로 받은 것이니라"(히 11:17, 19).

이것이 아브라함이 믿은 복음이며 이 복음으로 그는 구원받은 것입니다. 십계명을 지킨다든가 하는 것과는 아무런 관계도 없습니다. 왜냐하면 그때는 아직 그러한 계명들이 없었기 때문입니다.

오늘날에도 여전히 구원은 하나님의 아들에 관한 말씀, 즉 그의 처녀 탄생과 십자가의 죽으심과 다시 사심에 관한 복음을 믿음으로써 받습니다. 바울은 아브라함의 믿음을 인용하면서 이렇게 말했습니다.

"그에게 의로 여겨졌다 기록된 것은 아브라함만 위한 것이 아니요 의로 여기심을 받을 우리도 위함이니 곧 예수 우리 주를 죽은 자 가운데서 살리신 이를 믿는 자니라 예수는 우리가 범죄한 것 때문에 내줌이 되고 또한 우리를 의롭다 하시기 위하여 살아나셨느니라"(롬 4:23-25).

구원은 하나님을 믿거나 어떤 한 신을 믿음으로 인해 받는 것이 아니라,

'하나님께서 그 아들에 대하여 증언하신 증거'를 믿어야 되는 것입니다(요일 5:10). 구원은 율법이나 인간의 행위로 얻는 것이 아니라, 처녀에게서 나셔서 십자가에 죽으셨다가 사신 구주를 믿음으로써 얻는 것입니다.

율법은 죄인에게 슬픈 소식입니다. 그러나 복음은 예수 그리스도를 믿음으로 말미암아 구원에 이르는 기쁜 소식입니다.

제18장

용서를 위한 하나님의 조건

율법은 죄인에게는 슬픈 소식이지만 복음을 믿는 자에게는 기쁜 소식이 됩니다. 율법은 하나님의 완전한 의의 표준인데 이것은 인간으로서는 도달할 수 없는 표준입니다. 왜냐하면 우리는 죄악 중에서 출생했고 죄 중에서 잉태된 자들이기 때문입니다.

율법은 하나님의 공의로우심을 선포하는 반면, 복음은 긍휼과 은혜를 선포합니다. 율법과 복음은 둘 다 완전하지만, 전혀 다른 목적과 결과를 가지고 있습니다. 그 이유는 율법은 죄인을 정죄하지만, 복음은 죄인을 의롭게 해주며 죄에서 구원해 주기 때문입니다.

율법과 복음은 서로 배타적입니다. 다소간의 율법이나 다소간의 은혜란 말은 있을 수 없습니다. 구원에 있어서 이 둘은 함께 섞일 수 없습니다. 이 사실이 로마서 11장에 명확하게 나타나 있습니다. 바울은 이스라엘의 역사를 예로 들어 은혜의 진리를 설명합니다.

그는 로마서 9장에서, 하나님은 이스라엘 백성에게 어떤 좋은 점이 있다거나 선한 점이 있어서 그들을 택한 것이 아니라고 했습니다.

아브라함은 은혜로 택함을 받았고 야곱 또한 절대적인 은혜로 택함을 받았습니다. 이는 야곱이 태어나기 전에 모두 결정되었던 것입니다. 하나님은 야곱이 불량아였고 에서는 (야곱에 비해) 신사였음을 미리 아셨습니다. 도덕적 행위의 기준으로 본다면 에서가 야곱보다 탁월한 점이 있었습니다. 그러나 하나님은 그의 은혜를 설명하기 위해 둘 중 더 약하고 인색하고 비열한 야곱을 택하셨습니다. 말씀을 들어 봅시다.

> "그 자식들이 아직 나지도 아니하고 무슨 선이나 악을 행하지 아니한 때에 택하심을 따라 되는 하나님의 뜻이 행위로 말미암지 않고 오직 부르시는 이로 말미암아 서게 하려 하사 리브가에게 이르시되 큰 자가 어린 자를 섬기리라 하셨나니 기록된 바 내가 야곱은 사랑하고 에서는 미워하였다 하심과 같으니라"(롬 9:11-13).

불공평하게 보이지 않습니까? 바울은 이런 의문을 예상하고 다시 이렇게 말했습니다.

> "그런즉 우리가 무슨 말을 하리요 하나님께 불의가 있느냐 그럴 수 없느니라"(롬 9:14).

하나님은 지극히 높으셔서 아무도 감히 하나님이 불의하시다고 말할 수 없습니다. 다니엘은 바울이 기록하기 몇백 년 전에 이렇게 말했습니다.

"……하늘의 군대에게든지 땅의 사람에게든지 그(하나님)는 자기 뜻대로 행하시나니 그의 손을 금하든지 혹시 이르기를 네가 무엇을 하느냐고 할 자가 아무도 없도다"(단 4:35).

보잘것없고 죄 많은 인간이 하나님의 처사를 문제 삼을 수 있습니까? 인간이 하나님이 크신 은혜 가운데 하신 일을 왜 하셨느냐고 할 수 있겠습니까? 바울의 말을 빌리면 좋은 해답이 될 것입니다.

"이 사람아 네가 누구이기에 감히 하나님께 반문하느냐 지음을 받은 물건이 지은 자에게 어찌 나를 이같이 만들었느냐 말하겠느냐 토기장이가 진흙 한 덩이로 하나는 귀히 쓸 그릇을, 하나는 천히 쓸 그릇을 만들 권한이 없느냐"(롬 9:20-21).

은혜로 부름받은 이스라엘

하나님이 이스라엘을 선민으로 정하셨습니다. 우수하고 뛰어나서가 아니라 크신 은혜로 뽑혔습니다. 더욱이 이같이 크신 은혜로 지키심을 받았습니다. 그들은 참으로 비참하게 실패한 민족이었습니다. 그들의 역사는 반역과 우상 숭배와 죄로 가득 찼으며, 결국 그 죄는 갈보리에서 그들의 메시아를 배척함으로써 극도에 달했습니다. 하나님은 그들이 은혜받을 가치가 없는 짓을 했다고 그들을 버리셨습니까?

궁휼 없이 공의만 있었다면 그들은 버림을 당할 수밖에 없었지만, 처음에 그들을 택하신 크신 은혜는 그들의 불성실에도 불구하고 그들을 지켜 주셨습니다. 이 선민이 하나님의 율법을 거듭거듭 범했어도 하나님은 그들을 배척하지 않으셨습니다. 하나님은 그들을 단련하셨고 벌주셨고 징계하셨습니다. 그리고 또한 흩어 놓으셨지만 약속하신 은혜를 깨뜨리지는 않으셨습니다.

하나님은 과연 자기 백성을 버리셨는가?

바울은 이렇게 질문을 던집니다.

"그러므로 내가 말하노니 하나님이 자기 백성을 버리셨느냐 그럴 수 없느니라……하나님이 그 미리 아신 자기 백성을 버리지 아니하셨나니……"(롬 11:1-2).

그 이유는 하나님의 끊임없는 은혜가 있기 때문이었습니다. 만약 하나님의 백성인 이스라엘의 축복이 그들의 행위에 의존한다면 모든 것이 달라졌겠지만, 그것은 전적으로 은혜에 의한 것이었습니다. 은혜는 일체의 공로를 배제합니다. 은혜는 이를 받을 만한 아무런 가치도 없는 사람이 대가 없이 분에 넘치게 받는 선물입니다. 만일 약간이라도 공로가 개입되거나 인간의 선행이 섞일 때에는 그 은혜는 하나님이 순수하게 이룩해 놓으신 것이라고 할 수 없습니다.

다시 말씀드립니다만, 은혜와 율법은 서로 상반됩니다. 공로가 전혀 없는 순수한 은혜이거나 전혀 은혜가 아니거나 둘 중에 하나만 있을 뿐입니다. 이제 로마서 11장에서 바울이 말한 구절을 살펴보기로 하겠습니다.

"만일 은혜로 된 것이면 행위로 말미암지 않음이니 그렇지 않으면 은혜가 은혜 되지 못하느니라"(롬 11:6).

하나님이 은혜 가운데서 이스라엘에게 행하신 이 모든 일들은, 우리가 은혜로 구원받을 뿐 아니라 율법의 행위 없이도 은혜로 보호하심을 받는다는 것을 증명합니다.

우리는 지금까지 이스라엘의 역사를 상고해 봤습니다. 그 이유는 많은 사람들이 진지하고도 복음적인 믿음을 가지고 있음에도 불구하고, 구원은 은혜로 받는 것이지만 구원받은 후에도 행위가 온전 해야 그 구원이 지속되므로 율법을 하나도 범하지 않고 다 지켜야 한다고 생각하고 있기 때문입니다. 그러나 이러한 생각은 구원의 축복을 아무 쓸데없는 것으로 만드는 것이 됩니다. 구원받은 후에 끊임없이 율법을 완전히 준수해서 죄 없는 생활을 했다고 말할 수 있는 사람이 누구이겠습니까?

당신의 삶에서 하루라도 "오늘은 정말 언행 심사에 죄 지은 바 없이 하나님 말씀대로 모든 일에 순종하고, 조금도 부족함 없이 거룩하신 요구를 다 지켰구나."라고 말할 수 있는 날이 있습니까? 또 "오늘은 마음과 뜻과 목숨을 다하여 시시각각 주님을 사랑했고, 이웃을 내 몸과 같이 사랑했고, 화도 안 내고, 악한 생각도 아니하고, 남의 물건을 탐내거나 투기하거나 이기적인 생각을 하지 않았으며, 험담을 해서 이웃을 해하지도 않았고, 필요한 때를 맞추어 이웃을 도와주었구나."라고 말할 수 있겠습니까?

만약 그렇게 말할 수 있다면 그대로 계속 살아가십시오. 그러나 나는 저녁이면 이렇게 고백하지 않고서는 하루도 살 수 없었던 것을 솔직히 고백합니다. "오, 주님, 오늘도 할 바를 다하지 못했습니다. 비판하고, 참지 못하고, 남의 요구보다 내 안락에 더 마음을 썼습니다. 주님, 용서하여 주옵소서. 저의 죄와 부족을 고백하고 주의 은혜를 받아 씻음을 받고자 하나이다."

율법이 아니라 은혜이다

구원받은 후 우리의 안전은 우리의 온전한 행위에 의존한다고 말하는 사람에게 나는 이렇게 묻고 싶습니다. 그러면 하나님의 은혜가 더 이상 필요 없게 되었습니까? 옛 성품인 육신과의 투쟁에서 실패를 거듭하고 있다는 고백이 필요 없게 되었단 말입니까?

그렇다면 당신은 하나님의 거룩한 율법의 요구가 무엇인지, 죄의 참 본질이 무엇인지조차 모르고 있다고 할 수밖에 없습니다. 만일 그리스도인이 하나님의 완전한 계명들을 지키는 데 실패할 때마다 버려진다면 그것이야말로 참으로 슬픈 일이 아닐 수 없습니다. 만일 믿는 자가 율법 아래에 있다면 이처럼 율법의 완전한 요구에 이르지 못할 때마다 또 다른 잃어버림을 당하곤 할 것입니다.

기억해 두십시오. 율법은 죄를 저주하기 위해 있는 것입니다. 그리고 만일 우리가 율법 아래에 있다면 우리는 모두 또다시 저주 아래에 있게 된다는 슬픈 결과가 되고 말 것입니다. 그러나 하나님이 믿는 자를 위해 마련해 놓으신 것이 있습니다.

예수님은 십자가에서 죽으심으로 우리를 율법의 저주에서 구원해 주셨을 뿐 아니라, 지금은 율법의 저주에서 구원받은 우리를 보호하기 위해 하나님 우편에 서서 대언자가 되어 주셨습니다. 구원받으면 죄가 하나도 없이 완전해져야 하지 않느냐고 주장하는 가엾고 눈 어두운 사람들이 있습니다. 거듭날 때 옛 성품이 뿌리째 뽑혀 더 이상 죄를 짓지 않게 된다고 말하는 사람들이 있습니다. 그런 사람들은 주 예수 그리스도께서 우리를 위해 하나님 우편에서 대언하신다는 사실이 시간 낭비에 불과하다 할 것입니다. 그런 사람들은 하나님 앞에 아무것도 자백할 것이 없으니 대언자도 필요 없을 것이기 때문입니다.

우리는 죄를 지어도 좋은가?

그렇다고 우리가 거룩한 것을 위해 투쟁하지 않아도 된다는 뜻은 아닙니다. 우리는 죄 짓지 말아야겠지만, 문제는 우리가 죄악성을 갖고 있는 한 죄를 짓고 만다는 사실입니다. 이 때문에 하나님은 은혜로 주님을 제사장으로 일하시도록 준비하셨습니다. 요한을 통해 우리에게 주신 다음의 말씀은 참으로 분명히 그 사실을 가르쳐 줍니다.

"나의 자녀들아 내가 이것을 너희에게 씀은 너희로 죄를 범하지 않게 하려 함이라……"(요일 2:1).

요한은 하나님의 중생한 자녀인 믿는 자들에게 이 말씀을 썼습니다. 그는 그들을 "나의 자녀들아."라고 부르고 있습니다. 이들에게 그는 "내가 이것을 너희에게 씀은 너희로 죄를 범하지 않게 하려 함이라."라고 말하고 있습니다. 어떤 그리스도인도 죄 지을 권한이 없습니다. 그는 결코 죄를 지어서는 안 됩니다. 그러나 슬프게도 우리는 너무도 자주 죄를 짓습니다. 우리 하나님 아버지께서도 이것을 잘 알고 계셨기 때문에 요한은 죄 짓지 말라고 경고한 것입니다.

"……(그러나) 만일 누가 죄를 범하여도 아버지 앞에서 우리에게 대언자가 있으니 곧 의로우신 예수 그리스도시라"(요일 2:1).

이 영광스런 대언자를 마련해 주신 하나님께 감사합니다. 만일 우리의 구원을 끝까지 유지할 수 있도록 마련된 이 대언자가 없었다면, 무엇보다도 우리가 구원받는 것은 전혀 무가치한 일일 수밖에 없습니다. 그러므로 우리는 우리의 부족함을 인정하고, 이를 통탄하며 죄를 이기는 승리의 생활을 간절히 바라고, 거룩한 생활을 동경하는 것입니다. 우리는 우리의 부족함을 부인하지 않습니다. 왜냐하면 우리 안에(즉 육신 안에) 선한 것이 거하지 아니하는 줄을 알기 때문입니다.

신자가 범할 수 있는 가장 나쁜 일은 그가 죄 지을 가능성이 있다는 것을 외면하는 것입니다. 그래서 결국에는 그 죄를 고백하지 못하고 하나님의 시련과 채찍을 받게 됩니다.

당신의 죄를 부인하지 말라

우리가 실패했음을 부인하는 것은 우리 자신을 속이는 것만이 아니라, 하나님을 거짓말쟁이로 만드는 것입니다. 하나님이 하신 말씀을 들어 보십시오.

"만일 우리(신자)가 죄가 없다고 말하면 스스로 속이고 또 진리가 우리 속에 있지 아니할 것이요……만일 우리(신자)가 범죄하지 아니하였다 하면 하나님을 거짓말하는 이로 만드는 것이니 또한 그의 말씀이 우리 속에 있지 아니하니라"(요일 1:8, 10).

그러면 우리는 어떻게 해야 합니까? 방금 읽은 두 구절 사이에 있는 요한일서 1장 9절이 그 구제책을 일러 줍니다.

"만일 우리가 우리 죄를 자백하면 그는 미쁘시고 의로우사 우리 죄를 사하시며 우리를 모든 불의에서 깨끗하게 하실 것이요"(요일 1:9).

우리는 하나님께 죄를 용서해 달라고 구하지 않아도 되지만, 다만 자백이라는 조건이 따릅니다. 우리가 죄를 자백하면 하나님은 용서해 주십니다. 우리가 율법 아래에 있습니까? 하나님께 감사한 것은 그렇지 않다는 사실입니다. 만일 우리가 율법 아래에 있다면 우리는 실패할 때마다 정죄를 받아야겠지만, 은혜 아래에 있기 때문에 용서와 깨끗함을 받을 수 있습니다.

하나님의 자녀여, 당신의 마음이 하나님의 말씀의 빛 가운데 있음을 아십니까? 당신은 죄의 본성을 아십니까? 죄란 단지 표면적 행위만이 아니라 모든 언행 심사에서 하나님을 먼저 생각하지 않는 근본적인 마음의 태도를 말합니다. 하나님과 관계없이 하는 것은 모두 죄입니다.

당신은 하나님의 거룩하심이 무엇을 의미하는지 알고 계십니까? 어떤 일이든 하나님을 알지 못하고 하는 것은 다 죄가 됩니다. 잠언 21장 4절에 이렇게 말씀되어 있습니다.

"······악인이 형통한 것은 다 죄니라"(잠 21:4).

추수할 것을 주시는 분이 하나님이라는 것을 모르면 죄입니다.
끝으로 역사상 가장 경건하고 영적이었던 사람 중의 하나인 욥이 한 말을 들어 봅시다.

"가령 내가 의로울지라도 내 입이 나를 정죄하리니 가령 내가 온전할지라도 나를 정죄하시리라"(욥 9:20).

당신은 투쟁하다 낙망한 일이 있습니까? 너무 자주 실패하다 보니 "에라, 애쓸 필요가 없구나" 하고 체념하지는 않습니까? 혹 하나님이 당신을 버리고 이젠 구원해 주지 않으실 것을 생각해서 낙망한 일이 있습니까? 그렇다면 하나님께 나아가 그가 약속하신 은혜를 구하십시오.

"만일 우리가 우리 죄를 자백하면 그는 미쁘시고 의로우사 우리 죄를 사하시며 우리를 모든 불의에서 깨끗하게 하실 것이요"(요일 1:9).

그리고 하나님을 의뢰하고 그의 승리를 곧 당신의 승리로 삼으십시오!

제19장

사랑이 해답이다

"그런즉 우리가 무슨 말을 하리요 은혜를 더하게 하려고 죄에 거하겠느냐 그럴 수 없느니라 죄에 대하여 죽은 우리가 어찌 그 가운데 더 살리요"(롬 6:1-2).

사도 바울은 믿는 자를 위한 하나님의 은혜와 율법으로부터의 자유를 가르칠 때 많은 질문이 나오리라 예상하여, 그리스도 안에 있는 신자는 율법으로부터 벗어났으니(롬 7:6), 율법에 대하여 죽었고(갈 2:19), 율법의 저주로부터 속량되었다고(갈 3:13) 했습니다. 그는 죄인은 율법의 행위로서는 구원받을 수 없고 그 구원이 보존될 수도 없다고 했습니다. 그는 몇 번이고 "신자는 법 아래에 있지 아니하고 은혜 아래에 있다."라고 반복했습니다(롬 6:14-15).
바울 당시에 율법을 존중하는 안식일 수호자들은 바울이 위험한 복음을 설교한다고 곧잘 비난했습니다. 그들은 은혜에 관하여 설교하는 바울을 어디든 따라다니면서 그 설교를 뒤엎으려고 했습니다. 이러한 공격은 오늘날에도, 믿음으로 율법에서 구원받는다고 가르치는 모든 사람에게 끊임없이 가해지고 있습니다.

그렇다고 우리가 율법이 하나님의 의를 선포하는 데 있어서 제구실을 못하고 또 죄인을 정죄하지도 못한다고 가르치지는 않습니다. 그러나 우리는 그리스도께서 완수하신 일을 믿는 자는 '저주와 벌로부터 속량될 뿐 아니라 법 자체로부터도 속량된다.'라고 가르칩니다. 징벌이 없는 법은 무기력합니다. 그러나 그리스도께서 율법의 벌을 온전히 짊어지셨기 때문에 믿는 자는 영원히 율법의 권세로부터 벗어났습니다. '구원의 은혜와 이를 보존하는 은혜'라는 가르침에 대해 끊임없이 일어나는 반대에 답변해 보겠습니다.

그것은 죄를 지어도 좋다고 한다

구원이 절대적으로 은혜에 있다고 가르치면 생활이 해이해지고 부주의하게 된다고 율법주의자들은 끈질기게 논쟁을 했습니다. 믿는 자의 보장은 은혜로 이뤄진다고 가르치자 비판자들은 그것은 죄를 장려하는 것이라고 비난합니다. 심지어 어떤 사람은 '저주받을' 학설이라고 합니다. 율법으로부터의 자유를 설교할 때 우리는 '무법한' 사람이라고 비난받아 왔습니다.

그러나 실상은 구원받은 후에 전보다 더욱 '법' 아래 있게 되는데, 그것은 계명의 법 대신 사랑의 법, 좀 더 힘 있는 다른 법입니다. 진실한 신자는 하나님의 법을 지키려 하지만 그 동기가 전혀 다른 데서 온다는 것입니다. 신자는 하나님의 법을 지킬 의무가 여전히 있지만, 그것은 구원받은 것을 스스로 유지해 나가려는 노력으로서가 아니며 벌이 두려워서도 아닙니다.

신자는 거룩한 생활을 할 도덕적 의무를 갖고 있는데, 그것은 법이 강요하기 때문이 아니라 은혜가 그런 생활을 가져오기 때문입니다. 따라서 율법으로부터의 자유가 사람을 무법으로 만든다고 말하는 것은 율법의 직책도, 하나님의 은혜의 권능도 완전히 모르는 소치입니다.

믿는 자가 하나님을 기쁘시게 하는 단 한 가지 봉사는 그가 구원해 주신 데 대한 감격적인 사랑으로 이뤄져야 합니다. 벌을 안 받으려고, 구원을 잃을까 봐 노력한 봉사는 주님이 전적으로 거부하십니다. 신자는 율법 조문에 매이지 말고 영 아래에서 살아야 합니다.

신자는 주 예수께서 친히 우리에게 주신 새로운 법 아래에 있습니다. 이것이 바로 그리스도의 법입니다. 이것이 계명의 율법과 대조되는 사랑의 법입니다. 바울은 갈라디아서 2장 19절에서 "내가 율법으로 말미암아 율법에 대하여 죽었나니 이는 하나님에 대하여 살려 함이라"라고 말합니다.

사랑의 법

예수님은 요한복음 15장에서 그의 제자들에게 말씀하셨습니다.

"내가 아버지의 계명을 지켜 그의 사랑 안에 거하는 것같이 너희도 내 계명을 지키면 내 사랑 안에 거하리라"(요 15:10).

예수님이 말씀하신 계명은 무엇입니까? 많은 사람이 생각하듯 십계명은 분명히 아닙니다. 그는 다른 계명을 말씀하고 계십니다. 요한복음 15장 12절에서 이를 설명하십니다.

"내 계명은 곧 내가 너희를 사랑한 것같이 너희도 서로 사랑하라 하는 이 것이니라"(요 15:12).

바울은 이것을 그리스도의 법이라고 부릅니다.

"너희가 짐을 서로 지라 그리하여 그리스도의 법을 성취하라"(갈 6:2).

그리스도의 법은 사랑의 법입니다. 이는 새 성품과 하나님의 성령의 열매입니다.

"온 율법은 네 이웃 사랑하기를 네 자신같이 하라 하신 한 말씀에서 이루어졌나니"(갈 5:14).

사도 요한은 신자들에게 이런 말을 썼습니다.

"무엇이든지 구하는 바를 그에게서 받나니 이는 우리가 그의 계명을 지키고 그 앞에서 기뻐하시는 것을 행함이라"(요일 3:22).

요한이 말한 것은 무슨 계명입니까? 십계명은 분명히 아닙니다. 그가 곧 다음과 같이 덧붙여 말하고 있기 때문입니다.

"그의 계명은 이것이니 곧 그 아들 예수 그리스도의 이름을 믿고 그가 우리에게 주신 계명대로 서로 사랑할 것이니라"(요일 3:23).

우리는 모세가 준 계명에서 벗어났으나 그렇다고 법이 없는 상태에 내버려진 것도 아니요, 무법 천지에 사는 것도 아니요, 좀 더 높은 영광된 다른 법, 즉 '자유롭게 하는 온전한 율법'(약 1:25)인 사랑의 법 아래에 있음을 계속 알려 드리겠습니다.

사랑은 율법의 완성이다

이것을 가장 잘 표현한 성경 한 곳을 봅시다. 바울은 말합니다.

"······사랑은 율법의 완성이니라"(롬 13:10).

사랑으로 봉사하게 되면 율법도 규칙도 규율도 더 이상 필요 없게 됩니다. 예를 들어 어떤 사장이 사람이 필요하다고 합시다. 말썽이나 불화를 피하기 위하여 어떤 규칙이나 조건에 합의를 보아야 합니다. 그래서 그 사장은 앞으로 고용할 사람에게 고용주와 고용인과의 관계가 설명된 안내서를 줍니다.

고용주는 월급과 병이 났을 때의 치료비, 휴가, 차 마시는 휴식 시간, 특근 조건, 기타 여러 가지 부조금을 약속합니다. 고용인은 일주일에 40시간, 약속된 시간에 일을 하고 일정한 작업량을 완수할 것을 약속합니다.

규칙을 지키지 못하면 계약이 깨지고, 고용인이 파업에 들어가든지 경우에 따라서 고용주가 그를 해고하게 됩니다. 쌍방의 책임이 상세하게 기록됩니다. 고용인은 법 아래 있습니다. 그래서 계약한 대로 책임을 다하면 월급과 모든 혜택을 받습니다.

자, 이 고용인이 젊은 여인이라고 가정하고 총각인 주인이 그 여인과 사랑하는 사이가 되었다고 합시다. 마침내 그들은 결혼하기로 결정하여 부부가 됩니다. 그 여인은 직장을 그만두고 둘이 새 집으로 이사를 갑니다.

그녀는 아내가 된 순간부터 고용인이 아닌 것입니다. 그녀는 더 이상 규칙이나 법 아래에 있지 않습니다. 아내인 그녀에게 바라는 것을 위해 고용인의 계약서 같은 것을 주지는 않습니다. 그녀는 남편을 사랑하게 되고 그가 고용주였을 때보다 더 많이 기쁘게 해주려고 합니다.

그녀는 더 이상 법 아래에 있지 않습니다. 시간을 재지 않아도 되고 지켜야 할 규율도 없고 자유롭게 남편을 기쁘게 하는 데에만 시간을 사용합니다. 요구하는 것이 없어도 그녀는 남편이 무엇을 원하는지 이미 다 짐작합니다.

그녀는 고용인도 아니요 법이나 규율에 매여 있지도 않습니다. 그러나 이것이 그녀를 되는 대로 하게 만들고 "야, 이제 법 아래에 있지 않으니 나 좋을 대로 할 수 있겠구나." 하고 말하게 합니까? 천만에! 그 여자는 사랑의 법 아래에 있는 것입니다.

계명

사랑은 율법의 완성입니다. 사랑이 통치하는 곳에는 율법이 필요 없습니다. 전에 고용인이었던 여인의 남편이 부인에게 계속해서 책임을 다하라고 부엌 벽에 십계명을 써 붙여 놓는 것을 상상이나 할 수 있습니까? 이 부인이 매일 아침 부엌에 붙여 놓은 율법을 보는 것을 상상할 수 있습니까? 다음과 같이 '아내가 지켜야 할 십계명'이 적혀 있다고 합시다.

1. 내 앞에서 다른 남편에게 호의를 품지 말지어다.
2. 너를 위하여 다른 남자의 초상화나 사진이나 기념품을 만들어 경배하지 말지어다.
3. 공연히 내 이름을 부르거나 나를 깔보는 말을 하지 말지어다.
4. 카펫 밑을 쓸어 먼지를 피우지 말지어다.
5. 정성껏 나의 식사를 준비하고 세탁물을 잘 관리할지어다.

등등 죽 내려가면서 십계명이 있다고 합시다.

원 세상에, 사랑하는 아내는 이런 것들을 되새기지 않아도 사랑으로 남편의 모든 요구를 미리 다 알고 있습니다. 일하는 시간도 임금도 정해 놓지 않았고 임금도 안 받지만, 그녀는 하루 24시간 아내의 임무를 다합니다. 남편은 그 아내에게 "이것이 당신의 책임이니 잘 되었나 보시오. 만일 못해 놓으면 벌을 주든지 심지어 이혼도 할 테니까."라고 말하지 않아도 되는 것입니다.

이런 것은 다 어리석은 짓입니다. 사랑 안에 있는 사람은 이런 경우란 상상조차 못할 것입니다. 고용인은 법이 요구하는 대로만 하면 되고 계약대로만 하면 됩니다. 그러나 충성스러운 아내는 그렇지 않습니다. 아내가 하는 일은 고용인이 하는 일에 비할 것이 아닙니다. 역시 이처럼 우리가 은혜로 구원받을 때에는 그리스도의 법, 사랑의 법 아래에 있으므로 종의 법이 요구하는 모든 일을 할 뿐 아니라 더 많은 것을 합니다. 사랑하는 아내는 "아, 이제 하라는 일을 다 했구나. 시간이 끝났으니 이제는 자유다"라고 말하지 않습니다. 사랑의 봉사에는 제한이 없습니다.

사랑은 율법을 완성합니다. 사랑하면 할수록 법은 없어지고 사랑이 없어지면 없어진 만큼 법이 필요하게 됩니다. 사랑이 지배하고 조종하게 되면 법의 모든 요구는 이루어집니다. 로마서 13장에서 바울이 한 말을 들어 봅시다.

"피차 사랑의 빚 외에는 아무에게든지 아무 빚도 지지 말라 남을 사랑하는 자는 율법을 다 이루었느니라 간음하지 말라, 살인하지 말라, 도둑질하지 말라, 탐내지 말라 한 것과 그 외에 다른 계명이 있을지라도 네 이웃을 네 자신과 같이 사랑하라 하신 그 말씀 가운데 다 들었느니라 사랑은 이웃에게 악을 행하지 아니하나니 그러므로 사랑은 율법의 완성이니라"(롬 13:8-10).

마태복음 19장 19절과 마가복음 12장 31절에서 예수님도 이를 친히 말씀하셨습니다. 바울은 갈라디아서 5장 14절에서 반복합니다.

"형제들아 너희가 자유를 위하여 부르심을 입었으나 그러나 그 자유로 육체의 기회를 삼지 말고 오직 사랑으로 서로 종노릇하라 온 율법은 네 이웃 사랑하기를 네 자신같이 하라 하신 한 말씀에서 이루어졌나니"(갈 5:13-14).

이 사랑의 법칙이 실현되면 더 이상 어떠한 법도 필요 없게 됩니다. 경찰서도, 법정도 문을 닫게 됩니다. 마음과 뜻과 목숨을 다해 주 하나님을 사랑하면, 그리고 이웃을 내 몸과 같이 사랑하면, 율법은 아무 힘도 없어지게 됩니다. 만일 당신이 이웃을 내 몸과 같이 사랑하면, 간음을 행치도 아니할 것이요, 살인하지도 않을 것이요, 도적질하지도 아니할 것이요, 이웃에 대하여 거짓 증거하지도 않을 것이요, 남의 물건을 탐하지도 않을 것입니다. 그래서 바울은 말합니다.

"……그 외에 다른 계명이 있을지라도 네 이웃을 네 자신과 같이 사랑하라 하신 그 말씀 가운데 다 들었느니라"(롬 13:9).

당신은 계명의 법 아래에 있습니까? 아니면 사랑의 법에 따라 움직입니까? 당신은 이렇게 말할지 모릅니다. "이런 일에 누가 자신이 있겠는가? 내 사랑은 불완전하고 냉담하며 너무 부족한데, 이런 불완전한 사랑을 따라 움직였다고 해서 다시 계명과 그 저주 아래로 들어가야 한단 말인가?" 아닙니다. 하나님께 감사드리는 것은 그는 우리의 연약함을 아시고 은혜로 준비해 주셨다는 것입니다. 다시 한 번 요한일서 2장 1절과 요한일서 1장 8-10절 말씀을 봅시다.

"나의 자녀들아 내가 이것을 너희에게 씀은 너희로 죄를 범하지 않게 하려 함이라 만일 누가 죄를 범하여도 아버지 앞에서 우리에게 대언자가 있으니 곧 의로우신 예수 그리스도시라"(요일 2:1).

"만일 우리가 죄가 없다고 말하면 스스로 속이고 또 진리가 우리 속에 있지 아니할 것이요 만일 우리가 우리 죄를 자백하면 그는 미쁘시고 의로우사 우리 죄를 사하시며 우리를 모든 불의에서 깨끗하게 하실 것이요 만일 우리가 범죄하지 아니하였다 하면 하나님을 거짓말하는 이로 만드는 것이니 또한 그의 말씀이 우리 속에 있지 아니하니라"(요일 1:8-10).

제20장

거룩한 선생

"어리석도다 갈라디아 사람들아 예수 그리스도께서 십자가에 못 박히신 것이 너희 눈앞에 밝히 보이거늘 누가 너희를 꾀더냐 내가 너희에게서 다만 이것을 알려 하노니 너희가 성령을 받은 것이 율법의 행위로냐 혹은 듣고 믿음으로냐 너희가 이같이 어리석으냐 성령으로 시작하였다가 이제는 육체로 마치겠느냐"(갈 3:1-3).

사도 바울은 율법의 행위가 아니라 하나님의 은혜를 믿음으로 구원받음을 설교했습니다. 갈라디아에 사는 많은 사람들은 새롭게 발견된 구속과 법의 저주로부터의 완전한 자유를 복된 것으로 여겼습니다.

그러나 바울을 시험하려고 가는 곳마다 따라다니던 어느 율법주의적 유대 안식일 수호자들은, 갈라디아에 와서 바울이 은혜로만 구원받는다고 설교하는 것은 잘못된 가르침이라며 새롭게 행복을 누리는 사람들을 현혹시 컸습니다. 그들은 은혜로 구원받는다는 바울의 말에는 동의했지만, 구원받은 후에도 행위로 그 은혜를 보존하고 하나님의 계명을 온전히 지켜야 한다고 주장했습니다.

이러한 주장은 구원받고 그 구원을 보호해 나가는 것은 하나님의 은혜로만 된다고 굳게 믿던 갈라디아 교인들을 매우 당황하게 했습니다. 그러나 이 율법주의자들은 마구 선동하고 다니며 마침내 갈라디아 교회 전체를 혼란에 빠뜨렸습니다.

수습에 나선 바울

이렇게 혼란스러워졌다는 소식이 고린도에서 복음을 전하는 바울의 귀에 들렸습니다. 바울은 즉시 이 잘못된 점을 고쳐 주려고 하나님의 영감을 받아 편지를 써서 갈라디아 교인들에게 보냈습니다.

잘못된 점은, 우리가 은혜로 구원받고 난 다음에는 그 구원이 우리의 행위와 율법을 지킴으로써만 보존된다고 가르친 것입니다. 바울의 대답은, 구원은 모두가 은혜이며 은혜로 구원받고 은혜로 보존된다는 것입니다. 갈라디아서 3장에서 바울은 이러한 혼란을 야기한 갈라디아 사람들의 변덕스러움에 놀라움과 분개를 아울러 나타내고 있습니다.

"어리석도다 갈라디아 사람들아……누가 너희를 꾀더냐"(갈 3:1).

그래서 그는 두 가지 질문을 던집니다. 첫 번째는 당신이 어떻게 구원받았습니까? 하는 것입니다.

"내가 너희에게서 다만 이것을 알려 하노니 너희가 성령을 받은 것이 율법의 행위로냐 혹은 듣고 믿음으로냐"(갈 3:2).

물론 이 대답은 '믿음으로' 입니다. '율법의 행위로'가 아닙니다. 다음에 두 번째 질문이 나옵니다.

"너희가 이같이 어리석으냐 성령으로 시작하였다가 이제는 육체로 마치겠느냐"(갈 3:3).

당신은 얼마나 어리석게 되려고 합니까? 하나님이 그의 사랑과 긍휼과 은혜로써 우리가 사악한 죄인이었을 때 구해 주셨다면, 그의 자녀가 된 지금에 와서도 계속 우리를 사랑해 주시고 끝까지 지켜 주시지 않겠습니까? 하나님이 그의 독생자를 희생시키신 것이 죄인을 위해서인데 그의 자녀들을 버린다는 것은 생각할 수도 없는 일입니다.

바울은 이 점을 어떻게 생각했는지 들어 봅시다. 그는 이미 갈라디아서 3장 1-3절에서 분명히 말했지만, 빌립보서에 쓴 것도 다시 봅시다.

"너희 안에서 착한 일을 시작하신 이가 그리스도 예수의 날까지 이루실 줄을 우리는 확신하노라"(빌 1:6).

이것은 바울이 빌립보 교인들에 대해 가졌던 확신인 동시에 그 자신에 대해 가졌던 확신입니다. 디모데에게 보낸 간증을 통해 그의 말을 들어 봅시다.

"······내가 믿는 자를 내가 알고 또한 내가 의탁한 것을 그날까지 그가 능히 지키실 줄을 확신함이라"(딤후 1:12).

바울은 구원을 잃을까 봐 두려워하지 않았습니다. 그러나 그는 주님을 실망시켜 시련을 받고, 상을 잃고, (원하는 면류관을 못 받는) 버림받은 자가 될까 심히 걱정했습니다. 그러나 주님이 불성실하실까 봐 두려워하지는 않았습니다. 다시 말씀드리지만, 바울은 절대로 하나님의 성실성을 의심하지 않았지만 그가 주님을 실망시킬까 봐 불안해했습니다(고전 9:24-27).

로마서 8장 33절에서 바울은 그 특유의 인상적인 질문을 합니다. 그것은 하나의 도전장이었습니다.

"누가 능히 하나님께서 택하신 자들을 고발하리요 의롭다 하신 이는 하나님이시니 누가 정죄하리요 죽으실 뿐 아니라 다시 살아나신 이는 그리스도 예수시니 그는 하나님 우편에 계신 자요 우리를 위하여 간구하시는 자시니라"(롬 8:33-34).

영어 성경을 보면, 두 구절에 각각 원문 성경에 없는 말이 첨부되어 있는 것을 알 수 있습니다. 그것은 번역자에 의해 덧붙여진 것으로 원문에는 나와 있지 않습니다.

이는 뜻을 이해시키려고 한 것이지만, 어떤 경우에는 뜻을 모호하게도 합니다. 로마서 8장 33, 34절에서 '이는'(It is)이란 말을 생략해 보십시오. 그러면 다음 구절의 참다운 효과를 찾을 수 있을 것입니다.

"누가 능히 하나님께서 택하신 자들을 고발하리요……"(롬 8:33).

다음에 나오는 '이는'이란 말을 생략하면 이런 말이 됩니다. "의롭다 하신 하나님이시라고요?" 터무니없습니다! 하나님이 우리를 송사하시고 나서 다시 의롭다고 하신단 말입니까?

로마서 8장 34절에서도 '이는'을 빼면 이렇게 읽게 됩니다. "누가 정죄하리요……그리스도 예수시라고요?" 그리스도께서 우리를 정죄하십니까? 우리를 구하기 위해 죽으신 그가 우리를 다시 정죄하시는 분이 될 수 있습니까? 무덤에서 살아나사 하늘에 오르신 그리스도께서 우리를 다시 정죄하신다는 말입니까? 하나님 우편에 앉으신 그가 그의 자녀들이 비틀거리고 떨어질 때마다 정죄하신다는 말입니까? 물론 그렇지 않습니다. 그는 우리를 위해 중보의 역할을 해주시는 분입니다.

다시 물어봅시다. "그가 우리를 정죄하십니까? 죽었다가 다시 사셔서 우리를 위해 대언해 주시는 그리스도께서 우리를 정죄하시겠습니까?" 그런 생각은 아예 집어치우십시오! 사실이 그렇다면 우리는 얼마나 희망이 없는 상태입니까?

결론

바울이 승리의 개가를 부르고 찬양을 드리는 것도 무리가 아닙니다.

"누가 우리를 그리스도의 사랑에서 끊으리요 환난이나 곤고나 박해나 기근이나 적신이나 위험이나 칼이랴……그러나 이 모든 일에 우리를 사랑하시는 이로 말미암아 우리가 넉넉히 이기느니라 내가 확신하노니 사망이나 생명이나 천사들이나 권세자들이나 현재 일이나 장래 일이나 능력이나 높음이나 깊음이나 다른 어떤 피조물이라도 우리를 우리 주 그리스도 예수 안에 있는 하나님의 사랑에서 끊을 수 없으리라"(롬 8:35, 37-39).

바울은 우리가 사망이나 생명이나 천사나 높음이나 깊음에 의해서는 끊어질 수 없다고 말합니다. 그러나 사랑하는 형제들 중에 어떤 사람은 그러한 평안이 정말 있을까 해서 두려워하며 말합니다. "이런 일들은 우리를 그리스도의 사랑에서 끊을 수 없지만, 우리 자신이 '스스로' 끊고 구원을 잃을 수는 있다."라고. 그러나 바울은 이런 이의를 분명히 예측하고 우리를 끊을 수 있는 모든 것을 낱낱이 열거하며 '어떤 피조물이라도'라고 덧붙였습니다. 여기에는 '당신'과 '나'까지도 포함됩니다.

그래도 이의가 있는가?

그래서 그리스도인은 영원히 율법의 저주와 정죄로부터 자유롭고, 해방되었습니다. 이러한 가르침에 대한 가장 흔한 반대는 마태복음 5장에 있는 글 때문에 제기됩니다. 이 글은 우리가 아직도 율법 아래 있다는 것을 증명하는 데 끊임없이 인용됩니다.

"내가 율법이나 선지자를 폐하러 온 줄로 생각하지 말라 폐하러 온 것이 아니요 완전하게 하려 함이라 진실로 너희에게 이르노니 천지가 없어지기 전에는 율법의 일점일획도 결코 없어지지 아니하고 다 이루리라"(마 5:17-18).

물론 예수님도, 우리도 율법을 폐하지는 않습니다. 그 대신 우리는 그리스도께서 율법의 요구를 다 이루심으로 율법을 완성하셨고 믿는 자를 위해 율법의 죗값을 다 치르셨다고 가르칩니다. 따라서 믿는 자는 다음과 같습니다.

"이제는 우리가 얽매였던 것에 대하여 죽었으므로 율법에서 벗어났으니 이러므로 우리가 영의 새로운 것으로 섬길 것이요 율법 조문의 묵은 것으로 아니할지니라"(롬 7:6).

그러나 천지가 없어지기 전에는 율법의 어떤 부분도 없어지지 않는다고 성경이 말하지 않느냐고 항의하는 사람들이 있습니다. 그들은 또 누가복음 16장 17절을 예로 듭니다.

"그러나 율법의 한 획이 떨어짐보다 천지가 없어짐이 쉬우리라"(눅 16:17).

그렇습니다. 율법은 떨어지지 않습니다. 이는 계속해서 자기 할 바를 합니다. 죄를 범죄로 폭로하고 죄인을 정죄합니다. 율법은 그의 일을 완수해서 모든 사람을 정죄 아래 가두지만 예수 그리스도께서는 율법이 할 수 없는 것을 하시려고 오셨습니다.

"때가 차매 하나님이 그 아들을 보내사 여자에게서 나게 하시고 율법 아래에 나게 하신 것은 율법 아래에 있는 자들을 속량하시고 우리로 아들의 명분을 얻게 하려 하심이라"(갈 4:4-5).

그러나 어떤 사람은 왜 마태복음 5장 18절에서 멈추고 나머지는 지나치냐고 말합니다.

"그러므로 누구든지 이 계명 중의 지극히 작은 것 하나라도 버리고 또 그같이 사람을 가르치는 자는 천국에서 지극히 작다 일컬음을 받을 것이요 누구든지 이를 행하며 가르치는 자는 천국에서 크다 일컬음을 받으리라"(마 5:19).

아무도 진정으로 하나님의 율법을 버리라고 가르치지는 않습니다. 율법은 아직도 죄인을 정죄하고 그 형벌을 강요합니다. 그러나 그리스도께서는 믿는 자를 위해 율법의 저주를 견디셨고, 하나님의 은혜는 우리에게 희망과 순종과 경건을 가르쳐 줍니다. 그래서 믿는 자는 비록 자주 실수하여 넘어져도 하나님의 뜻을 완전히 지키고자 하는 것입니다.

우리의 길잡이인 율법

여기 또 다른 반대자가 있습니다. 그는 "옳습니다. 은혜를 통해 믿음으로 의롭다 함을 얻었지 행위로 된 것이 아니지요. 그러나 구원받은 후 율법 아래 있지 않다면, 신자로서 어떻게 살아야 하며 결국 무엇이 옳고 그른가를 보여 줄 법이 우리에게는 필요 없다는 말입니까?"라고 말합니다.

그것은 합리적인 질문이지만 성경이 명확하게 답해 줍니다. 신자는 그 자신 안에 새로운 선생인 다른 지도자를 갖고 있습니다. 죄인이 예수 그리스도를 구주로 받아들이면, 그는 위로부터 낳은 사람이며 성령으로 낳은 사람이 됩니다. 성령이 오셔서 이 신자 안에 거처를 정합니다. 이 신자는 성령의 거룩한 전이 되며, 성령은 그를 모든 진리로 인도해 주십니다. 예수님이 말씀하십니다.

"그러나 진리의 성령이 오시면 그가 너희를 모든 진리 가운데로 인도하시리니……"(요 16:13).

신약 그 어느 곳에도 율법이 신자를 인도해 준다고 써 있는 데가 없습니다. 신자는 더 훌륭한 지도자인 '하나님의 은혜'를 갖고 있습니다. 옳은가 그른가 의문이 생겼을 때, 신자는 출애굽기 20장을 펴고 십계명이 무어라고 말하고 있나 찾아볼 것이 아니라 디도서에 있는 바울의 말을 들어 보십시오.

"모든 사람에게 구원을 주시는 하나님의 은혜가 나타나 우리를 양육하시되 경건하지 않은 것과 이 세상 정욕을 다 버리고 신중함과 의로움과 경건함으로 이 세상에 살고"(딛 2:11-12).

어떻게 해야 하나님을 기쁘시게 하는지 가르쳐 주는 것은 하나님의 은혜입니다. 만일 우리가 이 구절을 다음과 같이 읽어 보면 어떤 말이 됩니까? "죄인을 정죄하는 모세의 율법이 나타나 우리를 가르치고 사악함을 없애 주고……." 아니, 절대로 우리를 가르치는 것은 율법이 아니며, 하나님의 은혜만이 우리의 스승입니다.

우리의 지도자는 일련의 계명일 뿐만 아니라 "하나님의 영광을 위해 이 일을 할 것인가?"라는 질문을 함으로써 우리 안에 하나님을 섬기고자 하는 열망을 불러일으키는 분입니다. 만일 "아니다."란 답이 나오면, 잘못된 것입니다. 모든 일은 하나님의 뜻에 맞추어 재어 봐야 합니다.

"그런즉 너희가 먹든지 마시든지 무엇을 하든지 다 하나님의 영광을 위하여 하라"(고전 10:31).

바울은 골로새서에서 결코 잘못 설명되거나 오해되지 않을 규칙을 전개했습니다.

"또 무엇을 하든지 말에나 일에나 다 주 예수의 이름으로 하고 그를 힘입어 하나님 아버지께 감사하라……무슨 일을 하든지 마음을 다하여 주께 하듯 하고 사람에게 하듯 하지 말라"(골 3:17, 23).

어떤 일을 하고, 어떤 일을 하지 않아야 할까 하는 문제가 생기거든 스스로 이렇게 물어보십시오. "하나님의 영광을 위해 이 일을 할 것인가? 하나님이 인정해 주시는 일일까? 나는 예수님이 오셔도 이 일이 되는 것을 원할 것인가?"

오, 사랑하는 자들이여, 우리는 주 예수님으로 인해 완전히 속죄되었으므로 그를 기쁘게 해드릴 마음만 간절하다면, 하나님의 뜻을 안다는 것은 걱정할 문제가 아닙니다.

믿음으로 된 것이 아니면 무엇이든지 죄입니다.

제21장

산 제사

"그러므로 나의 사랑하는 자들아 너희가 나 있을 때뿐 아니라 더욱 지금 나 없을 때에도 항상 복종하여 두렵고 떨림으로 너희 구원을 이루라 너희 안에서 행하시는 이는 하나님이시니 자기의 기쁘신 뜻을 위하여 너희에게 소원을 두고 행하게 하시나니"(빌 2:12-13).

우리 영혼의 적인 사탄이 항상 인간에게 슬그머니 행하는 가장 큰 기만은, 인간이 자기의 구원을 얻기 위해서는 하나님의 율법을 지켜야만 된다는 그릇된 주장입니다. 사탄의 제2의 거짓말은 우리가 구원받은 후에는 전혀 아무것도 하지 말아야 한다고 가르치는 것입니다.

첫 번째 것은 바르게만 살면 무엇을 믿든지 별다른 것이 아니라는 말이고, 두 번째 것은 믿기만 하면 어떻게 살든 상관이 없다는 것입니다. 둘 다 사탄의 미혹이고 함정입니다.

행위는 믿음에 뒤따라옵니다. 믿음은 구원의 '뿌리'이고, 행위는 구원의 '열매'입니다. 하나님은 우리의 행위를 보시지 않고 믿음을 보시고, 약속하신 대로 믿음으로 우리를 의롭다고 하십니다. 그러나 인간들은 믿음이 행위로 나타나기 전에는 그 믿음을 인정하지 않으려 합니다. 하나님은 우리의 믿음을 보십니다. 사람들은 우리의 행위만 볼 수 있습니다. 의롭다 하심은 하나님이 하실 일입니다. 우리의 일은 우리 안에 계셔서 역사하시는 하나님을 친구들에게 증거하는 것입니다. 따라서 바울은 말합니다.

"……너희 구원을 이루라"(빌 2:12).

그는 구원을 '위해' 일하라고 하지 않습니다. 하나님이 이미 시작하신 일은 '해내야' 한다고 합니다. 그러나 신자가 행위로는 구원받거나 보존될 수 없기 때문에 하나님은 우리의 온전한 헌신을 바라시고 또한 요구하십니다. 바울은 로마에 있는 교인들에게 그들의 큰 구원을 기초로 그들의 생활을 완전히 바치라고 간절히 호소합니다.

"그러므로 형제들아 내가 하나님의 모든 자비하심으로 너희를 권하노니 너희 몸을 하나님이 기뻐하시는 거룩한 산 제물로 드리라 이는 너희가 드릴 영적 예배니라"(롬 12:1).

그의 호소하는 방식을 보십시오. 이것은 하나님의 은혜에서 나온 말입니다. 그는 내가 너희에게 '권한다.'라고 했지 '명령한다.'라고 하지 않았습니다. 이 말은 법적 근거에 있는 것이 아니라 은혜의 영역 안에 있는 것입니다. 이 예배는 감사하기 때문에 자발적으로 드리는 것이지 억지로나 법이 무서워 드리는 예배가 되어서는 안 됩니다.

이 뜻은 '그러므로'라는 말에 내포되어 있습니다. 그는 "그러므로 내가 너희를 권하노니."라고 합니다. 당신은 성경에서 '그러므로'라는 말이 나오거든 잠깐 멈춰서 "그렇기 때문에라니 그게 무슨 소린가?" 하고 그때마다 물어봐야 합니다. 이것은 언제나 우리에게 '어떤 이유로'란 의문을 갖게 합니다.

이렇게 되면 "그러므로 내가 너희를 권하노니."라는 호소의 이유가 밝혀집니다. 로마서 12장 1절에 있는 그 말은 로마서 8장 35-39절에 있는 말을 논리적으로 받는 것입니다.

하나님의 성실성

로마서 9, 10, 11장은 로마서 8장과 12장 사이에 있는 삽입구입니다. 이들은 8장 마지막 구절과 12장 첫 절 사이에서 하나님의 값없는 은혜를 설명하고 있습니다. 바울이 우리가 구원받고 또한 보존되는 것은 은혜로만 된다고 하고서, 이 진리의 예로 이스라엘의 역사를 들어 설명하며 주의를 환기시킵니다.

이스라엘 민족은 하나님이 아브라함, 이삭, 야곱과 하신 약속을 통해 은혜로 택하심을 받았습니다. 그리고 나서 그들은 정죄하는 율법 아래 있게 되었으나, 법을 지킬 수가 없었고, 우상 숭배를 했고, 하나님의 시련을 받아 온 지면에 흩어지게 되었습니다. 2,500년 동안이나 그렇게 있었습니다. 그러나 하나님은 그들을 버리시지도, 버림받은 채로 영구히 두시지도 않고, 당신의 약속을 기억하시고 그들에게 하신 약속을 이행하셨습니다.

로마서 9, 10, 11장 세 장은 하나님의 백성이 하나님을 버릴지라도, 그는 그들을 버리지 않으시고 은혜로 주신 약속을 지키신다는 것을 설명하기 위해 삽입한 것입니다.

로마서 9장에서 우리는 이스라엘의 과거를 봅니다. 이스라엘의 시초와 지극히 높은 은혜의 부르심을 봅니다. 선민으로 택함 받은 일이 모두 적혀 있습니다.

"기록된 바 내가 야곱은 사랑하고 에서는 미워하였다 하심과 같으니라"(롬 9:13).

이것은 은혜, 오직 은혜였습니다. 그러나 이스라엘은 하나님을 실망시켰고, 그래서 하나님은 그들에게 시련을 주시게 되었습니다. 로마서 10장은 이들이 흩어져 나뉘어 살 동안의 형상입니다. 정말 하나님이 그들을 버리신 듯이 보입니다.

오늘날 하나님은 이스라엘을 한 민족으로 취급하지 않으십니다. 그들은 제쳐 놓으셨습니다. 오늘날 개개의 유대인은 마치 이방인과 같이 구원받을 수 있습니다. 그래서 그들도 그리스도의 한 지체가 됩니다. 그러나 이때 이스라엘 민족은 버림받고 제쳐 놓은 바 되었습니다.

이야기는 로마서 11장에 이르게 됩니다. 이스라엘을 제쳐 놓으신 것은 영구적이었습니까? 은혜로 택하신 민족을 하나님은 그들이 실패했다고 해서 인연을 끊고 내버리시겠습니까? 바울은 명백한 말로 대답합니다.

"그러므로 내가 말하노니 하나님이 자기 백성을 버리셨느냐 그럴 수 없느니라 나도 이스라엘인이요 아브라함의 씨에서 난 자요······하나님이 그 미리 아신 자기 백성을 버리지 아니하셨나니······"(롬 11:1-2).

이스라엘이 하나님의 율법을 지키는 데에 완전히 실패했다고 해서, 또 메시아를 배척함으로써 끝을 맺었다고 해서, 그것이 하나님의 성실성에 영향을 미칠 수는 없습니다. 사실상 그들은 자기들의 죄 때문에 형언할 수 없이 고생을 했습니다. 그러나 하나님은 그들과 인연을 끊거나 은혜를 주겠다고 한 약속을 거부하지는 않으셨습니다. 그래서 바울은 "하나님은 그의 백성을 버리셨습니까?" 하고 묻고 나서 로마서 11장 25절에 그 답을 제시합니다.

"형제들아 너희가 스스로 지혜 있다 하면서 이 신비를 너희가 모르기를 내가 원하지 아니하노니 이 신비는 이방인의 충만한 수가 들어오기까지 이스라엘의 더러는 우둔하게 된 것이라 그리하여 온 이스라엘이 구원을 받으리라 기록된 바 구원자가 시온에서 오사 야곱에게서 경건하지 않은 것을 돌이키시겠고 내가 그들의 죄를 없이할 때에 그들에게 이루어질 내 언약이 이것이라 함과 같으니라"(롬 11:25-27).

이것이 로마서 9, 10, 11장의 메시지입니다. 은혜로 부르심을 받은 하나님의 백성이 스스로 무가치함을 입증했고 주님의 시련을 받았지만, 이것은 약속된 하나님과의 관계에 영향을 미치지는 못했습니다. 그 이유는 하나님은 당신의 말씀에 성실하시며 은혜의 하나님이시므로 결코 그들을 버리지 아니하실 것이기 때문입니다.

로마서 9, 10, 11장이 삽입구라는 것을 기억해 주십시오. 하나님이 이스라엘을 취급하신 일은 우리를 은혜 안에서 어떻게 취급하시는가에 대한 예화입니다. 우리는 율법의 행위와는 상관없이 은혜로 구원받았습니다. 그러나 구원받은 후에 죄를 짓고 불순종하게 되면 어떻게 됩니까? 그때는 하나님이 우리를 다시 버리십니까? 바울은 로마서 8장에서 이에 대답했습니다.

"내가 확신하노니 사망이나 생명이나 천사들이나 권세자들이나 현재 일이나 장래 일이나 능력이나 높음이나 깊음이나 다른 어떤 피조물이라도 우리를 우리 주 그리스도 예수 안에 있는 하나님의 사랑에서 끊을 수 없으리라"(롬 8:38-39).

바울이 로마서 12장 첫머리에서 간절히 호소한 것도 이 보증과 하나님의 성실성 때문이었습니다.

"그러므로 형제들아 내가 하나님의 모든 자비하심으로 너희를 권하노니……"(롬 12:1).

하나님의 성실성은 우리를 그에게 맡기는 일을 북돋는 동기가 됩니다. 이 성실성은 하나님이 이스라엘 민족을 대우하신 일로 인해 입증됩니다. 그래서 로마서 8장과 12장 사이에 삽입구가 있게 된 것입니다.

하나님의 자비하심으로

다시 로마서 12장 1절로 되돌아가 봅시다. 바울은 하나님의 성실성을 기초로 하나님께 우리 자신을 바쳐야 한다고 탄원합니다. 우리는 이미 그것이 명령이 아니라 호소라고 지적한 바 있습니다. 그는 "내가 너희를 권하노니."라고 합니다. 이는 은혜의 말투지 율법의 말투가 아닙니다.

다음 또 주목할 것은 그가 그리스도인들에게 말하고 있다는 것입니다. 그는 그들을 "형제들아"라고 부릅니다. 그들은 거듭난 신자들이었지만 이기적인 삶을 살고 있었습니다. 그들은 온전히 하나님께 드린 바 되지 못했습니다. 바울은 죄 없는 완전한 사람들에게 이야기하는 것이 아닙니다. 그가 이 신자들에게 협박이 아니라 '하나님의 자비하심으로' 어떻게 하라고 요구하는지 봅시다.

"……너희 몸을 하나님이 기뻐하시는 거룩한 산 제물로 드리라 이는 너희가 드릴 영적 예배니라"(롬 12:1).

이를 알기 쉽게 바꾸어 말하면 '너희 몸을 내게 바쳐서 내가 네게 보여 준 자비에 감사하는 표로 내가 너희 몸을 쓰도록 하여라.'입니다. 하나님은 우리가 우리 몸을 하나님께 바치기를 원하십니다.

우리 중 많은 사람들이 예배 드릴 때 하나님께 영혼을 드리고 참마음으로 경배 드리며 정성과 기도를 드립니다만, 몸은 그냥 놔둡니다. 바울이 우리에게 "너희 몸을 산 제물로 드리라.", 즉 "살아 있는 채로 제사 드리라."라고 요구하는 것을 주의하여 봅시다.

바울이 한 말의 의미는, 몸이 늙고 아픈 이후가 아니라, 생명이 가득 차 있는 동안에 그렇게 하라는 것이라고 생각합니다. 신자 중 많은 사람이 신앙을 저버리기보다는 차라리 그리스도를 위해 죽기를 원한다고 봅니다. 그러나 그들이 꼭 그리스도를 위해 살고 있는 것은 아닙니다.

다른 종교처럼 하나님은 우리에게 "나를 위해 죽어 달라."라고 하지 않으십니다. 하나님은 우리에게 "나를 위해 살아 달라."라고 하십니다. 주님은 우리를 위해 죽으셨습니다. 그가 우리를 위해 죽으셨기 때문에 우리는 그를 위해 삽니다. 하나님의 사업에 우리 생을 모두 바치는 것보다 더 합리적으로 공헌할 길이 어디 있겠습니까?

몸은 지체들을 가지고 있다

하나님의 사랑하는 백성 가운데 많은 사람이 아직도 그들의 지체를 그리스도께 온전히 바쳐야 함을 인식하지 못하고 법을 두려워하며 육체를 믿고 승리해 보겠다고 합니다. 제발 그 헛된 노력을 집어치우고 실패를 자백하고 승리를 주실 수 있는 단 한 분에게 돌아오십시오. 당신의 패배에 대한 해답이 여기 있습니다. "그러므로 하나님이 너희에게 주신 긍휼로 인하여 내가 너희를 권하노니 너희 몸을 온전히 그에게 바치라."

당신은 구원받은 후에 이렇게 고백한 적이 있습니까? "사랑하는 주님, 여기 제 몸이 있습니다. 이 시간부터 이 몸은 온전히 당신의 것이옵니다." 몸은 많은 지체로 되어 있음을 기억하십시오, 당신은 이렇게 고할 수 있습니까?

"주님, 여기 제 눈이 있습니다. 이 눈은 세상 것을 사랑해 왔습니다. 이 눈을 받으사 이 세대의 어리석은 찌꺼기를 보는 대신 잃은 영혼을 인도하고자 하는 마음의 눈으로 열어 주시고, 당신의 말씀을 읽고 공부함으로 더욱 밝게 해주옵소서."

"주님, 제 귀를 받아 주소서. 이 귀는 죄 많은 세상의 야비한 말과 시끄러운 불평을 듣는 데 써 왔습니다. 잡담과 남을 헐뜯는 소리를 열심히 들었습니다. 이 귀를 열어 주사 길 잃은 인간의 울부짖음을 듣게 하시고, 당신의 음성만을 듣게 하시며, 내 마음과 영혼을 더럽히고 유혹하는 소리에는 닫히게 하옵소서."

"나의 입술을 받아 주소서. 이 혀는 남을 깎아내리고, 상처를 주고, 아프게 하는 데에 너무도 자주 써 왔습니다. 그리고 어리석은 농담과 쓸데없는 잡담을 하는 데 사용했습니다. 모든 것을 자백하오니 깨끗하게 하사 앞으로는 상처를 입히는 말 대신 순전하고 거룩한 말만 하게 하옵소서."

"더러운 탐욕을 만져 왔던 이 손을 받으소서. 스스로 택한 길로 곧잘 걸어가던 발을 받으사 당신을 위한 영적 사업으로 인도해 주시옵소서."

"내 중심과 마음과 뜻과 모든 생각과 상상력을 취하사 당신의 뜻에 합당하게 쓰게 하소서. 나의 완고한 뜻과 남을 용서해 주지 않는 마음을 받으사 참다운 겸손을 가르쳐 주옵소서."

형제 여러분, 당신을 위해 그의 모든 것을 바치신 하나님께로부터 다시 찾은 것이 무엇입니까?

영적 예배

바울은 이것을 '영적 예배'라고 부릅니다. 이 말을 주의하여 봅시다.

"……너희 몸을 하나님이 기뻐하시는 거룩한 산 제물로 드리라 이는 너희가 드릴 영적 예배니라"(롬 12:1).

주님은 당신을 위해 십자가에 자기 몸을 드리기까지 하셨는데 주님을 위해 몸 바쳐 살라는 것이 부당한 말입니까? 주님은 가 사람에게 물어보십니다. "너희를 지옥에서 구해 내고 율법의 저주와 정죄에서 벗어나게 하여 은혜의 자유에 있게 한 내가 너희에게 나를 위해 살아 달라고 하는 것이 안 될 말이냐?"

끝으로 당신이 다시 한 번 기억해야 할 것은, 이 예배는 법을 기초로 한 것이 아니라 은혜를 기초로 한 것이라는 사실입니다. 우리는 구원받고 시련과 법에서 벗어나려고 주님을 섬기는 것이 아니라, 이미 구원받았고 안전하게 보호하심을 받고 있기에 주님을 섬기는 것입니다.

나는 이 말을 은혜롭게 해드리고 싶습니다. 나는 하나님의 심판과 훈련이 두려워 억지로 행하는 그리스도인을 보면 동정심이 생깁니다. 바울은 "그리스도의 사랑이 우리를 강권하시는도다"라고 합니다. 하나님의 율법이 그를 위협하는 것이 아닙니다.

나는 노예 생활을 하고 있는 진실한 신자의 영혼을 가엾게 여깁니다. 그는 이 일 저 일을 삼가고, 이 계명 저 계명을 지키면서, 오늘은 다른 날보다 더 거룩해지려 하며, 그렇게 철저한 생활을 안 하면 구원을 잃을까 봐 걱정합니다.

이 진리를 다시 반복해서 말씀드리겠습니다. 나는 실패하면 구원을 잃을까 봐 두려워서 노예같이 억압된 생활을 하는 영혼들에게 동정이 갑니다. 이래서 주님을 섬기는 것은 값싸고 인색하고 무가치한 일입니다. 주님은 두려움이 아닌 사랑으로 주님을 섬길 것을 원하십니다. 주님은 스스로 기쁘시고자 한 것이 아니라 우리를 속량하기 위해 당신의 모든 것을 바치셨으므로, 우리가 주님을 기쁘시게 하는 일을 감사하는 마음으로 할 것을 원하십니다.

나는, 우리 아이들이 매를 맞을 것이 겁나서 내게 복종하고 존경하는 것이 싫습니다. 내가 아이들을 위하는 것에 대해 사랑과 감사하는 마음을 가지길 바랍니다. 주님을 기쁘시게 해드릴 일이 얼마나 많이 있는지 우리는 찾아봐야 합니다. 보십시오.

"오직 성령의 열매는 사랑과 희락과 화평과 오래 참음과 자비와 양선과 충성과 온유와 절제니 이 같은 것을 금지할 법이 없느니라"(갈 5:22–23).

제22장

디딤돌인가 걸림돌인가?

"그리스도께서 우리를 자유롭게 하려고 자유를 주셨으니 그러므로 굳건하게 서서 다시는 종의 멍에를 메지 말라……율법 안에서 의롭다 함을 얻으려 하는 너희는 그리스도에게서 끊어지고 은혜에서 떨어진 자로다"(갈 5:1, 4).

바울이 죽음으로 항거하며 한순간도 양보할 수 없는 것이 있다면, 그것은 그가 하나님의 은혜로 구속받은 그 율법 밑으로 다시 들어가는 일일 것입니다. 그는 자신이 그리스도 안에서 승리하는 삶을 살고 있다고 역설하고 있습니다. 그의 삶은 이제 더 이상 법의 지배를 받지 않고 그리스도의 사랑의 강권에 따라 지배를 받습니다. 그는 고린도전서에서 다음과 같이 말합니다.

"모든 것이 가하나 모든 것이 유익한 것은 아니요 모든 것이 가하나 모든 것이 덕을 세우는 것은 아니니"(고전 10:23).

"나는 법 아래에 있지 않다.", "모든 것이 가하다."라고 바울은 말합니다. 그는 이 서신에서 네 번이나 "모든 것이 가하나"라고 말합니다. 또한 그는 "법에 관계된 한 나는 자유롭다."라고 합니다. 이 말을 오해하지 마십시오. 바울은 자기 마음대로 하는 데에는 자유롭지 않지만 하나님을 기쁘시게 하는 데에는 자유로웠습니다. 사랑의 법에는 제한이 없습니다. 그것은 율법이 요구하는 것보다 훨씬 많이 해줍니다.

이 자유란 무엇인가?

이 자유에는 매우 명확한 의무가 따릅니다. 우리는 우리 자신뿐 아니라 다른 사람을 생각하지 않고서는 자유를 행사할 수 없습니다. 우리의 생활에는 전혀 해롭지도 않고, 자유롭게 즐길 수도 있고, 하나님의 말씀에 금지되지도 않은 일이 있을 수 있습니다. 그러나 우리의 이 자유가 다른 사람에게 어떤 영향을 주는지 깊이 생각하지 않으면 죄가 될 수도 있습니다.

그 예로서 바울이 한 말을 들어 봅시다. "모든 것이 가하나 모든 것이 유익한 것은 아니요"라고 하면서 바울이 언급한 특별한 질문 가운데는 어떤 음식을 먹느냐 하는 문제도 포함되어 있습니다.

신자 중에 어떤 사람들은 율법에 지정된 부정한 음식, 우상에게 바쳤던 제물을 사거나 먹는 데에 죄의식을 갖지 않고, 또 우상의 신전에서 음식을 먹는 일에도 죄의식을 갖지 않습니다. 그러나 어떤 사람은 바울의 말에 동의하지 않고, 모세의 율법이 금한 음식을 먹는 것과 이교 신전에 드나드는 것을 잘못이라고 생각합니다.

아마 고린도에 있는 교회가 유대인과 이방인으로 구성되어 있었던 것이 이 의견의 불일치를 더하게 한 것 같습니다. 깨끗한 고기와 더러운 고기를 구별하는 문제는 몇 세기 동안이나 유대인과 이방인의 친교에 있어 눈에 띄는 장벽이 되어 왔습니다. 이 장벽은 그리스도로 인해서 없어졌으나 모든 그리스도인은 이 자유를 완전히 알지 못했습니다.

고린도에 있는 이방 그리스도인들은 법적으로 깨끗하지 못한 음식을 먹는 것이 무슨 해가 되느냐고 하지만, 유대인들은 수 세기 동안 율법 아래서 살아온 터라 쉽사리 허용하지 못했습니다. 이 차이가 논쟁의 진짜 근원이 되었습니다. 누가 옳습니까? 법적으로 깨끗지 못한 음식을 먹는다든지, 깨끗한 고기라도 우상 앞에 먼저 놓았던 것을 먹는 것, 우상의 신전에서 이방인과 같이 앉아 먹는 것 등이 옳습니까? 그릅니까?

모든 것이 가하나

바울의 대답은 많은 그리스도인이 이제라도 배워야 할 이야기입니다. 바울은 자기 생각으로는 우상의 신전에서 고기를 얻거나 사는 게 아무 허물이 될 수 없다고 말합니다. 우리는 율법 아래에 있지 않고 은혜 아래에 있습니다. 이 고기는 아마도 우상에게 제사를 드리려고 했던 것이므로 아주 극상품(極上品)이었을 것입니다.

이교도 제사장은 이 고기를 제물로 바친 후에 팔거나 신전의 식당에서 음식을 만들었습니다. 제사장이 돈을 내서 산 것이 아니므로 아마 싸게 팔

앉을 수도 있습니다. 이것은 제물로도 드려졌습니다. 그런데 이 공짜를 왜 마다하겠습니까? 그러나 바울은 만약 너희가 옳지 못한 일이라고 느끼거든 그 음식을 먹지 말라고 합니다. 먹고 안 먹는 것은 별다른 차이가 없습니다. 바울의 말을 들어 보십시오.

"음식은 우리를 하나님 앞에 내세우지 못하나니 우리가 먹지 않는다고 해서 더 못사는 것도 아니고 먹는다고 해서 더 잘사는 것도 아니니라"(고전 8:8).

모든 사람은 각자 자기가 정한 대로 하라는 말입니다. 그러나 바울은 자기로서는 다음과 같이 믿는다고 이야기합니다.

"모든 것이 가하나……무릇 시장(고깃간)에서 파는 것은 양심을 위하여 묻지 말고 먹으라……불신자 중 누가 너희를 청할 때에 너희가 가고자 하거든 너희 앞에 차려 놓은 것은 무엇이든지 양심을 위하여 묻지 말고 먹으라"(고전 10:23, 25, 27).

여기에 답이 있습니다. 우리는 법적 압제 아래에 있지 않고 온전한 자유를 가졌습니다. 바울은 로마서 14장 14절에서 말합니다.

"내가 주 예수 안에서 알고 확신하노니 무엇이든지 스스로 속된 것이 없으되……"(롬 14:14).

그러나 아무리 그렇더라도

그러나 아직도 반밖에 이야기하지 않았습니다. 만일 우리의 이 자유가 우리와 견해가 일치하지 않고 이런 일은 잘못된 것이라고 생각하는 예민하고 비판적인 신자에게 장애물이 된다면, 우리가 자유를 고집하는 것은 죄가 됩니다.

일반적으로 우리는 우리의 자유를 수호하고자 하는 경향이 있으므로 종종 이렇게 말하기 쉽습니다. "내가 무엇을 하든 당신은 상관할 필요가 없어요. 나는 이 일을 하는 데 양심에 거리끼는 게 없소. 나는 율법 아래에 있지 않고 은혜의 자유 안에서 살고 있으니 당신은 나를 비판할 권리가 없단 말이오."

바울은 이렇게 하면 은혜 아래에 있는 당신의 자유가 당신의 형제들에 대해 죄가 된다고 말합니다. 우리는 계명의 법 아래에 있지 않지만 남을 사랑하고 생각하는 법 아래에 처해 있다는 말입니다.

바울은 우상 앞에 놓았던 고기 문제에 관해서 당신은 아주 깨끗한 양심을 가졌을지도 모르지만 "그러나 이 지식은 모든 사람에게 있는 것은 아니므로 어떤 이들은 지금까지 우상에 대한 습관이 있어 우상의 제물로 알고 먹는 고로 그들의 양심이 약하여지고 더러워지느니라"(고전 8:7)라고 했습니다.

이전의 습관이나 민족적 배경 때문에 이 깨끗하지 못한 고기를 적극 반대하고, 바울처럼 고기에는 아무 흠이 없다고 보는 사람들을 꺼리는 사람도 있습니다. 우리의 자유로 인해서 거리낌을 받는 이런 약한 형제들을 위해서 우리의 자유를 보류하고 포기해야 합니다. 그래서 그들이 우리로 인해서 거리낌을 받지 않고 그들도 이런 자유를 그들 스스로의 양심에 대항해서 가질 수 있도록 해줘야 합니다. 바꾸어 말하면, 만약 당신이 허물이 없다고 생각하면 그대로 먹어도 좋지만 나쁘다고 생각하면 먹지 말라는 것입니다.

"음식은 우리를 하나님 앞에 내세우지 못하나니 우리가 먹지 않는다고 해서 더 못사는 것도 아니고 먹는다고 해서 더 잘사는 것도 아니니라"(고전 8:8).

그럼 그것으로 만사가 해결되겠다고 당신은 생각할 것입니다. 즉 '문제는 간단하구나. 각자 좋을 대로 하면 되는 거지. 왜냐하면 우리는 율법 아래에 있지 않고 은혜 아래에 있으니.'라고 생각할지 모릅니다. 그러나 이것은 간단한 문제가 아닙니다. 그것은 또 다른 하나의 법, 즉 사랑의 법이 우리의 행위를 좌우하기 때문입니다. 이 법은 두 가지로 작용하게 됩니다. 즉 이것은 두 갈래 길입니다.

첫째는 우리가 하는 일이 하나님의 뜻을 거스르는 일이 아니라고 느낀다면 그렇게 행할 자유가 있다는 것입니다. 그러나 만약 그것이 약한 형제들을 방해한다면, 사랑의 법은 우리의 자유를 희생하라고 하며 다른 사람에게 장애가 되는 일은 하지 말라고 합니다.

둘째는 몇몇 그리스도인들이 즐기는 자유에 동의하지 못하는 사람도 자기와 의견이 다르다는 이유만으로 그 몇몇 그리스도인들을 비판하거나 정죄해서는 안 된다는 것입니다. 나는 만일 이 문제에 있어 말씀의 가르침이 실행된다면, 교회 난점의 90%가 의견 충돌 없이 해결되리라고 감히 단언하겠습니다. 이 무기에는 두 개의 날이 있습니다. 로마서 14장 13절에서는 그것을 분명히 밝혀 놓았습니다.

"그런즉 우리가 다시는 서로 비판하지 말고 도리어 부딪칠 것이나 거칠 것을 형제 앞에 두지 아니하도록 주의하라"(롬 14:13).

우리 모두가 이 지시대로 따르면 얼마나 좋겠습니까! 첫째로, 우리는 그리스도 안에서 형제의 자유를 비판하지 않도록 해야겠습니다. 만약 당신의 형제가 당신이 나쁘다고 생각하는 일을 하거든 당신은 그 일을 하지 마십시오. 그러나 그 형제를 정죄하지는 마십시오.

물론 이것은 성경에서 엄밀하게 금한 사항에 관한 것은 아닙니다. 나는 성경이 취급하지 않는 사항을 말하는 것으로서 각자가 스스로 경험해야 할 일을 말하는 것입니다. 그러므로 우리는 하나님의 은혜로 '난 이제 우리의 형제가 정직한 확신에서 우러나서 하는 행동을 비판하지 않겠다.'라고 결심합시다.

이 이야기를 다른 면에서 해 봅시다. 우리가 아무리 마음에 허락되어 일을 할 자유가 있어도 그것이 내 의견과 다른 형제에게 거리낌이 된다면 그 일을 하지 말아야 합니다.

"난 잘못이 없으니까."라고 말한다거나 그 일이 다른 사람의 양심에 어떤 영향을 끼칠는지 생각하지도 않는 것은 당신의 자유를 죄로, 장애물로 만드는 것이 됩니다.

"이같이 너희가 형제에게 죄를 지어 그 약한 양심을 상하게 하는 것이 곧 그리스도에게 죄를 짓는 것이니라 그러므로 만일 음식이 내 형제를 실족하게 한다면 나는 영원히 고기를 먹지 아니하여 내 형제를 실족하지 않게 하리라"(고전 8:12-13).

얼마나 모범적인 말입니까! 바울 자신은 세상의 이교 신전에서 먹는 일이나 우상 앞에 바쳤던 음식물을 좀 먹는 것은 나쁠 게 없다고 보았습니다. 모든 것이 그에게는 합법적인 일이지만 만약 그가 하는 일이 다른 사람에게 거리낌이 되었거나 그의 간증을 해쳤다면, 그리스도를 위한 그의 간증을 지키기 위해 그의 자유와 권리를 기꺼이 포기하겠다고 했습니다.

우리도 바울처럼 개인적으로는 희생이 될지라도 악의 모습을 버리고 한편으로는 이 은혜를 실천하지 못하는 사람들을 비판하지 맙시다.

"그런즉 너희의 자유가 믿음이 약한 자들에게 걸려 넘어지게 하는 것이 되지 않도록 조심하라"(고전 8:9).

그러면 어디까지 가야 하는가?

이제 나는 답변을 회피할 수 없는 다음과 같은 질문이 나오리라고 생각합니다. 계명을 위해서 우리의 자유를 포기하는 것은 얼마든지 하겠는데, 그 자유가 장애가 되지 않게 하려면 얼마만큼이나 포기해야 하며, 우리의 이웃을 즐겁게 하고 약한 양심을 상하지 않게 하려면 어느 정도로 우리의 자유를 희생해야 합니까? 하는 문제입니다.

어떤 사람은 보석이나 금가락지나 장신구를 지니는 것에 반대합니다. 또 어떤 사람은 우리가 개별적으로 볼 때에는 아무 해가 없는 오락이나 놀이도 반대합니다. 교인이 립스틱이나 분으로 옅은 화장을 하는 것을 반대하는 사람도 있고, 성령의 전, 즉 그리스도인의 몸을 장식하기 위해 곱게 옷 입는 것도 반대하는 사람이 있습니다.

우리 중에는 어떤 연구 과제를 보조해 주는 것을 반대하는 사람도 있고, 우리가 사귀는 친구를 반대하는 사람도 있고, 우리가 먹는 장소나 휴양을 하러 가는 곳이나 연회를 여는 곳을 반대하는 사람도 있습니다. 어떤 사람은 커피, 홍차 등을 마시는 것도 반대합니다. 도대체 남에게 거리낌이 안 되게 하려면 얼마나 노력을 해야만 합니까?

그것은 당신의 마음에 있는 은혜의 분량에 달려 있습니다. 은혜를 많이 받으면 받을수록, 당신은 자기 고집을 덜 부릴 것이고 바울같이 말하고 싶어질 것입니다.

"그러므로 만일 음식이 내 형제를 실족하게 한다면 나는 영원히 고기를 먹지 아니하여 내 형제를 실족하지 않게 하리라"(고전 8:13).

한편 다른 사람의 생활에서 우리가 동의할 수 없는 일을 비판하는 것도 똑같이 잘못된 일입니다. 우리는 성경이 분명히 금하거나 암시한 죄는 판단해도 좋습니다.

그러나 이처럼 의심스러운 문제에 관해서는 의견 차이에 불과한 것이므로, 우리는 서로 비판하지 않도록 정중해야 하고, 또한 다른 사람의 양심을 상하게 하는 일을 멋대로 하지 않도록 신중해야 합니다. "당신 말씀이 옳습니다. 그러나 비판적으로 항상 흠을 잡는 신자들에게 양보하는 문제를 얼마만큼이나 해야 합니까?" 형제여, 그것은 당신이 결정할 문제입니다. 로마서 15장에 안전한 규칙이 있습니다.

"믿음이 강한 우리는 마땅히 믿음이 약한 자의 약점을 담당하고 자기를 기쁘게 하지 아니할 것이라 우리 각 사람이 이웃을 기쁘게 하되 선을 이루고 덕을 세우도록 할지니라 그리스도께서도 자기를 기쁘게 하지 아니하셨나니 기록된 바 주를 비방하는 자들의 비방이 내게 미쳤나이다 함과 같으니라"(롬 15:1-3).

이렇게 말하기는 했지만 이것에도 한계가 있다는 것을 인정해야 합니다. 율법주의적 태도를 취하는 몇몇 과민한 사람들은, 우리가 하는 모든 일을 너무도 불합리하게 정죄하려 들기 때문에 우리가 무슨 일을 하든지 책잡지 않은 적이 없을 정도입니다. 아무도 그런 이들을 기쁘게 해줄 수 없을 것입니다. 아무리 노력을 해도 그런 사람들과는 사이좋게 지낼 수가 없습니다. 이런 경우에 나는 바울이 로마서 12장에서 한 말로 매일의 삶을 하나님께 감사드립니다.

"할 수 있거든 너희로서는 모든 사람과 더불어 화목하라"(롬 12:18).

이 말씀에 대해 나는 하나님께 얼마나 감사하는지 모릅니다. 어떤 사람은 그것이 정말 불가능합니다. 그래서 '할 수 있거든 너희로서는'이란 말에 진정 하나님께 감사드립니다.

본 장을 끝맺으면서 각자에게 묻겠습니다. 당신은 율법 아래에 있습니까, 은혜 아래에 있습니까? 당신의 행동은 당신의 법적 권리를 주장하는 데에서 온 것입니까? 사랑의 법으로 인한 것입니까?

어떤 일이든 그것이 옳은가 그른가 의심이 날 때는 모두 이렇게 자문해 볼 필요가 있습니다. "이 일이 하나님을 기쁘시게 하는 일인가? 이 일이 나의 간증에 도움이 되는가, 방해가 되는가? 예수님 같으면 이 일을 어떻게 하셨을까?" 사랑은 율법의 완성이기 때문에(롬 13:10) 위에서 열거한 질문에 따라 정직하게 우리의 행동을 시험하면, 우리는 율법의 요구를 이룰 수 있을 것입니다.

"네게 있는 믿음을 하나님 앞에서 스스로 가지고 있으라 자기가 옳다 하는 바로 자기를 정죄하지 아니하는 자는 복이 있도다"(롬 14:22).

제23장
심판의 날이 다가온다

"그런즉 우리가 무슨 말을 하리요 은혜를 더하게 하려고 죄에 거하겠느냐"(롬 6:1).

이것은 로마서 5장을 읽고 제시하게 될 질문을 예상하고 쓴 것입니다. 로마서 5장에서 바울은 구원이 은혜로만 되므로 더할 것도 뺄 것도 없다는 그의 변함없는 확신을 되풀이했습니다. 그는 로마서 3장 28절에서 이렇게 말했습니다.

"그러므로 사람이 의롭다 하심을 얻는 것은 율법의 행위에 있지 않고 믿음으로 되는 줄 우리가 인정하노라"(롬 3:28).

로마서 5장 1절에서도 이 내용을 볼 수 있습니다.

"그러므로 우리가 믿음으로 의롭다 하심을 받았으니 우리 주 예수 그리스도로 말미암아 하나님과 화평을 누리자"(롬 5:1).

바울은 여기서 그치지 않고 우리가 예수 그리스도를 믿음으로 현재에만 의롭다 하심을 얻는 것이 아니라 영원히 의롭다 하심을 얻는 것이라고 강조합니다. 우리가 한번 의롭다 하심을 받으면 다시는 결코 정죄함을 받지 않습니다. 이것이 복음의 소식이며 주 예수 그리스도의 죽음과 부활의 소식입니다.

주 예수께서는 죽으심으로, 십자가에서 우리를 위해 율법의 저주를 견디심으로써 우리의 죗값을 치르셨습니다. 또한 주 예수께서는 부활하심으로써 그가 죽음의 값을 치르셨음을 증거하셨습니다. 단 한 가지 죄라도 속죄되지 않고 남아 있었다면 예수님은 아직도 팔레스타인의 무덤 안에 계셨을 것입니다. 왜냐하면 죄의 삯은 (한 가지 죄, 단 한 가지 죄라도) 사망이기 때문입니다. 그러므로 부활은 모든 죄를 치렀고 속죄되었다는 증거요 표적입니다. 이 간단하고도 중요한 사실을 심사숙고하기만 하면 됩니다.

다시 말하거니와 부활은 주님이 우리의 죗값을 치르셨다는 증거입니다. 왜냐하면 단 한 가지 죄라도 그리스도를 영원히 무덤에 있게 했을 것이기 때문입니다.

주님이 우리를 위해 완전한 의를 주셨기 때문에 우리가 그 의를 힘입어 마치 우리가 결코 죄를 짓지 않은 것처럼 하나님 앞에 의롭게 설 수 있는 것입니다. 이 때문에 우리가 영원히 안전한 것입니다.

당신이 아직도 이 일을 믿기 어렵다면 저는 이렇게 물어보고 싶습니다. "얼마나 오래전에 예수님이 당신의 죄를 인하여 죽으셨습니까?"

그것은 당신이 태어나기 전이었습니다. 당신이 단 한 가지 죄도 짓기 전이었습니다.

1,900년 전, 그는 얼마나 많은 죄 때문에 죽으셨습니까? 그 많은 죄의 일부분만 담당하셨습니까, 모두를 담당하셨습니까? 이것은 깊이 생각할 문제입니다. 예수님은 우리가 구원받기 전에 지은 죄만을 위해 돌아가셨습니까? 아니면 우리 평생의 죄를 위해 돌아가셨습니까? 만약 주님이 우리가 구원받기 전에 지은 죄만을 위해 죽으셨다면 그리고 구원받은 후의 죄만 담당치 않으셨다면, 그가 십자가에서 속죄하여 주지 못한 이들의 죄를 위해서는 언제 다시 죽으셔야만 합니까?

아시다시피 우리가 태어나기도 전에 우리의 과거 현재 미래의 모든 죄는 예수님이 갈보리에서 다 짊어지셨습니다. 그리고 그의 부활은 이 사실을 증명해 주고 확증해 줍니다. 다시 말하지만, 그 이유는 죄의 삯은 사망이기 때문에, 한 가지 죄만 있어도 그리스도를 영원히 무덤에 있게 했을 것이기 때문입니다.

은혜로 보존된다

사도 바울은 우리의 이 안전의 확증에 대해 어떻게 말했는지 봅시다. 로마서 5장 1절에서 그는 우리가 믿음으로 의롭다 함을 얻는다고 말합니다. 과거와 현재에는 그랬지만 미래에는 어떻게 되겠습니까? 다음 구절을 봅시다.

"우리가 아직 죄인 되었을 때에 그리스도께서 우리를 위하여 죽으심으로 하나님께서 우리에 대한 자기의 사랑을 확증하셨느니라 그러면 이제 우리가 그의 피로 말미암아 의롭다 하심을 받았으니 더욱 그로 말미암아 진노하심에서 구원을 받을 것이니 곧 우리가 원수 되었을 때에 그의 아들의 죽으심으로 말미암아 하나님과 화목하게 되었은즉 화목하게 된 자로서는 더욱 그의 살아나심으로 말미암아 구원을 받을(구원받아 보존될) 것이니라"(롬 5:8-10).

1. 그의 죽으심으로 의롭다 하심을 얻고, 그의 사심으로 그 구원이 보존됨
2. 그의 죽으심으로 용서를 받고, 그의 부활하심으로 바르고 의롭다고 선포됨

이것이 우리가 구원받은 후에도 다시 버림받을 수 있다고 고집하는 사람에게 주는 대답입니다. 그러나 우리는 또다시 케케묵은 질문을 연거푸 듣게 됩니다. "아, 그러면 우리가 은혜로 구원받았으니 다시는 버림받지 않는다는 말입니까? 이제 우리 좋을 대로 하고, 우리 하고 싶은 대로 해도 된단 말입니까? 만일 우리가 율법의 정죄로부터 자유로워지면 우리는 법이 없어도 된단 말입니까?"

이런 질문은 하나님의 말씀으로 대답할 수 있습니다. 성경은 우리가 분명히 은혜로 구원받았으며 영생은 영원하다고 아주 분명히 말하지만, 그렇다고 그것이 구원받은 후에는 그리스도인이 어떻게 살든 전혀 상관이 없다고 말하는 것과 다릅니다. 만약 그렇다면 어마어마한 차질이 생깁니다. 왜냐하면 하나님은 자기 백성을 심판하시기 때문입니다.

이 문제를 취급하기 전에 '정죄'와 '심판'에는 차이가 있다는 것을 지적해야겠습니다. 신자에게 정죄함은 없지만 심판은 분명히 있습니다. 그는 '그리스도의 심판대'에서 그의 언행 심사에 대한 보고를 해야만 합니다. 그리스도인에게도, 구원받지 못한 자에게도 행한 대로 보상을 받는 날이 다가오고 있습니다. 그런데 만일 그리스도인이면 자기 좋을 대로 살 수도 있고 벌받지 않고 무난히 지날 수 있다고 생각한다면, 당신은 이 중요한 문제에 대한 하나님 말씀의 가르침을 주의 깊게 보아야 할 것입니다.

간단히 말하면 문제는 이렇습니다.

"구원받은 후에 그리스도인이 다시 죄를 짓고 완전히 뉘우치지 못하고 죽으면 어떻게 되겠습니까?"

이 점을 회피해서는 결코 안 됩니다. 왜냐하면 이 문제는 아주 중요하고 타당한 질문이기 때문에 명백하고 정확한 해답이 주어져야 합니다. 우리가 어떻게 설명할 수 있겠습니까? 성경이 분명히 대답해 주고 있습니다만, '그리스도의 심판대'에 관한 가르침은 거의 무시되고 소홀히 여겨지는 것 같습니다. 바울은 고린도후서 5장 10절에서 신자들에게 이렇게 말합니다.

"이는 우리가 다 반드시 그리스도의 심판대 앞에 나타나게 되어 각각 선악 간에 그 몸으로 행한 것을 따라 받으려 함이라"(고후 5:10).

이 구절을 연구하기 전에 가장 중요한 사실에 주목하시기 바랍니다. '그리스도의 심판대'와 요한계시록 20장의 '크고 흰 보좌의 심판'을 혼동해선 안 됩니다. '그리스도의 심판대'와 '크고 흰 보좌의 심판'을 정확하게 구별하지 않으면, 결코 이것을 이해할 수 없습니다. 세상 끝 날에 '그리스도의 심판대'와 '크고 흰 보좌의 심판'은 시간적으로 적어도 1,000년쯤 차이가 납니다. '그리스도의 심판대'는 '천년 왕국 시대' 전에 옵니다. '크고 흰 보좌의 심판'은 '천년 시대'가 끝나고 나서 옵니다. 요한계시록 20장에서 분명히 말한 것처럼 1,000년이 찬 후에 오게 됩니다.

'천년 시대' 전에 '그리스도의 심판대'에서는 신자들만이 나타납니다. 구원받지 못한 신자는 한 사람도 거기 있지 않게 됩니다. 이 중요한 진리는 관련된 모든 구절에 분명히 나타나 있습니다.

여기에는 예수 재림 시에 부활한 먼저 구원받고 죽은 성도들과, 그 성도들이 부활할 때 살아 있을 구원받은 성도가 모두 포함됩니다. 이들은 공중에서 주님을 만나 뵈려고 들려 올라가게 되고 '그리스도의 심판대'에 이르게 됩니다.

이와 대조적으로 믿지 않던 자와 버림받은 자는 1,000년 후에 '크고 흰 보좌의 심판' 때에 나타날 것입니다. 거기에는 구원받은 사람은 하나도 없게 될 것입니다. 거기에는 주 예수 그리스도를 거부하고 버림받은 자만이 있게 될 것입니다.

천년 통치 시대에 앞서 '그리스도의 심판대'에서 신자들은 그들이 한 일을 기초로 하여 심판을 받게 되고, 이 심판을 토대로 해서 천국에서의 적절한 지위가 주어집니다. 따라서 상만이 있게 되고 구원 여부와는 조금도 관계가 없습니다.

이와 똑같은 방법으로 '크고 흰 보좌의 심판'에서도 악한 자는 자기가 한 일을 따라서 심판을 받게 되는 것입니다(계 20:12). 이것은 그들이 구원을 받게 될지 버림을 받게 될지를 결정하는 것과는 관계가 없습니다. 그것은 그들이 죽었을 때 일단 결정된 것이며, 기회의 문은 영영 닫히고 말았기 때문입니다. 그들은 자신들이 해 놓은 일을 기초로 심판받으며, 지옥에서 그들이 행한 일에 따라 고통의 정도(벌의 정도)를 결정받게 됩니다. 기록된 행적과 그들이 구원의 빛과 기회를 거부한 것을 토대로 이루어집니다.

'천년 시대' 전에 있을 '그리스도의 심판대'에서의 구원받은 자의 심판이나, '천년 시대' 뒤에 오는 '크고 흰 보좌의 심판'에서의 버림받은 자의 심판은 모두 그들의 행적을 기초로 이루어지는 것으로, 신자는 천국에서 거기에 준한 상을 받게 되고 버림받은 자는 지옥에서 고통의 정도를 결정받게 됩니다. 다시 말하면, 구원받은 자와 버림받은 자의 영원한 운명을 결정하는 것은 다른 어떤 것이 아닙니다. 그 운명은 신자는 그리스도를 받아들임으로써, 불신자는 주 예수 그리스도를 거부함으로써 결정된다는 것입니다.

우리는 이것을 자세히 살펴보았습니다. 그 이유는 당신이 이 진리를 완전히 이해해야 다음에 나올 신자의 심판을 이해할 수 있기 때문입니다. 그러므로 다시 말씀드리겠습니다. '그리스도의 심판대'는 그리스도의 '왕국 시대' 전에 있게 되고, '크고 흰 보좌의 심판'은 그리스도의 '왕국 시대' 후에 있게 됩니다.

'그리스도의 심판대'는 신자만을 위한 것입니다. '그리스도의 심판대'는 신자의 업적을 심판하고 '크고 흰 보좌의 심판'은 불신자의 업적을 심판하는 것입니다. '그리스도의 심판대'에서 신자는 그의 성적에 따라 그에 알맞은 자리를 배당받고 천국에서의 상을 받게 됩니다. '크고 흰 보좌의 심판'에서는 불신자들이 그의 생활 기록을 기초로 지옥에서 그에 알맞은 자리를 배당받고 형벌의 정도를 결정받습니다.

하나님의 말씀을 보면 신자에게는 세 가지 심판이 있다고 합니다. 그것은 과거, 현재, 미래로 분류될 수 있습니다. 첫째는 그리스도께서 "다 이루었다."라고 말씀하셨을 때 갈보리의 십자가 위에서 끝났습니다. 그로써 죄에 대한 심판은 영원히 끝난 것입니다. 주 예수 그리스도를 믿는 자들에게 하나님은 즉시 완전한 의로움을 주셨고, 그들은 단연코 구원을 받았습니다. 죄 문제는 끝이 났고 신자는 결코 버림받을 수 없을 영생을 얻게 되었습니다.

주 예수 그리스도 안에서 그들의 위치와 지위는 이제 완전하게 되었습니다. 그리고 하나님 앞에 결코 죄짓지 않은 것처럼 서게 되었습니다. 그리하여 가장 비루하고, 가장 천하고, 가장 추악하고, 가장 독선적인 사람까지도 구세주께로 와서 믿기만 하면 곧 영원한 구원을 받고 새 생명을 받는데, 이 생명은 하나님 자신의 생명이기 때문에 결코 죽을 수 없는 생명입니다. 이런 사람들에게는 지옥은 영원히 지나갔고 천국이 그들의 보증된 거주지입니다.

(정죄에 관한 한) 심판은 영원히 지나갔습니다. 그 이유는 심판이 주 예수 그리스도로 인해 끝났기 때문입니다.

이제 하나님이 신자에게서 아무 죄도 보시지 않음은 그가 우리 모두의 죄악을 그리스도에게 담당시키셨기 때문입니다(사 53:6).

"내가 진실로 진실로 너희에게 이르노니 내 말을 듣고 또 나 보내신 이를 믿는 자는 영생을 얻었고 심판에 이르지 아니하나니 사망에서 생명으로 옮겼느니라"(요 5:24).

"그러므로 이제 그리스도 예수 안에 있는 자에게는 결코 정죄함이 없나니 이는 그리스도 예수 안에 있는 생명의 성령의 법이 죄와 사망의 법에서 너를 해방하였음이라"(롬 8:1-2).

그러므로 우리는 구원이 전적인 은혜라는 점을 강조하게 됩니다. 그리스도를 구세주로 받아들이는 그 순간, 우리는 죄에 대한 심판을 영원히 면하게 됩니다. 하나님은 그의 아들 예수 그리스도의 의로우심을 우리에게 돌리셔서 우리를 '사랑받는 자'로 받아들이십니다. 우리의 대리인인 예수 그리스도로 우리의 죄를 대신해서 심판받게 하셨으니 이를 통해 우리는 의롭다 하심을 받습니다. 우리는 인간의 경험에서는 죄를 정당화시키는 행동의 예를 찾아볼 수가 없습니다. 인간의 법에는 이와 상대하는 것이 없습니다.

이 땅 위의 법정에서는, 인간 사이의 재판에서는, 그리고 규정된 법에 의해서는 죄를 범한 사람을 의롭다 할 수 없습니다. 위정자는 죄인을 용서해 줄 수는 있어도 죄 없다고 선포하거나 의롭다고 할 수는 없습니다. 아무도 남의 죄를 대신해서 죽을 수도 없고, 죄인에게서 죄를 없이할 수도 없고, 어떤 의미로나 무엇으로든 죄인을 의롭다고 할 수도 없습니다. 인간의 경험에서는 '의롭다 함'의 의미와 비슷한 것조차도 찾아볼 수 없습니다. 오직 하나님만이 죄인을 의롭게 하실 수 있고, 불의한 자를 의롭다 하실 수 있습니다. 이것은 인간의 설명으로는 도저히 할 수 없는 일입니다.

오래전에 어떤 사람이, '의롭다 하심'은 범죄한 죄인을 의롭다 하시는 하나님의 행위로서 주 예수께서 완성하신 일, 즉 대속하심으로 죄인에게 하나님의 의로우심을 돌려주는 것이라고 했습니다. 그리스도의 이 속죄 사업에는 십자가 위에서 속죄의 죽음을 당하신 이상의 것이 있으니 그의 부활이 거기 포함되어 있기 때문입니다.

그리스도께서 성경 말씀을 따라 우리의 죄를 위하여 죽으셨다는 사실로는 단 한 사람의 죄인도 의롭게 할 수 없습니다. 그리스도의 죽음이 할 수 있는 일이란 죗값을 치르는 일이었지 죄인을 의롭게 하는 것이 아니었습니다. 그리스도의 죽음은 하나님의 율법의 요구를 이루어 드리는 것이었습니다.

그러나 만약 예수님이 우리의 죄를 위하여 죽으신 일밖에 못하셨다면, 우리는 천국에는 못 들어가고 지옥에서나 구원을 받았을 것입니다. 그러므로 우리를 용서하실 뿐 아니라 또한 의롭다 하시는 하나님의 행위, 즉 '의롭다 하심'은 우리 주님의 부활을 통하여 이루어집니다. 그리스도의 죽음이 죗값을 치렀지만, 죄인이 용서받을 뿐 아니라 의롭다고 선포되는 것은 부활을 통해서입니다.

그 후에 우리는 하나님이 보시기에 용서받은 죄인으로서만이 아니라 의로워진 성도로서 '그리스도 안에서' 하나님 앞에 평생 동안 단 한 가지 죄도 안 지은 자처럼 서게 됩니다. 이 '의롭다 하심'은 영원까지를 위한 행위입니다.

물론 이것은 의문을 일으킵니다. 만일 의롭다 함을 받고 구원받은 사람이 죄 가운데 살고 죄에 빠져 버리면 어떻게 됩니까? 정말 의롭다 함을 받고 중생한 신자가 죄에 빠져서 그 죄를 자백하거나 통회하지 않고 죽는다면 하나님은 그런 사람을 어떻게 취급하시겠습니까? 은혜가 이 모든 것을 감싸 줍니까? 그래서 그런 신자에게는 심판이 없겠습니까? 이것이 우리가 다음 장에서 논의하려는 문제입니다.

이제 본 장을 끝맺기 전에 구원받지 못한 사람에게 한마디 하겠습니다. 당신의 희망이란 오직 당신의 죄를 인식하고 하나님을 믿음으로써 주 예수 그리스도를 받아들이고 기회를 놓치지 말고 구원과 영생을 얻는 것에만 있습니다. 달리 방도가 없습니다. 하나님이 당신이 속히 결정하도록 해주시기를 빕니다. 아멘.

제24장

주께서 그 사랑하시는 자를

은혜와 안전에 대한 성경의 가르침이 경솔함과 방종함을 불러일으킨다는 것이 사실입니까? 참으로 중생한 신자가 죄에 빠지면 어떻게 되겠습니까? 분명히 구원받은 사람이 배반을 하고 회개한 증거 없이 죽으면 어떻게 됩니까? 우리가 구원받고 과거, 현재, 미래의 모든 죄가 피로 구속받았을 때 어떻게 살든 아무 상관이 없단 말입니까? 이러한 중대한 질문은 계속해서 일어나므로 현명한 대답을 할 수 있어야겠습니다.

"죄에 빠진 신자가 자백할 기회를 갖기 전에 죽는다면 하나님은 어떻게 하실 것인가?"라는 문제에 대한 해답을 찾으려고 여러 사람들이 애써 왔습니다. 로마 가톨릭교회는 이 용서받지 못한 죄에 대한 골치 아픈 문제에 답하기 위하여 '연옥설'에서 그 해결점을 찾습니다. 일반적으로 아르미니우스주의자들은 구원받은 후에 우리가 은혜에서 떨어지고 구원을 잃는다는 설을 주장합니다. 그리고 또 다른 답을 찾은 특정 교파들이 있습니다. 그들은 성화(聖化)된 사람만이 주님이 오실 때에 환희 가운데 있게 되고 성화되지 못한 사람은 일정한 시련기를 통해야만 한다고 합니다.

이런 말은 확실히 "죄를 자백하지 못한 채 죽은 신자들은 어떻게 될 것인가?" 하는 질문에 진지하게 답하려고 한 것입니다. 그러나 성경의 총괄적인 가르침에 비추어 볼 때 이런 것은 하나도 정확한 대답이 못 됩니다. 그래서 이렇게 자문해 봅니다.

우리는 더 나은 해답을 갖고 있는가? 도대체 한 가지라도 정확한 해답이 있는가? 다른 해답들을 다 틀렸다고 일축해 버리기 전에 이 성가신 문제에 대한 성경적인 해석 중 제일 적합한 것 하나를 취하여 토론해야겠습니다.

우리는 하나님은 자백하지 않은 죄에 대해 속수무책이라고 가르치는 학설을 결코 받아들일 수 없습니다. 성경뿐 아니라 상식적으로도, 그리스도인이 된 후 계속해서 죄 가운데 있어도 하나님이 가만히 놔두신다고 주장할 수 없습니다. 우리는 이 문제에 현명한 대답을 할 수 있어야겠습니다. 따라서 우리는 성경에 비추어 이 문제를 다시 검토해 보아야 할 것입니다. 왜냐하면 우리에게는 상을 받는 날이 다가오고 있으며 이것은 아무도 피할 수 없다고 가르치는 성경 말씀을 믿기 때문입니다.

그리스도인의 책임에 대한 균형 있는 믿음이 없이 그저 은혜, 은혜라고 편파적으로 가르치는 것은, 구원에 관한 한 비뚤어지고 비성경적인 가르침입니다. 많은 사람들이 '은혜'와 '은혜로 구원받은 것'과 '은혜로 보존됨'을 이야기하는 데에 있어서 '한 번 구원받으면 항상 구원받은 채로 그냥 있다.'라는 인상을 주므로, 그리스도인은 구원받은 후에는 어떻게 살든 어떻게 행동하든 상관없이 다 좋다는 생각을 하게 만듭니다.

그들은 우리에게 영생은 "영원하다."라고 합니다. 물론 영생이 "영원하다."라는 데에는 논쟁이 있을 수 없지만 바로 그 사실 때문에 우리는 영생을 받은 사람처럼 살아야 합니다. 일단 구원만 받으면 악마를 위해서 살 수도 있고 나 좋을 대로 살아도 되고 결국에는 아무 차이가 없다는 것은 악마의 거짓말입니다. 이런 생각은 오늘날 많은 교회에 속심(俗心)과 육욕이 뿌리내리게 하여 그 결과 증오와 악의와 오해와 신자들의 분열을 초래합니다.

하나님은 여전히 거룩하시고, 우리를 심판할 날은 다가오고 있습니다. 하나님은 자기 백성을 심판하리라고 말씀하십니다. 구원을 받았으니 자기 좋을 대로 살 수 있다고 말하는 사람들은, 전혀 구원을 받지 못했든지 아니면 '그리스도의 심판대'와 하나님이 그의 백성을 심판한다는 사실에 대해 엄격한 가르침을 받아야 할 사람들입니다.

'심판의 날이 다가온다.'라는 전장(前章)에서 우리는 주 예수 그리스도께서 마치신 일을 믿기만 하면 신자들은 안전하다는 것을 지적했습니다. 그러고 나서 우리는 이것은 구원의 한 면일 뿐이고 신자에게는 또한 세 가지 심판이 있다는 진리를 소개했습니다.

첫 번째 심판은 신자의 죄의 심판입니다. 이는 갈보리에서 주님이 완수해 놓으신 것으로 이로써 우리의 구원은 영원히 안정되었습니다.

그러나 또한 하나님이 자기의 백성에게 시련을 주시고 그들의 걸음과 행적을 다루기 위해 나타내시는 현재의 심판이 있게 됩니다. 이것은 그들을 성화시키고 구원의 즐거움을 갖게 하려는 것과 관련이 있습니다.

또 세 번째 심판은 미래에 관한 것으로 성경은 이를 '그리스도의 심판대'

라고 부릅니다. 여기서 신자들의 모든 행적은 저울에 달려 하늘에 신령한 보물을 쌓아 둔 자에게는 상급이 주어질 것이고 구원의 큰 선물을 등한히 여기고 준비되지 않은 채로 '심판대' 앞에 간 자들을 상급을 잃게 될 것입니다. 우리는 이제 신자의 세 가지 심판 중에 두 번째의 것을 논의할 단계가 되었습니다.

현재의 심판

다시 한 번 반복하겠습니다. 죄에 대한 심판은 일단 지나갔고 영원히 다시 있지 않을 것입니다. 우리의 행적에 대한 심판은 아직 미래의 것입니다. 주님은 매일 순간순간 우리의 걸음을 심판하십니다. 우리가 구원받은 지금, 그는 우리가 참으로 구속받은 사람처럼 걸어가기를 원하십니다. 그는 이 때문에 매일 우리를 깨끗하게 하실 대책을 마련해 두셨습니다.

그 대책은 하나님의 말씀 안에 있으며, 성령을 통해 하나님 우편에 계신 우리의 중보자이신 대제사장에 의해 이뤄집니다. 따라서 주님은 우리가 매일 주님께 나아가 우리의 죄를 자백하기를 원하신다고 했습니다.

"만일 우리가 죄가 없다고 말하면 스스로 속이고 또 진리가 우리 속에 있지 아니할 것이요 만일 우리가 우리 죄를 자백하면 그는 미쁘시고 의로우사 우리 죄를 사하시며 우리를 모든 불의에서 깨끗하게 하실 것이요 만일 우리가 범죄하지 아니하였다 하면 하나님을 거짓말하는 이로 만드는 것이니 또한 그의 말씀이 우리 속에 있지 아니하니라"(요일 1:8-10).

그러므로 우리의 소망은 그리스도인으로서 우리의 죄가 많다는 것을 부인할 것이 아니라 그에게 정직하게 우리의 죄를 자백하는 데에 있습니다. 우리가 자백하면 그는 미쁘시고 의로우사 모든 불의에서 우리를 깨끗게 해 주십니다.

하나님은 그의 자녀가 깨끗하기를 원하시므로 그들을 깨끗하게 하실 것입니다. 하나님은 그들이 계속해서 죄를 범하는 데에 대해서 한순간도 관대하려 하지 않으십니다. 구원받은 후에 자백하기를 거부하고 포기하면 주님이 중재하셔서 채찍으로 깨끗하게 해주십니다.

주님이 깨끗하게 하시는 데에는 두 가지 방법이 있습니다. 하나는 신사적인 방법으로 우리가 우리 죄를 자백할 때 말씀으로 씻어 주사 용서해 주시는 것입니다. 만약 우리가 이를 거부하고 죄 가운데 그대로 있으면 주님은 "나는 네가 깨끗하게 되기 원하기 때문에 내가 너를 치든지, 아니면 죽음을 통해 너를 내 영광의 집으로 데려오는 한이 있을지라도 내가 몸소 손을 써야겠다."라고 말씀하십니다. 이 위대한 진리의 예화로서 바울은 에베소서 5장 25-26절에서 우리에게 말합니다.

"남편들아 아내 사랑하기를 그리스도께서 교회를 사랑하시고 그 교회를 위하여 자신을 주심같이 하라 이는 곧 물로 씻어 말씀으로 깨끗하게 하사 거룩하게 하시고"(엡 5:25-26).

주님이 그가 교회를 사랑하사 구하셨고 깨끗하게 하사 거룩하게 하셨다고 말씀하신 것을 보십시오. 구원에는 지옥을 면하거나 천당을 간다는 것 이상의 것이 있습니다. 하나님은 우리가 주 예수 그리스도같이 되기 원하십니다.

에베소서 5장 26절에 기록된 두 표현 '거룩하게 하다.'와 '깨끗하게 하다.'는 헬라어에서 그 원뜻이 결코 같지 않습니다. '거룩하게 하다'라는 말은 믿음으로 죄를 자백하게 함으로 신자를 깨끗하게 한다는 것으로서 그것은 모든 신자에게 쓸 수 있는 관대하고 쉬운 방법입니다.

그러나 '깨끗하게 하다.'로 번역된 헬라어(*kathairo*)는 영어로 '하제'(下劑)를 뜻하는 말(cathartic)의 어원(語源)으로서 정말 철저한 세척(씻어 냄)을 뜻합니다. 그리스도인으로서 겸손하게 죄를 고백하기를 거부할 때 주님은 그대로 행하게 내버려 두지 않으십니다. 주님이 그 일을 곧 잊어버리시거나 못 본 체하시는 게 아닙니다. 그는 잠깐 동안 우리를 보고 참으시지만 조만간에 이 일에 개입하시는데, 이는 그의 백성이 깨끗하게 되기를 바라시기 때문입니다.

이 징계하시는 일과 깨끗하게 하시는 일은 여러 형태로 나타납니다. 어떤 때는 죄를 자백해야겠다고 느낄 때까지 앓아눕게 하십니다. 어떤 때는 가족의 죽음으로, 어떤 때는 고생으로 깨우쳐 주시며, 극단적으로는 자백하지 않고 그대로 살게 하기보다는 차라리 죽음으로 그를 데려가시기까지 합니다. 잘 알려지지 않았지만 매우 중요한 이 진리는, 성경 말씀 중 고린도전서 11장에서 찾아볼 수 있습니다.

"그러므로 누구든지 주의 떡이나 잔을 합당하지 않게 먹고 마시는 자는 주의 몸과 피에 대하여 죄를 짓는 것이니라 사람이 자기를 살피고 그 후에야 이 떡을 먹고 이 잔을 마실지니 주의 몸을 분별하지 못하고 먹고 마시는 자는 자기의 죄를 먹고 마시는 것이니라 그러므로 너희 중에 약한 자와 병든 자가 많고 잠자는 자도 적지 아니하니 우리가 우리를 살폈으면 판단을 받지 아니하려니와 우리가 판단을 받는 것은 주께 징계를 받는 것이니 이는 우리로 세상과 함께 정죄함을 받지 않게 하려 하심이라"(고전 11:27-32).

이 인용구에서 우리는 하나님이 주 예수 그리스도에게 속한 거듭난 신자에게 말씀하고 계심을 기억해야 합니다. 이에 관해 그는 말씀하십니다.

"그러므로 너희 중에 약한 자와 병든 자가 많고 잠자는 자도 적지 아니하니"(고전 11:30).

바울은 신자의 생활에서 죄를 자백하지 않아 나타나는 결과에 대해서 말하고 있습니다. 그는 많은 고린도 사람들이 죄를 자백하지 않아서 아프고 약하고 그들 중에 많은 사람들이 죽었다고 말합니다.

진실로 우리가 그리스도인이 되려면, 커다란 책임이 있다는 사실을 명심하여 하나님의 말씀으로 우리를 깨끗하게 하든지, 그렇지 않으면 주님이 더욱 극한 방법을 쓰시게 된다는 것을 알아야 합니다. 즉 주님은 거룩하게 하여 깨끗하게 하시지 않으면 거칠게 씻어 제거해 버리신다는 것입니다.

그리스도인은 이 중 하나를 스스로 선택할 수 있습니다. 즉 하나님의 말씀과 정직한 자책에 의해 깨끗하게 되든지, 하나님이 그의 생활에서 악을 씻어 내사 시련으로 정화시키시게 하든지 해야 합니다.

그러나 이야기를 더 계속하기 전에 여기서 우리는, 모든 병과 약함과 주님의 징계가 다 죄를 자백하지 않았기 때문이라고 생각하지 않도록 한마디 설명해 두어야겠습니다. 그런 것은 결코 아닙니다. 하나님이 하나님의 백성을 원하는 대로 만들기 위해 시련을 주시는 데에는 여러 가지 이유가 있기 때문입니다. 따라서 우리는 모든 질병과 허약함과 죽음이 신자들의 죄 때문이라고 해서는 안 되고, 바울이 우리에게 말한 것처럼 많은 경우에 죄가 원인이 된다고 말해야 합니다.

자신의 삶 가운데 있는 죄를 죄인 줄 알면서도 자백하지 않는 신자들에게, 우리는 그리스도의 사랑으로 사도 바울의 경고를 강조해 주어야겠습니다. 즉 주님이 그들에게 징계의 손을 대시는 때가, 징계의 무릎에 뉘어 놓고 깨끗하게 하시고 씻어 내시는 때가 곧 온다고 조언해야 합니다.

주님이 이런 과정을 완성하실 때 아주 고통스럽고 매우 괴로운 경험이 있게 되겠지만, 그 결과 죄 때문에 잃었던 정화와 사랑이 주님을 향하게 됩니다. 우리 중 하나님의 징계의 불을 통과해 본 사람들은 그 고통스러운 경험을 알지만 깨끗하게 되는 영광 또한 압니다. 그러므로 "은혜를 더하게 하려고 죄에 거하겠습니까?"라는 질문에 대해 바울은 이렇게 대답했습니다.

"그럴 수 없느니라 죄에 대하여 죽은 우리가 어찌 그 가운데 더 살리요"(롬 6:2).

하나님은 그의 백성을 심판하실 것입니다. 심판의 날이 다가오고 있습니다. 그리스도인이여, 주님이 당신을 징계하실 생각이 나지 않도록 하십시오. 주님 앞에 머리를 숙이고 당신의 죄를 자백하고 용서받으십시오. 바울은 에베소서 5장 27절에서 놀라운 말을 합니다.

"자기 앞에 영광스러운 교회로 세우사 티나 주름 잡힌 것이나 이런 것들이 없이 거룩하고 흠이 없게 하려 하심이라"(엡 5:27).

'티'와 '주름 잡힌 것.' 우리가 알다시피 티는 씻어서 빼낼 수 있지만 주름 잡힌 것은 뜨거운 다리미로 다려야만 없어집니다. 티는 세상과 접함으로써 생기고 말씀으로 깨끗하게 됩니다. 우리가 우리 죄를 자백하면 주님은 미쁘시고 의로우사 우리 죄를 사하신다고 하였으니 모든 티를 씻어 주실 것입니다. 그러나 주름 잡힌 것은 한자리에 앉아서 움직이지 않을 때에 생깁니다. 이것은 우리가 주님의 일을 바쁘게 하지 않을 때 생깁니다. 열매 없는 이런 종류의 생활이 계속되면 주님은 징계를 주실 것입니다. 바울의 경고를 다시 한 번 봅시다.

"그러므로 너희 중에 약한 자와 병든 자가 많고 잠자는 자도 적지 아니하니"(고전 11:30).

그렇습니다. 하나님은 그의 백성을 심판하실 것입니다. 심판의 날이 다가오고 있습니다.

그러나 이 글을 마치기 전에 여러분 중 구원받지 못한 사람에게 한마디 해야겠습니다. 만일 주님이 신자의 삶에서 죄를 허용하지 않으신다면, 그의 은혜로 깨끗하게 하기 위해 죄를 다루실 것이 분명합니다. 누가 그의 독생자 주 예수 그리스도를 거부했으며, 누가 때를 놓칠 때까지 계속 회개하지 않고 있습니까? 자, 베드로전서 4장 17-18절에 있는 베드로의 말을 들어 봅시다.

"하나님의 집에서 심판을 시작할 때가 되었나니 만일 우리에게 먼저 하면 하나님의 복음을 순종하지 아니하는 자들의 그 마지막은 어떠하며 또 의인이 겨우 구원을 받으면 경건하지 아니한 자와 죄인은 어디에 서리요"(벧전 4:17-18).

기억하십시오. 심판의 날이 다가오고 있습니다.

제25장

양심을 위하여

히브리서 12장에서는 다음과 같이 말씀하십니다.

"주께서 그 사랑하시는 자를 징계하시고 그가 받아들이시는 아들마다 채 찍질하심이라 하였으니 너희가 참음은 징계를 받기 위함이라 하나님이 아들과 같이 너희를 대우하시나니 어찌 아버지가 징계하지 않는 아들이 있으리요 징계는 다 받는 것이거늘 너희에게 없으면 사생자요 친아들이 아니니라……무릇 징계가 당시에는 즐거워 보이지 않고 슬퍼 보이나 후에 그로 말미암아 연단 받은 자들은 의와 평강의 열매를 맺느니라"(히 12:6-8, 11).

주님이 어떤 사람을 구원하실 때, 그가 죽어 지옥으로 가는 것에서 건지기 위해서뿐 아니라 천국으로 데려가기 위한 것이지만, 더 나아가서 하나님의 목적은 결국 그를 그의 아들 주 예수 그리스도 자신과 같게 하시는 데에 있습니다. 한 사람이 구원되는 순간부터 하나님은 그의 자녀를 깨끗하게 하시는 과정에 들어가 그의 아들의 형상으로 만드는 일에 착수하십니다. 각 신자에 대한 주님의 이 궁극적 목적은 계속 실행되고 있으며, 만약 이생에서 다 완수되지 못하면 '그리스도의 심판대'에서 완수됩니다.

우리는 앞에서 고린도전서 11장에 있는 말씀을 보았습니다. 즉 신자가 주님의 경고와 징계에 복종하려 하지 않기 때문에, 하나님이 그에게 허약함과 질병을 주시고 죄를 자백하지 않은 채로 놔두기보다는 차라리 본향으로 일찌감치 데려가시기조차 한다는 말씀을 보았습니다.

"사람이 자기를 살피고 그 후에야 이 떡을 먹고 이 잔을 마실지니 주의 몸을 분별하지 못하고 먹고 마시는 자는 자기의 죄를 먹고 마시는 것이니라 그러므로 너희 중에 약한 자와 병든 자가 많고 잠자는 자도 적지 아니하니 우리가 우리를 살폈으면 판단을 받지 아니하려니와 우리가 판단을 받는 것은 주께 징계를 받는 것이니 이는 우리로 세상과 함께 정죄함을 받지 않게 하려 하심이라"(고전 11:28-32).

바울이 이 말을 신자들에게 했다는 것을 다시 한 번 기억하십시오. 고린도전후서도 주 예수 그리스도 안에 있는 믿음으로 구원을 경험한 사람들에게 쓰인 것입니다. 그들이 구원받은 것은 선함 때문이 아니라 구주의 구속사업을 믿었기 때문입니다.

그들이 그리스도인이라는 사실은 이 구절에서 명백합니다. 바울은 성만찬에 대해서 이야기하고 있는데, 이것은 신자들을 위한 것이지 죄인들이 설 자리가 아닙니다.

더구나 고린도전서 11장 32절에서 그들은 세상과 함께 정죄당하지 않도록 하나님께 벌을 받는다고 기록되어 있습니다. 이 그리스도인들 중 약하고 병들고 또 죽기도 하는 사람이 많았는데, 그 이유는 그들이 자신을 정죄하지 않고 방종했기 때문입니다.

고린도 교회에는 모든 종류의 악이 있었습니다. 형제들 간의 의견 충돌과 다툼과 정파와 분열과 신랄함과 악의가 있었으니, 부도덕하고 세속적인 더 큰 죄는 말할 것도 없었습니다. 이 모든 일들은 육신적인 교회에 번졌습니다. 그러나 이들은 잘못을 자백하거나 스스로 정죄하지 않고, 그 생활을 계속했습니다.

어떤 이는 술 취한 채로 성만찬 자리에 나오기도 하여 온 세상에 그리스도의 이름을 부끄럽게 하기도 했습니다. 이 성만찬은 그리스도께서 우리 죄를 위해 죽으시고 죄 씻음을 이루셨다는 것을 기억하도록 우리에게 주어진 특별한 규정입니다. 그러므로 죄가 심판되어야 한다면, 바로 그리스도인이 그들의 구원을 위해 지불된 무서운 죗값을 기억하고 형제로서 다른 이를 사랑해야 할 책임과 의무를 기억하도록 한 곳, 즉 성만찬 자리여야 하는 것입니다.

그럼에도 불구하고 고린도 교인들은 삶 가운데 저지른 죄를 자복하지도 않을뿐더러 서로 비판하면서 성만찬 자리로 나아왔습니다. 그래서 바울은 그들이 두 가지 일을 해줄 것을 원했습니다.

첫째는 반성할 것, 둘째는 자기 삶에서 죄를 비판해 볼 것입니다. 그러고 나서 떡을 떼야 합니다. 그러므로 '사람이 자기를 살피고'라는 말을 주의해 봅시다. 다른 친구를 시험하는 것이 마치 자기의 의무나 특권인 양 생각하는 그리스도인이 아주 많습니다. 직책상 어쩔 수 없이 하다 보니 내내 그들의 형제를 시험하고, 자기반성 대신 다른 그리스도인을 비판하고 있습니다.

성찬에 참여하는 특권은 신자와 우리의 중심을 보시는 하나님 사이에서의 각자의 의무 이행 능력에 달려 있습니다. 하나님만이 이를 아시고 사람의 할 일은 절대로 아닙니다. 우리가 자신의 마음을 돌아보면 비판할 일이 많아서 다른 사람을 시험할 겨를도 없을 정도라는 것을 알게 됩니다. 우리 자신의 삶에서 죄를 비판하는 경고를 따르지 못하면, 바울의 말대로 몸에 심판이 옵니다.

육체적 심판

"주의 몸을 분별하지 못하고 먹고 마시는 자(죄를 자백하고 비판하기를 거부하는 그리스도인)는 자기의 죄를 먹고 마시는 것이니라"(고전 11:29).

매우 유감스럽게도 이 구절에 잘못 번역된 단어가 있습니다. 그래서 많은 오해를 주었습니다. 여기에서 '죄'는 '심판'으로 번역되어야 합니다. 이 단어에 해당하는 헬라어는 '심판'을 뜻하지 '죄'를 뜻하지 않습니다.

그리스도인은 저주도 정죄도 받을 수 없지만, 그럼에도 불구하고 주님은 자기 백성을 심판하십니다. 고린도전서 11장 32절에서는 그들을 세상과 함께 정죄함을 받지 않게 할 것이라고 분명히 말하고 있습니다. 고린도전서 11장 29절의 '심판'은 31절의 '판단'이라는 말과 어원이 같습니다. 사도 바울은 자기 죄를 자백하지 않은 그리스도인은 주님의 심판을 받게 된다고 가르칩니다.

허약함, 질병, 죽음

바울은 신자의 자백하지 않은 죄에 대한 심판은 여러 가지 형태로 나타난다고 말합니다. 바울은 계속해서 죄를 자백하지 않은 신자에게 오는 신체적 심판을 세 가지 이름으로 부릅니다. 이 세 가지가 허약함, 질병, 죽음입니다. 그러나 여기에서 우리가 다시 한 번 강조할 것은, 모든 허약함과 질병과 죽음이 반드시 주님의 징계의 결과만은 아니라는 것입니다.

그리스도인의 많은 질병이 모두 자백하지 않은 죄에 관한 하나님의 심판은 아니라는 말입니다. 어떤 경우에는 하나님이 그의 자녀가 고통당하게 놔두는 때가 있습니다. 바울이 고생한 원인이나 욥의 재난의 경우 죄 많은 행위가 그 원인이었던 것은 아닙니다.

만일 당신이 정직하게 죄를 자백하고 용서함을 받았는데도 아프다거나 고생을 하게 되거든 "주께서 그 사랑하시는 자를 징계하신다."라는 하나님의 약속 안에서 쉬도록 하십시오. 그런 경우에는 당신의 삶에서 죄를 심판하시기 때문이 아니라 하나님이 당신을 사랑하시기 때문입니다.

그러나 아직도 우리는 바울이 말한 사실에 직면하게 됩니다.

"그러므로 너희 중에 약한 자와 병든 자가 많고 잠자는 자도 적지 아니하니"(고전 11:30).

이는 하나님께 자백하려 하지 않기 때문입니다.

그러므로 주 예수 그리스도를 믿는 분들에게 말합니다. 만일 당신이 당신의 삶에서 죄를 자백하지 않고 품고 있으면 정말 주님의 징계하시는 심판을 받게 됩니다. 아프거나 허약하거나 죽음에 당면한 셀 수 없이 많은 그리스도인이 만약 자기를 살피라는 성령의 경고하심(고전 11:28)에 주의만 하면 오늘날 건강하게 될 수도 있습니다.

하나님은 그의 모든 자녀가 깨끗해지기 원하시고, 깨끗해질 때까지는 상관하지 않으실 수 없습니다. 물론 이것이 불신자에게도 그대로 적용되는 것은 결코 아닙니다.

하나님은 회개하지 않는 불신자들은 그대로 죄를 짓게 버려두시는데 그것은 그들의 심판이 영원한 정죄에 이를 것이기 때문입니다. 하나님은 악마의 자녀는 채찍질하지 않고 하나님의 자녀만 채찍질하십니다. 불신자는 나중에 정죄하실 것입니다.

그러나 당신이 만약 하나님의 자녀라면 지금 그의 징계를 받을 대상입니다. 그러므로 우리가 본 장 처음에 살펴본 히브리서의 말씀은 얼마나 적절한 표현입니까?

"……내 아들아 주의 징계하심을 경히 여기지 말며 그에게 꾸지람을 받을 때에 낙심하지 말라 주께서 그 사랑하시는 자를 징계하시고 그가 받아들이시는 아들마다 채찍질하심이라 하였으니 너희가 참음은 징계를 받기 위함이라 하나님이 아들과 같이 너희를 대우하시나니 어찌 아버지가 징계하지 않는 아들이 있으리요 징계는 다 받는 것이거늘 너희에게 없으면 사생자요 친아들이 아니니라……무릇 징계가 당시에는 즐거워 보이지 않고 슬퍼 보이나 후에 그로 말미암아 연단 받은 자들은 의와 평강의 열매를 맺느니라"(히 12:5-8, 11).

이 글에서 우리는 두 가지 현저한 사실을 알게 됩니다. 첫째는 주님이 자기 자녀를 사랑하시기 때문에 또한 그들이 깨끗하게 되기를 원하시기 때문에 징계하신다는 사실과 둘째는 징계로 연단 받은 자에게는 평강을 준다는 사실입니다.

그래서 우리는 묻게 됩니다. "징계로 연단 받지 못한 그리스도인은 어떻게 됩니까? 그들은 대신 투덜거리고 반항을 합니까?" 하고 말입니다. 바울은 "후에 그로 말미암아 연단 받은 자들은 의와 평강의 열매를 맺느니라."라고 말했습니다.

하나님께서는 또한 징계로 연단 받지 못하고 자백하지 않고 악한 길에서 돌아서지 않는 자들을 다루시는 방법이 있습니다. 하나님은 그들에게 짐을 더 지우시는데 만일 하나님의 징계가 바라는 열매를 여기서도 맺지 못하면 그들은 '그리스도의 심판대'에서 다뤄지게 됩니다. 이것을 우리가 앞으로 논의하려고 합니다. 이는 주님이 그의 성도를 심판하러 오실 때 일어나게 됩니다.

불시의 죽음

우리는 신자를 포함해서 누구든지 죽음이 작정된 시간이 있음을 아나, 어떤 경우에는 그리스도인이 불시에 죽게 되는 것도 사실입니다. 이 사실에 대해 바울은 죄를 자백하려 하지 않기 때문에 많은 사람이 잠을 자 버린다고 분명히 말했습니다. 하나님은 그의 자녀를 어떻게나 사랑하시는지 죄를 짓도록 놔두지 않으시려고 조만간 앓거나 약하게 만드시는데, 만약 계속해서 반항하면 '영광의 집'까지 데려가시기도 합니다.

주님은 차라리 당신을 데려다가 '그리스도의 심판대'에 두시는 것이 불결과 반항에 그냥 놔두시는 것보다 낫다고 생각하십니다. 나는 이것이 매우 불유쾌한 진리인 줄 알지만, 우리가 만약 주의만 하면 많은 사람이 잃었던 평강과 축복의 확신을 되찾을 수 있음을 믿습니다.

당신은 오늘날 주님의 손이 징계하시는 것을 경험하고 계십니까? 그렇다면 왜 이런 시련과 재난을 당하게 되는지 자문해 보십시오. 첫째는 하나님이 당신을 그처럼 사랑하시기 때문입니다. 하나님이 화가 나셔서 그렇게 하시는 것은 결코 아닙니다. 당신이 주 예수 그리스도와 같이 되는 것을 바라시며, 그의 사랑이 당신을 그대로 불결하게 놔두실 수 없기 때문입니다. 그러므로 당신이 하나님의 징계하시는 손 아래 겸손하게 당신을 바치고 징계로 연단 받아 하나님이 가르쳐 주고 싶어하시는 교훈을 배운다면 당신의 생애에서 의와 평강의 열매를 맺게 됩니다.

> 복된 곳에서 살 수 있는 그때가
> 지금은 아니지만 점점 다가오고 있다네.
> 우리의 눈물의 의미를 알게 되리라.
> 그리고 언젠가는 그것을 이해하게 되리라.
>
> **맥스웰 코닐리어스(Maxwell Cornelius)**

때에 따라 아무리 고통스러울지라도 하나님이 우리를 다루시는 것은 사랑에 기인한 것이며 우리를 위한 것이라는 점만 알면 충분합니다. 그래서 나는 이렇게 묻고 싶습니다. 하나님이 친히 당신을 다루고 계십니까? 만약 그렇다면 중심을 살펴서 하나님이 당신에게 이루려 하시는 일이 무엇인가 돌아보십시오. 혹 아직도 바로잡아야 할 것이 있어 이 특별한 글을 통하여 그 점을 깨끗하게 하시려는지도 모르겠습니다.

아마 당신의 병은 약이나 수술로는 듣지 않을 경우도 있을 것입니다. 그것은 당신이 참으로 하나님께 내어 맡기지 않고 있는 일이 있기 때문입니다. 우리는 하나님이 모든 수단과 방법으로 우리 질병에 안정과 치료를 얻게 하시는 것을 감사하면서, 이 세상 의학이 낫게 할 수 없는 병도 있는데 그런 경우란 하나님의 뜻을 완강하게 거역한다든가 죄를 자백하려 하지 않을 때라는 것도 알아야 합니다.

우리는 야고보서가 이 점을 매우 정확하게 가르쳐 주고 있다고 믿습니다.

"너희 중에 고난 당하는 자가 있느냐 그는 기도할 것이요 즐거워하는 자가 있느냐 그는 찬송할지니라 너희 중에 병든 자가 있느냐 그는 교회의 장로들을 청할 것이요 그들은 주의 이름으로 기름을 바르며 그를 위하여 기도할지니라 믿음의 기도는 병든 자를 구원하리니 주께서 그를 일으키시리라 혹시 죄를 범하였을지라도 사하심을 받으리라 그러므로 너희 죄를 서로 고백하며 병이 낫기를 위하여 서로 기도하라……"(약 5:13-16).

우리는 이 말씀을 설명하는 데에 두 가지 과오를 범해 왔다는 것을 압니다. 첫 번째는 이것을 전적으로 거부하는 사람들인데 그들은 이 세대에는 맞지 않는다고, 즉 야고보가 유대인에게 쓴 글이니 우리에게는 적용되지 않는다고 말합니다. 물론 이 견해는 틀린 것입니다. 야고보는 "교회의 장로들을 청할 것이요."라고 했기 때문입니다.

두 번째의 과오는 극단으로 치우치는 사람들이 늘 범하는 잘못으로, 이 말씀은 모든 병든 사람을 치료하라고 현대인들에게 주신 신유의 방법을 뒷받침하는 성경 구절이라고 주장합니다. 그들은 이 말씀을 병든 자를 고쳐 주면서 자기들의 협박적 조직을 강화하는 데에 사용합니다. 그들은 약한 자와 병든 자의 속기 쉬운 마음을 현혹하며 무능력한 사람들을 착취합니다. 야고보서에서의 치유자는 병든 자가 있는 곳으로 가지만, 오늘날의 소위 신적인 치유자로 불리는 사람들은 병든 자로 하여금 환상적이고 광신적인 집회에 오라고 요구한다는 것에 주목하십시오.

병을 낫게 하는 것은 병든 자의 믿음이 아니라 장로들의 기도임을 알아 두십시오. 그래서 오늘날 그들은 치료에 실패하면 늘 이렇게 변명합니다. "그 사람에게는 치료가 될 만큼 충분한 믿음이 없었어요."라고 말입니다. 이러한 무지한 말은 그것이 정말 그렇게 생각해서 한 말이면 놀라운 일이고, 그렇지 않다면 소름 끼치는 말입니다.

제한된 적용

야고보는 오직 죄를 자백하지 않아서 생긴 병에 대해서만 말하고 있습니다. 다시 한 번 읽어 보면 분명해집니다.

"믿음의 기도는 병든 자를 구원하리니……"(약 5:15).

이 말은 흔히 인용되듯이 믿음의 기도가 '병든 자를 고친다.'라는 말이 아니라 분명히 '병든 자를 구원한다.'라는 말입니다. 치료는 달리 받아야 합니다. 야고보의 말처럼 고백함으로써 치료는 시작되어야 합니다.

"믿음의 기도는 병든 자를 구원하리니 주께서 저를 일으키시리라 혹시 죄를 범하였을지라도 사하심을 받으리라"(약 5:15).

바로 다음 절에 나오는 '고백하며'라는 말을 보십시오.

"그러므로 너희 죄를 서로 고백하며 병이 낫기를 위하여 서로 기도하라……"(약 5:16).

첫째는 자백과 기도요 그다음이 치료입니다. 그러므로 이 말씀이 모든 병든 자에게 다 적용된다는 것은 어리석고도 비성경적입니다. 당신이 아플 때는 의사가 필요합니다. 그것은 주님 자신이 누가복음 5장 31절에서 말씀하셨습니다.

"……건강한 자에게는 의사가 쓸데없고 병든 자에게라야 쓸데 있나니"(눅 5:31).

예수님 입술로부터 나온 말씀보다 더 명백한 말은 없습니다. 당신이 아프거든 훌륭하고 믿을 만한 의사를 찾으시고, 하나님이 당신의 건강을 회복시키기 위해 좋은 의술을 허락하신 것을 믿으십시오. 그러나 언제나 두 가지 규칙을 지키십시오. 첫째는 당신의 삶에서 고칠 필요가 있고 하나님 앞에 자백할 것이 없나 보십시오. 그리고 둘째는 온전히 하나님의 보호하심에 결과를 맡기십시오. 주님께 꼭 고쳐 달라고 요구하지 마시고 늘 이렇게 기도하십시오. "내 원대로 마시옵고 아버지의 원대로 되기를 원하나이다."

육체적인 고침을 받는 것보다 하나님의 뜻에 순종하는 것이 중요합니다. 만약 하나님의 뜻이 당신이 바라는 그 입장보다 현재의 입장에서 하나님께 봉사하는 것이 더 좋다고 한다면, 그 하나님의 뜻이 언제나 제일 좋은 것입니다. 우리가 하나님께 모든 것을 간절히 원할 때 구세주 자신의 기도의 영을 본받아야 합니다. "내 원대로 마시옵고 아버지의 원대로 되기를 원하나이다."

물론 이 야고보서는 신자에게 쓴 것입니다. 그러나 하나님의 거룩하심을 인정하고, 구원받은 신자의 삶일지라도 하나님은 죄를 묵인하지 않으심을 안다면, 당신이 주 예수 그리스도의 피 없이, 또 당신의 죄를 가리지 않고 살아 계신 하나님의 손에 빠져들어 가는 것이 얼마나 두려운 일인지 잘 알 수 있을 것입니다. 따라서 베드로전서 4장 17-18절을 다시 한 번 읽어 보겠습니다.

"하나님의 집에서 심판을 시작할 때가 되었나니 만일 우리에게 먼저 하면 하나님의 복음을 순종하지 아니하는 자들의 그 마지막은 어떠하며 또 의인이 겨우 구원을 받으면 경건하지 아니한 자와 죄인은 어디에 서리요"(벧전 4:17-18).

제26장

끝을 맺으면서

그리스도를 믿는 자는 율법에서 해방되었고(롬 8:2), 율법에서 벗어났고(롬 7:6), 율법을 향하여 죽은 자(갈 2:19)입니다. 이것은 그리스도께서 모든 믿는 자에게 율법의 마침이 되셨기 때문입니다(롬 10:4). 그러나 이것은 신자가 하나님께 아무 의무도 없고 구원받고 난 후에는 그의 행위에 대해 심판을 받지 않을 것이라는 뜻이 아닙니다.

하나님은 이 자유와 독립이 어떻게 이용되고 어떻게 남용되었는지를 분명히 알고 싶어 하십니다. 신자들에게는 심판의 날이 다가오고 있습니다. 우리는 앞 장에서 신자가 현재 나아가는 길에서 져야 할 책임과 하나님이 깨끗하게 하시고 용서하시기 위해 준비를 갖추어 놓으셨음을 보았습니다.

이제는 '그리스도의 심판대'에서 신자의 업적이 심판받는다는 것에 대해서 살펴보겠습니다. 고린도전서 3장 11-15절의 말씀은 신자에게만 쓴 것임을 상기하시기 바랍니다.

여기에는 구원을 받기 위해 해야 할 일은 나와 있지 않고, 다만 공로가 있어 상을 받느냐, 불충성해서 상을 잃느냐의 문제만 언급되어 있습니다.

"이 닦아 둔 것 외에 능히 다른 터를 닦아 둘 자가 없으니 이 터는 곧 예수 그리스도라 만일 누구든지 금이나 은이나 보석이나 나무나 풀이나 짚으로 이 터 위에 세우면 각 사람의 공적이 나타날 터인데 그날이 공적을 밝히리니 이는 불로 나타내고 그 불이 각 사람의 공적이 어떠한 것을 시험할 것임이라 만일 누구든지 그 위에 세운 공적이 그대로 있으면 상을 받고"(고전 3:11-14).

다음 고린도전서 3장 15절을 특히 주의해서 봅시다.

"누구든지 그 공적이 불타면 해를 받으리니 그러나 자신은 구원을 받되 불 가운데서 받은 것 같으리라"(고전 3:15).

이것이 바울이 그 무엇보다도 두려워한 것입니다. 그는 구원을 잃을까 봐 두려워한 것이 아닙니다. 그는 구원은 확신했지만 마지막 길에 가서 상과 면류관을 잃을까 봐 두려워했습니다. 그는 평생 전도의 삶을 살았으나 부주의한 순간에 육신에 굴복하여 버려져서 공적을 빼앗길까 봐 두려워했습니다.

그가 구원을 잃을까 봐 두려워하지 않았음은 그가 한 말에 잘 나타나 있습니다. 디모데후서 1장 12절에서 그는 말합니다.

"······내가 믿는 자를 내가 알고 또한 내가 의탁한 것을 그날까지 그가 능히 지키실 줄을 확신함이라"(딤후 1:12).

그러므로 바울이 최후의 구원을 걱정한 것이 아님은 분명합니다. 그러나 그가 크게 두려워한 것이 있었으니, 고린도전서 9장에서 이렇게 말하고 있습니다.

"운동장에서 달음질하는 자들이 다 달릴지라도 오직 상을 받는 사람은 한 사람인 줄을 너희가 알지 못하느냐 너희도 상을 받도록 이와 같이 달음질하라······그러므로 나는 달음질하기를 향방 없는 것같이 아니하고 싸우기를 허공을 치는 것같이 아니하며 내가 내 몸을 쳐 복종하게 함은 내가 남에게 전파한 후에 자신이 도리어 버림을 당할까 두려워함이로다"(고전 9:24, 26-27).

이 말이 얼마나 사람들을 혼란하게 했는지 모릅니다. 그러나 주의해서 보면 바울이 구원에 대해 말하는 것이 아니라 충성한 데에 대한 상과 면류관에 관해 말하는 것을 알 수 있습니다. 그는 경주하는 것에 대해서 말하고 있습니다. 진실로 죄인은 경주를 해도 천국으로 못 들어가고 구원을 얻지도 못합니다.

이것은 값없이 주시는 선물입니다. 죽은 죄인은 경주할 수 없습니다. 바울은 구원이 경주나 업적에 의존하지 않고 하나님의 은혜에 의존한다는 것을 알았습니다. 때문에 하나님을 섬기는 생활을 한 후에 미련하게 굴어서 상을 잃고 자기에게 필요한 것을 쓸데없게 만들까 봐 두려워했던 것입니다.

하나님이 이제 임무를 그만두고 쉬라고 하실 때까지, 그리스도인은 달리는 도중에 낙오될 수가 있습니다. 그러면 그 사람은 '그리스도의 심판대'에서 다뤄지게 됩니다. 모든 나무와 풀과 짚은 연기 가운데 사라지고 불 가운데서 구원을 받게 됩니다. 고린도전서 9장 27절의 '버림을 당할까'란 말을 ASV(American Standard Version)는 '거부될까'로 번역합니다. 이것은 상 받을 자격이 없다는 뜻입니다. 그래서 다시 말하거니와 구원이 문제가 아닙니다.

언제 이 일이 일어날 것인가?

이 문제를 더 연구하기 전에 우리는 먼저 '그리스도의 심판대'는 언제 어느 곳에서 있을 것인지를 알아야 합니다. 이 진리를 취급한 많은 성경 말씀이 있지만 유감스럽게 무시당해 왔고 보통 신자는 이 일에 관해 거의 모르거나 전혀 모릅니다.

신자는 자기 좋은 대로 살 수도 있고 아무 잘못도 없다는 설교 때문에 '그리스도의 심판대'에 관한 가르침은 가볍게 지나치게 되고 실제로 무시되어 왔습니다. 그러므로 이 문제를 취급한 몇 구절을 주의해 보기로 합시다.

"그러므로 때가 이르기 전 곧 주께서 오시기까지 아무것도 판단하지 말라 그가 어둠에 감추인 것들을 드러내고 마음의 뜻을 나타내시리니 그때에 각 사람에게 하나님으로부터 칭찬이 있으리라"(고전 4:5).

"네가 어찌하여 네 형제를 비판하느냐 어찌하여 네 형제를 업신여기느냐 우리가 다 하나님의 심판대 앞에 서리라"(롬 14:10).

"보라 내가 속히 오리니 내가 줄 상이 내게 있어 각 사람에게 그가 행한 대로 갚아 주리라"(계 22:12).

"자녀들아 이제 그의 안에 거하라 이는 주께서 나타내신 바 되면 그가 강림하실 때에 우리로 담대함을 얻어 그 앞에서 부끄럽지 않게 하려 함이라"(요일 2:28).

"그런즉 우리는 몸으로 있든지 떠나든지 주를 기쁘시게 하는 자가 되기를 힘쓰노라 이는 우리가 다 반드시 그리스도의 심판대 앞에 나타나게 되어 각각 선악간에 그 몸으로 행한 것을 따라 받으려 함이라"(고후 5:9-10).

이상의 서신들과 기타 서신들은 '그리스도의 심판대'의 때는 주님이 그의 성도를 위해 오실 때라고 분명히 밝히고 있습니다. 이 일이 일어난 다음에는 이 땅 위에 환난의 시기가 와서 무서운 심판의 때가 될 것입니다.

이때 지구상에서뿐만 아니라 공중에서도 심판의 때가 될 것인데 그때 주님이 그의 백성을 심판하실 것입니다. 교회의 휴거와 주님의 재림 사이, 이 기간 동안에 어린양의 혼인 잔치를 기다리는 신부가 준비될 것입니다. 그래서 주님과 함께 이 땅 위에 신부가 돌아오는 것입니다. 이 일이 있기 전에 신부는 깨끗해져야 합니다.

주님이 '대환란' 전에 이 세상으로부터 교회를 부르실 때 그의 신부 중 많은 사람들은 그때까지 준비가 안 되어 있을 것입니다. 그들의 두루마기는 더럽고 때가 묻어 있어서 주님이 모른다고 하시게 될 것입니다.

따라서 주님이 다른 방도를 취하시기 전에 신부는 준비되어 있어야 합니다. 이것이 '그리스도의 심판대'의 기능입니다. 이때가 바로, 어떤 재료로 참된 기초 위에 집을 지어야 할까 주의해야 할 때라고 바울이 신자들에게 경고해 준 때입니다.

두 종류의 그리스도인

주님이 오실 때에 두 종류의 신자들, 즉 영적인 사람과 육적인 사람이 있게 됩니다. 둘 다 구원을 받겠지만 그 공적의 차이와 상의 차이는 얼마나 크겠습니까!

충성된 자는 구세주의 손에서 상을 받지만 경솔하게 살고 그리스도를 위해 최선을 다하지 못한 사람은 '심판대'의 불을 통과하여 나무와 풀과 짚이 다 타버리고 불순물이 다 제거될 때까지 있게 됩니다.

그 후에 그들이 쌓아 놓았던 다소간의 금과 은과 보석은 깨끗하게 되어 잘 타기 쉬운 업적과 구분됩니다. 어쨌든 이것은 즐거운 경험은 못 될 것입니다. 보나 마나 거기에는 많은 후회와 슬픔이 있게 될 것입니다. 바울은 그들이 해를 받게 된다고 했습니다. 그러나 그들은 비록 불 가운데서이긴 하지만 구원받을 것입니다.

의심할 바 없이 이곳 세상에서 했어야 할 자백을 그곳 위에서 많이 하게 될 것입니다. 잃은 상과 사라져 버린 기회 때문에 눈물을 흘릴 것입니다. '모든 눈물을 그 눈에서 닦아 주시니'라는 말은 '그리스도의 심판대' 후에 있을 그의 영광된 통치 시대가 시작되기까지는 적용되지 않는 말입니다.

상급

휴거 때에 들려 올라가는 두 종류의 그리스도인(영적인 사람과 육적인 사람)은 성경 중에 많은 모습으로 설명되어 있습니다. 고린도전서 3장에서는 '상 받는 자'와 '해 받는 자'로서 나타나고, 요한일서 2장에서는 그가 나타나실 때 누구는 '담대하게' 나아가고 누구는 '부끄럽게' 나아간다고 말합니다. 어떤 이는 '여유 있게 들어갈' 것이고 어떤 이는 '구원을 받되 불 가운데서 받게' 될 것입니다. 디모데후서 2장에서는 다음과 같이 말씀하고 있습니다.

"참으면 또한 함께 왕 노릇 할 것이요 우리가 주를 부인하면 주도 우리를 부인하실 것이라"(딤후 2:12).

따라서 주님이 오신 후 왕국 시대에 신자의 지위는, '그리스도의 심판대'의 불이 나무, 풀, 짚을 다 태우고 난 뒤 금은과 보석이 얼마나 남았는가에 달려 있습니다. 이 심판의 시기가 끝장에 가까워질 때, 주님이 그의 신부와 함께 천국을 차지하러 올 준비를 하실 때, 모든 성도는 깨끗해질 것이지만 모든 사람이 같은 상을 받을 수는 없을 것입니다. 어떤 사람은 천국에서 고귀한 지위를 갖게 될 것이고, 어떤 사람은 권위와 임무가 좀 낮은 자리를 차지하게 될 것입니다.

이 모든 것이 우리가 그리스도인의 삶을 사는 동안 그리스도를 위해 무엇을 했나에 달려 있습니다. 우리가 이 땅에서 갖는 매일매일의 봉사의 기회와 특권이 얼마나 기막히게 중요합니까! 오늘날 대수롭지 않게 여기는, 주님께 봉사하는 기회가 바로 그곳에서 상을 받는 만큼의 기회가 될 것입니다.

신부는 준비되었다

마침내 '그리스도의 심판대'가 마쳐질 때 신부는 이미 준비가 다 됩니다. 이제 신부는 두 가지 예복으로 꾸며집니다. 하나는 죄인이 그리스도를 구세주로 받아들인 순간에 얻는 구원의 예복이요, 하나는 상의 예복입니다. 이것은 주 예수께서 오시기 바로 전의 상황으로, 요한계시록 19장에 간단하지만 극적으로 표현되어 있습니다.

"우리가 즐거워하고 크게 기뻐하며 그에게 영광을 돌리세 어린양의 혼인 기약이 이르렀고 그의 아내가 자신을 준비하였으므로 그에게 빛나고 깨끗한 세마포 옷을 입도록 허락하셨으니 이 세마포 옷은 성도들의 옳은 행실이로다 하더라"(계 19:7-8).

'그의 아내가 자신을 준비하였으므로'라는 말을 잘 보십시오. 분명히 그녀는 전에 준비했던 것이 아닙니다.

요한계시록 19장의 사건은 요한계시록 4장에 나오는 휴거보다 7년 후의 일입니다. 요한계시록 4장 1-2절에서 교회는 땅에서 들리어 가고 주님이 영광 중에 오시기 바로 전까지 요한계시록에는 다시 나타나지 않습니다. 요한계시록 6장에서 19장까지에는 땅에 쏟으시는 하나님의 심판이 서술되어 있고, 동시에 하나님은 통치 시대를 준비하시려고 공중에서 신부를 심판하십니다.

이제 깨끗하게 하시는 일이 끝나면 신부는 빛나고 깨끗하게 나타납니다. 빛나고 깨끗한 그녀의 세마포는 우리가 들은 것처럼 그녀의 옳은 행실입니다. 그녀의 두루마기는 이 땅 위에서 그녀가 몸소 준비한 재료로 만들어 입은 것입니다. 이제 당신은 어떤 두루마기를 입으시겠습니까?

당신의 생애는 봉사와 의로움의 삶입니까? 아니면 이기적이고 세속적인 삶입니까? 당신은 자신의 영광을 구하고 있습니까? 하나님의 영광을 구하고 있습니까? 이 잠시 동안의 삶에서의 허무하고 속절없고 하찮은 기쁨을 위해 하나님 나라에서 지극한 영광의 처소에 갈 기회를 잃고 그 기쁨과 기회를 바꿨다면 하나님 앞에 서기에 얼마나 초라한 몰골이 되겠습니까? 이 땅에서 부르는 노래를 거기서도 부르게 될지 모르겠지만, 만약 부르게 된다면 대다수의 신부들은 슬픔과 눈물의 노래를 부르리라고 생각합니다.

오, 얼마나 여러 해 동안
죄의 세월을 보냈던고.
내 어찌 그것을 다 기억하리오.
이제 주님의 발 앞에 겸손하게
꿇어 엎드려 주께 다 고하리.

우리는 죄를 지어도 좋은가?

우리는 '그리스도의 심판대'의 진리가 우리가 사는 동안 꼭 필요한 진리라고 믿습니다. 은혜에 관한 설교가 균형을 잃은 채 수없이 행해졌습니다. 그들은 우리가 율법 아래에 있지 않고 온전히 은혜 아래에 있다는 것을 그리스도인은 자기 좋을 대로 살 권리가 있는 것인 양 말했습니다. 그러나 성경은 심판받을 날이 다가오고 있다고 말합니다. 그 결과 예수 그리스도의 교회는 그 말씀의 증거를 잃고 말다툼과 악의와 이기주의로 세상 앞에 치욕거리가 되었습니다.

이 글을 마치기 전에 꼭 못 박아 두고 싶은 과제가 있습니다. 우리는 진실로 은혜로, 은혜만으로 구원받았고 율법의 행위 없이 구원받았습니다. 그러나 모든 신자는 구원받은 날로부터 이 지구 상에 사는 끝 날까지 모든 일과 말을 이 은혜에 의해 행했다고 직고할 수 있어야 할 것입니다. 우리는 우리의 시간과 기회와 재능을 가지고 무엇을 했나 답변하라고 요구될 것입니다.

사도 바울은 "……두렵고 떨림으로 너희 구원을 이루라"(빌 2:12)라고 말합니다. 이것이 신자의 책임입니다. 우리는 하나님이 값없이 주신 선물로 구원을 받았으나, 이 구원을 가지고 무엇을 해야 하나 하는 것은 우리의 책임입니다. 주님은 모든 사람에게, 열 달란트 받은 사람은 물론 한 달란트 받은 사람도 결산 보고를 하라고 하십니다. 상당히 이익을 본 사람이나 땅 속에 묻어 감췄다 주님 앞에 아무 이익금도 안 가져온 사람도 같이 보고하게 됩니다.

여기서 사람들이 자주 이야기하는 짧은 글을 소개하겠습니다. 이것은 그저 이야기일 뿐이나 위대한 진리를 설명하고 있습니다.

그리스도를 믿는 한 부유한 부인이 오랫동안 가난한 정원사를 두고 있었습니다. 그 부인은 이기적이고 세속적인 사람인 반면에 정원사는 자기 일에 충성된 사람이었습니다. 정원사는 주 예수 그리스도를 위해 증거할 기회가 생기기만 하면 조금이라도 그 기회를 잃지 않은 반면, 부유한 부인은 자신의 재산과 지위를 이기적으로 즐기면서 호화스러운 승용차를 몰고 다녔습니다.

그러다가 두 사람 모두 죽게 되었는데, 정원사가 그의 여주인보다 조금 먼저 죽었습니다. 정원사에 뒤이어 그 부인이 천국으로 인도되어 영접 받았을 때 한 천사가 와서 말했습니다. "자, 제가 이곳에 당신을 위해 준비된 집을 보여 드리겠습니다. 당신은 하나님의 자녀이니 물론 하늘에서 저택을 갖게 되십니다." 그들은 빛나는 건물들이 있는 아름다운 거리를 걸었습니다. 특별히 아름다운 집을 보았을 때 그 부인은 혼잣소리로 중얼거렸습니다. "저게 분명 내 집일 것이다. 내가 전도 사업에 백만 원을 내고 자선 사업에 백만 원을 냈으니 분명히 저것이 내 집이겠지." 그러나 천사가 말했습니다. "아닙니다. 저것은 당신의 세탁부의 것입니다."

그다음 아름다운 집은 놀랍게도 그녀의 정원사의 집이었습니다. 그래서 부인은 생각했습니다. 주님을 위해서 그렇게 보잘것없는 일밖에 할 수 없었던 가난하고 미천한 사람들이 저토록 웅장한 집을 차지하고 살게 되다니, 그렇다면 난 얼마나 더 웅장한 집을 갖게 되려나 하고 말입니다.

이윽고 그들은 막다른 골목에 당도하여 아주 조그맣고 눈에 띄지도 않는 오두막집 앞에 섰는데, 그 문에는 부인의 이름이 붙어 있었습니다. 그녀는 자기의 눈을 의심했고 몸서리를 치면서 소리쳤습니다. "무언가 틀림없이 잘못된 거예요. 정말 이건 제 집이 아닙니다. 저는 세상에서 한 일이 많았고 저 사람들은 저의 몇 분의 일밖에 안 했는데, 그런 사람들과 비교할 때 어떻게 이것이 제집이 되겠습니까?"

천사가 대답했습니다. "여기서 당신 집으로 결정하는 것은 무엇을 얼마나 했느냐에 달린 게 아니라 무엇을 했어야 하는가 또는 무엇을 하지 않았느냐에 달려 있습니다. 우리는 오직 땅에서 보낸 재료로 집을 지을 뿐입니다. 육체의 힘이나 이기심에서 보낸 재료는 새 집을 짓는 데에 쓰이지 않습니다. 가난한 정원사는 할 수 있는 일을 다 했습니다. 그래서 커다란 저택을 가졌습니다. 당신은 그가 한 일보다 훨씬 많이 했지만 당신이 할 수 있는 일의 몇 분의 일 정도만 했을 뿐이며, 또 했어야 할 일의 몇 분의 일밖에 안 했습니다."

이것이 '그리스도의 심판대'의 원리입니다. 우리가 주님을 위해 얼마나 많은 일을 했느냐가 문제가 아니라, 우리가 할 수 있었던 일을 얼마나 했고 얼마나 안 한 채 남겨 놓았느냐가 문제입니다.

어떤 사람이 적절한 말을 했습니다. 하나님은 결코 표면적으로 나타난 것만 보시지 않고 그루터기의 나이테를 보신다는 것입니다. 그것은 우리가 얼마나 했느냐가 문제 되는 것이 아니라 우리 자신 스스로가 얼마나 억제했나를 본다는 것입니다. 재능이 많을수록 책임도 많습니다. 기회가 많을수록 주님께 대한 빚도 많습니다.

이제 누가복음 12장에서 주 예수 그리스도께서 친히 하신 말씀으로 본서를 끝맺는 것이 가장 좋을 것 같습니다.

"주인의 뜻을 알고도 준비하지 아니하고 그 뜻대로 행하지 아니한 종은 많이 맞을 것이요 알지 못하고 맞을 일을 행한 종은 적게 맞으리라 무릇 많이 받은 자에게는 많이 요구할 것이요 많이 맡은 자에게는 많이 달라 할 것이니라"(눅 12:47-48).

사명선언문

너희가 흠이 없고 순전하여……세상에서 그들 가운데 빛들로
나타내며 생명의 말씀을 밝혀 _ 빌 2:15-16

1. 생명을 담겠습니다
만드는 책에 주님 주신 생명을 담겠습니다.
그 책으로 복음을 선포하겠습니다.

2. 말씀을 밝히겠습니다
생명의 근본은 말씀입니다.
말씀을 밝혀 성도와 교회의 성장을 돕겠습니다.

3. 빛이 되겠습니다
시대와 영혼의 어두움을 밝혀 주님 앞으로 이끄는
빛이 되는 책을 만들겠습니다.

4. 순전히 행하겠습니다
책을 만들고 전하는 일과 경영하는 일에 부끄러움이 없는
정직함으로 행하겠습니다.

5. 끝까지 전파하겠습니다
모든 사람에게, 땅 끝까지, 주님 오시는 그날까지
복음을 전하는 사명을 다하겠습니다.

서점 안내

광화문점	서울시 종로구 새문안로 69 구세군회관 1층 02)737-2288 / 02)737-4623(F)
강남점	서울시 서초구 신반포로 177 반포쇼핑타운 3동 2층 02)595-1211 / 02)595-3549(F)
구로점	서울시 동작구 시흥대로 602, 3층 302호 02)858-8744 / 02)838-0653(F)
노원점	서울시 노원구 동일로 1366 삼봉빌딩 지하 1층 02)938-7979 / 02)3391-6169(F)
분당점	경기도 성남시 분당구 황새울로 315 대현빌딩 3층 031)707-5566 / 031)707-4999(F)
일산점	경기도 고양시 일산서구 중앙로 1391 레이크타운 지하 1층 031)916-8787 / 031)916-8788(F)
의정부점	경기도 의정부시 청사로47번길 12 성산타워 3층 031)845-0600 / 031)852-6930(F)
인터넷서점	www.lifebook.co.kr